成为孩子心理养育高手

How to Become a Skilled Nurturer of Young Hearts

萨林娜　赵璇　著

中国人民大学出版社
·北京·

推荐序一

一位外国老师眼中的中国心理咨询师

雷立柏*

很荣幸受萨林娜邀请，为她和赵璇老师的新书作序。十多年前，萨林娜曾经是我的学生，向我学习古希伯来语和古希腊语。这些语言复杂且难掌握，但我很快发现萨林娜有非凡的才华和超强的洞察力。不仅如此，她也有很强的耐心、恒心和毅力。我们渐渐成了朋友，我也对她和她所从事的青少年心理咨询事业有了更多的了解。

古典语言很强调语法，学习这些语言的人也同时在学习说话时约束自己，并且要有良好的记忆力，而这一切精神力量和美德在萨林娜身上都能看到。然而，要成为一名优秀的心理咨询师，光有聪明头脑和专业技术还远远不够。如果没有正向的信念、崇高的期望和恳切的爱心，就无法成为一个真正的

---

* 雷立柏：Leopold Leeb，奥地利古典语言学家，北京大学哲学博士，中国人民大学教授。

“灵魂培育者”，对心理咨询师如此，对父母更是适用。每一次交谈，我都能感受到萨林娜对她的青少年来访者深深的爱和关切，正是那些温暖的爱和巨大的期盼，让她多年如一日奋战在心理咨询前线，挽救生命，帮助家庭，结出累累硕果。

这本书以深入浅出的语言传达真正的智慧和实践方法，萨林娜不仅依靠自己的人生体验（她是两个孩子的母亲）、在美国多年留学的专业背景，也依赖她在北京多年从事青少年心理咨询工作的深厚积累、沉淀、分析、反省，多角度、深层次地分享必要的心理养育知识。

作为一名长期在北京教书的“老外”，我看到近几年来一些年轻人的心理状况堪忧，大学里很多学生有所谓的“空心病”或是沉溺于网络，我时常感到担忧。我自己没有孩子，但作为大学老师，与中国的年轻人打交道已经有二十多年，我认为他们是聪慧、勤勉和充满才华的，但很多人却受到情绪和心理问题的困扰，实在令人痛心！很高兴中国有萨林娜老师和赵璇老师这样的心理工作者，不仅自己在前线切实帮助这些受心理问题困扰的年轻人，还能著书立说，把这些宝贵的本土化的经验传递给家长们和老师们。

老师也是培育者，应该成为学生的朋友，走进年轻一代的内心世界。古拉丁语有一个说法，把教育当作 aedificatio mentis（“心灵的建设”）。这与现代汉语中常说的“灵魂的工程师”有异曲同工之妙。这本书提醒我们，老师和家长一样需要关注孩子的精神成长与心理健康，并提供有效的“心理营养”，让年轻的生命有良好的身心发展，并发挥各种潜能。

我相信，那些自己不准备成为心理咨询师或父母的读者也肯定能从这本书中受益匪浅，我们能学习如何重新“养育”自己、如何与年轻人进行更好的沟通、如何关心身边有心理问题的家人和朋友，甚至如何面对人性深处的黑暗和丑恶。

萨林娜不回避养育中的任何困难和挑战，她以具有感召力的语言和实例帮助我们成为更好的自己和孩子们的“赋能者”。同时，她在书中所展现的信念和期盼也能带给我们力量与安慰。比如，她说要让孩子们多接触大自然，让大自然的力量参与到养育中，这使我联想到古罗马人的成语：Medicus curat，natura sanat（“医生要治病，而大自然才使人完好”）。但愿这本书所带来的智慧和平安能治好受伤的心灵，成为美好大地的一个祝福！

推荐序二

心成长，新成长

郑桂先[*]

很惭愧，我虽然近四年来在互联网平台以直播和线上团体治疗的方式帮助了四万多个家庭，但一直没有时间和精力把这些一手案例汇编成书。我的好姐妹、好闺蜜赵璇和我们北大的师姐萨林娜老师，做成了我一直想做但还没做完的事。我和赵璇是北大读心理学研究生期间的舍友，读书期间她给我的印象是美丽而坚韧，无论遇到什么困难，她都以乐观、积极的心态面对。毕业以后，她一直以独立心理咨询师的身份，给很多在养育方面有困难的家庭做咨询，自己也是养育了一儿一女的母亲，有丰富的实践经验。

---

* 郑桂先：桂先家庭教育创始人，全网 1 100 万家长“粉丝”。北京大学 - 桂先教育家庭与儿童发展联合实验室副主任。北京大学西班牙语系、心理学系本科双学位，北京大学心理学系硕士。清华大学学生职业发展协会特聘讲师，抖音年度先锋领学官 Top10，磨铁图书推荐官，“阅读阅中国”领读者。

这本书不仅有扎实的理论基础，还有可操作的建设性建议，更有一手案例帮助大家理解，很适合正在因育儿问题而迷茫的 3 ～ 18 岁孩子的家长阅读。我特别认同书中的一个理念：养育孩子，其实是重新养育自己。这和我的“育人先育己”理念不谋而合。这本书与很多育儿书最大的不同在于：它教给家长们养育孩子的“术与道”。它不仅针对养育孩子的具体问题（比如沉迷电子产品、学习拖拉磨蹭等）给出了具体的、有针对性的解决方案，还专门写了如何重新养育自己。

让我印象深刻的是一位因抑郁症休学在家的 15 岁女孩的父亲如何跟女儿道歉的案例，这位父亲在与咨询师模拟跟女儿道歉的过程中表现出来了很多家长会犯的典型错误。

第一个错误是，不敢、不愿跟孩子道歉，认为“天下无不是的父母”，觉得自己作为长辈跟小辈道歉会没有面子。但是，是自己的面子重要，还是孩子的身心健康和修复亲子关系重要？正在经历类似痛苦的家长们，也想想这个问题，就知道要不要为自己错误的教养方式给孩子道歉了。

第二个错误是，在道歉过程中，特别喜欢为自己曾经犯下的错误辩解。这位父亲在描述完让孩子痛苦的经历后，习惯性地补一句“我都是为你好”。这句话是父母说的话中孩子们最讨厌的，没有之一。如果您也经常会跟孩子表达类似的意思，一定要刻意改正，因为这句话足以让您所有的道歉前功尽弃，而且会把好不容易拉近的亲子关系重新推得更远。

第三个错误是，急于通过道歉的手段解决事情本身的问题，而不是想通过道歉与孩子重新建立情感联结。案例中的这位父亲在跟孩子描述完自己对她的伤害后，着急地表示“爸爸以后改”，而没有与孩子当时痛苦的感受充分共情。这说明这位父亲在表达歉意时内心还是有很功利的目的——希望孩子原谅他。

所以，咨询师跟这位父亲说的一句话，我也想再强调一遍给正在读这本书的很多家长：“认真道歉就好，是否原谅是孩子自己的选择，不必要求和期待。”这三种错误也是我的学员在进行团体训练时，我们的辅导员反馈得最多的错误类型。这本书里还有很多类似的发人深省的案例，哪怕是一点儿心理学的知识和基础都没有的读者，都能看懂并且照着实践。

最后，我非常高兴，我的闺蜜赵璇和萨林娜师姐做了这么多有意义的事情，帮助了一个又一个家庭，写出这么有价值的书，让更多家庭受益。

2024 年 8 月 31 日

于海南黄花梨庄园月光下

序一

在爱与智慧中养育孩子

萨林娜

生命是一场美丽的邂逅，是一次充满奇迹的冒险。我们不断地相逢与告别，经历悲欢离合、喜怒哀乐的丰富体验，伴随着高峰低谷、欢笑眼泪，慢慢走向人格的独立与成熟，学会真实地爱，学会接受爱与给予爱，学会在爱中传递生命的力量、光彩、尊贵、美好——传递给孩子们，也传递给世界上更多的人。这或许就是我们来人间走一遭的意义和价值。当我们成为父母的那一刻，我们便拥有了一份最崇高的责任与使命：让这个孩子成为他所是，拥有独立健康的人格，有爱与被爱的能力，助力他活出独特、美好、丰富、绽放的生命。正如纪伯伦的诗中所写的：

你的孩子，其实不是你的孩子。

他们是生命对于自身渴望而诞生的孩子。

他们借助你来到这个世界，却非因你而来，

他们在你身旁，却并不属于你。

你可以给予他们的是你的爱，却不是你的想法，

因为他们有自己的思想。

你可以庇护的是他们的身体，却不是他们的灵魂，

因为他们的灵魂属于明天，属于你做梦也无法达到的明天。

你可以拼尽全力，变得像他们一样，却不要让他们变得和你一样，

因为生命不会后退，也不在过去停留。

作为在心理前线奋战十余年的心理咨询师，通过 7 000 小时以上的个案（80% 以上个案为青少年咨询）经验积累，我越来越相信：每个来到世界上的孩子都是独特的、美好的，带着热爱与使命的，是要活出他本该成为的熠熠生辉的自己的。

然而，现实中我处理了太多青少年阶段的问题：厌学，躺平，没目标、没动力，电子产品成瘾，抑郁症，焦虑症，双相情感障碍，失眠、神经衰弱甚至有自残自伤、自杀倾向，亲子关系以及与同学、老师关系障碍，遭遇霸凌、性侵、网暴等。

看着这些花样年华的孩子承受着巨大的压力和痛苦，看着很多父母倾尽所有甚至辞了工作、花光积蓄带孩子四处看病，

常常处在焦虑、担忧、恐惧、自责的状态，我非常心痛！我想说："事情不应该是这个样子的。孩子是可以拥有更美好的未来的，可以拥抱属于他的卓越与幸福的人生，家长也不应该背负如此之多的压力、重担与指责。"养育，本应成为一个充满喜悦、滋养、幸福感和成就感的过程。

每当有家长把已经产生严重心理问题的孩子带到我的咨询室，请求我帮帮孩子甚至救救孩子的时候，看着他们焦急、痛苦的眼神，我心中深深叹息。父母是孩子养育的第一责任人，但很多父母只会关注孩子的外在表现和学习成绩，却忽略其心理健康，只会身体养育而不会心理养育。如果父母早一点改变认知，学些基本的心理常识，用智慧、有爱的专业方法养育孩子，给予孩子成长中必需的心理营养与规则界限，哪怕不完美，哪怕只做到 60 分，孩子都不会到这个地步，不会白白受这么多苦！父母本该成为孩子生命中最好的保护者、心灵港湾、无话不谈的朋友、榜样、智慧的指引者、心理赋能者甚至生涯指导师。

期待我和赵璇老师的这本《成为孩子心理养育高手》，可以将我们在上千名青少年咨询个案中扮演的这些角色交还给父母。您自己就可以做孩子最有效的心理咨询师。我们可以手把手地教您方法，但更重要的是背后的底层逻辑——看到每一个问题的本质原因。从根儿上去解决问题，停止错误动作，开启正确的成长建设性模式，才是根本解决之道。

我们将十多年心理学学习与实践的经验和智慧浓缩到本书中。每章都会有一些实践指导，建议您边读边做。“案例示范”部分教您用专业心理咨询师的说话方式与孩子沟通。欢迎您加入家长成长营共同阅读学习，我和赵璇老师愿意为您答疑解惑，亲自陪伴大家共同成长，助力大家养育出身心健康、自信自主、勤奋卓越的孩子。

此刻的我，心里充满了感激和喜悦。我自己也曾经是一名患有重度抑郁、双相情感障碍、严重精神衰弱，甚至自残、试图自杀的“问题青少年”，而今天我却能够以心理咨询师的身份帮助成百上千的孩子和家庭。2016 年从美国学成归国，到现在八年多的时间，我每年都会从自杀边缘抢救回一些人命，几乎每天都在做咨询个案，化解各种问题、危机和冲突，帮助许多青少年走出网瘾、抑郁、厌学等困境，并和他们成为好朋友。我也一直开设家长课堂，陪伴和帮助家长朋友们更好地自我照顾、学习成长和应对养育中的各种难题。

我同时也在做心理咨询师的培训工作。心理咨询工作是充满艰难和挑战的，要直面人性中的黑暗与罪恶，要深深进入每一颗痛苦破碎的心灵并与之共情，要努力修复各种复杂的矛盾冲突关系，有时甚至会受到患者的威胁和冲击。然而，我始终怀着巨大的期盼、信念与深深的热爱在做我的工作。我放弃在美国很好的生活条件，坚定回国，希望我所学到的本领能用在中国，能服务我们中国人。我相信人是最宝贵的，试想我们14亿中国人都能身心健康、丰沛自由地活出美好绽放的生命，在各自热爱擅长的领域创造价值，去创新拼搏，去发挥每个人的最大潜能，那我们的国家将会多么了不起！这是我矢志不渝的奋斗目标，也期待着本书能促使更多的国人一同为这一目标努力！

在此，我想感谢我的丈夫郭易君，谢谢你对我无限的爱、体谅与托举，不断鼓励我成为更好的自己。你默默分担家庭重担，支持我在心理咨询事业上的所有付出和投入，甚至我把想要轻生的来访者带回家里住时，你也欣然接受，并和我一样去爱和照顾他们。

感谢我的女儿郭真恩和儿子郭从恩，谢谢你们来做我的孩子，让我成为无比幸福的妈妈，谢谢你们快乐、自由、正直、真实、勇敢、奔放的生命活力时刻滋养着我，本书也有你们贡献的力量。

感谢我的父亲包梁刚，您作为榜样，激励我投身心理学事业，您的大爱、豁达、乐观、坚韧是我源源不断的力量。您在我国犯罪心理学领域近40年的专注研究与奉献，时刻激励着我在专业上不断精进提升。

感谢我的母亲李晓芳，您在每月工资只有30元、连饭都吃不饱的时候，还每个月拿出 10 元为我买书，用科学智慧的方法养育我，给我良好的大脑开发和启蒙。在物质极度匮乏的环境下，您为我创造出精神富足、充满爱与温暖的童年环境。您的善良、聪慧、包容、活力、责任心和对生活深深的热爱，一直感染着我。

感谢我的事业伙伴赵璇老师和王若溪老师，为本书的成型和完善付出了巨大努力与辛劳。没有你们的辛苦工作和专业支持，我不可能做好这一切。更感恩的是你们对我无条件的爱与信任，和我在心理救治的路上同舟共济，一起披荆斩棘。

感谢我在美国哥伦比亚国际大学五年求学期间的导师艾伦·麦凯克尼教授。您不仅传授给我世界前沿的心理咨询知识和技能，还给我父亲般坚定温暖的爱、认可和鼓励。在我毕业时，您哭着说我是最让您骄傲的学生，一定要带着您的祝福和爱回到中国，帮助更多的中国人。我知道此刻您正在与病魔做顽强抗争，愿学生这本新书能带给您一些安慰和鼓舞。

感谢罗翔老师为本书写推荐语，您的人格与勇气一直激励着我去影响更多的人。

感谢雷立柏老师为本书作序，十多年来您不仅是教授我古典语言的老师，也是我真诚的朋友、追求真理之路上的同伴。您对学术的严谨、认真一直是我学习的榜样。

感谢陈华琛老师在百忙之中为本书完成封面设计，用您卓越独特的才华与审美，修改过许多遍细节，最终设计出我梦想中本书该有的样子。

感谢我所有的来访者和你们的家人，谢谢你们宝贵的信任，愿意敞开自己的心，让我进入你们的故事与生命。我何等有幸，能参与见证你们的成长和蜕变，谢谢你们的努力，谢谢你们在痛苦、黑暗中仍向光而行的坚韧，你们当中充满力量和奇迹。

感谢中国人民大学出版社的领导和编辑老师们为本书出版所付出的一切努力。感谢任晓霞老师建议我们在书中加入咨询案例示范，使本书有了独特的灵魂。

祝每一位翻开本书的读者都能心领神会、身体力行、收获满满、渡己达人。

序二

养育孩子的路，父母重生的路

赵　璇

我一直认为养育孩子的过程是我们作为父母重生的过程。我有两个孩子，儿子八岁，女儿四岁。做了八年母亲，我从没有在其他角色当中如此清楚地看到我自己，也从来没有像现在这般下定决心改变自己。

我第一次认真回忆自己的成长经历，还是在大学发展心理学的课堂上。当时一个深切的感受是，如果我妈妈懂心理学该多好，或许我的人生轨迹会走得更顺畅些。但生命的魅力也在于这种不完美，我因此有了更多真实的体验和感受。

记得当时我给自己列了一个清单：如果我有了孩子，我一定不会……第一条冲进我脑海的就是吼骂孩子。这与我和妈妈的经历息息相关。

我妈妈是一个对我高期待、严要求的“虎妈”。关于小时候，我最恐怖的记忆就是，考98分，我妈一把将我从家门口扔到3米以外的沙发上，我感觉全身的骨头都因为撞击而分节了。紧接着，就听到一个尖锐刺耳的女高音一顿疯狂输出。妈妈说的话我已经不记得了，但当时的那个感受却记忆犹新，那种感觉就像是电影里演的受到巨大的爆炸冲击后耳鸣、脑袋发懵的状态。这个影响持续很久，以致我成家以后，在很长的时间里我妈脸色一变我就会浑身起鸡皮疙瘩。

但是，我也由衷地感谢和佩服我的妈妈。她是一个受过苦的女人，但她凭着坚强的毅力撑起我的人生，她倾尽所有给了我她可以给的一切。而且，她是一个一直在自主学习和成长的人，随着她的认知与智慧不断提升，她真诚地悔改，勇敢地面对自己的内心，并在行动上做出坚定的改变。所以，现在我和妈妈无话不谈，关系也越来越好。我们谈起以前的经历就像讲笑话一样，互相调侃。然而，只有我们俩知道这个过程的艰难。妈妈其实一辈子也在修复她在原生家庭受到的伤害，但她没有我幸运，因为她的父母始终都没有跟她好好对过话，哪怕一次。

对妈妈来讲，这个遗憾是终身的。那我们呢？如果我们等不来期待的关系，我们要用多久来治愈自己？又要用多久才不会把这种伤害无止境地继续带给我们的孩子？

对这个问题的回答也是我参与写作这本书的初衷。作为父母，我们的养育亟须一场变革。这场变革的受益者不仅是我们的孩子，也是我们自己、我们的家庭。我和萨老师一起做的第三空间接待了很多伤痕累累的青少年。透过他们，我们看到了一个个无助的父亲、母亲，一个个支离破碎的家庭，抑郁、焦虑、电子产品成瘾、自残自伤、自杀……我们团队的咨询师在萨老师的带领下，处理过一次又一次危机。有时候我们忍不住感叹：做心理咨询师真的好难，因为每天都要从死亡线上救人。而一个又一个案例背后，我们同样感叹：如果父母能早点察觉到孩子的内心变化，早点从自以为是的养育认知中脱离出来，这个家完全不用受苦到这个程度。

所以，我和萨老师合著的这本书就是想帮助父母们走一条养育认知蜕变的路。我们不粗暴地谈论如何修正孩子的行为、如何让孩子变成我们期待的样子，我们回归到养育的本质——我们在养育一个鲜活的、独一无二的、不可替代的人。我们需要怀着对生命的敬畏去面对养育这件事。我们要承认自己的无知，我们并不真的完全了解我们的孩子，我们也并不能完全地为孩子的未来负责。我们可以怀着好奇、怀着探索、充满期待地面对孩子，就像是收到一份巨大的礼物，然后充满期待地拆开一样。我相信孩子给你的惊喜和感动会让你热泪盈眶。

或许你已经在养育的道路上心力交瘁，那么希望这本书成为你的一个陪伴，帮助你看到希望，看到改变的可能。我和我妈妈的关系在我成年之后都可以发生质的改变，你和你尚且还小的孩子就更加可以。请你千万不要低估孩子对你的爱。我想用我们团队上千个案例积累的经验告诉你：你的孩子非常爱你。很多孩子其实不需要你开口就已经原谅了你，但修复亲子关系需要一个契机。这个契机往往掌握在父母手里。希望本书中提到的方法和案例能够给你一些启发，让你在处理亲子关系时迈向更美好和更亲密的方向，希望这本诚意之作能够成为你养育路上的好助手。

这本书从初稿到成型已经过去了一年的时间，感谢在这个过程中给予我最大支持的家人。感谢我的妈妈赵莉珍，虽然我经常拿我妈妈的经历讲故事，但我非常爱她。感谢我的丈夫刘宝伟，在我每次遇到困难时都无条件地支持我。还有我最宝贵的两个孩子，刘恩溢和刘允儿，你们是我前进的最大动力。感谢我们的好伙伴王若溪女士，是她的坚持和不懈努力成就了这本书。特别感谢我的好闺蜜、好室友郑桂先为本书作序，她在全网有 1 100 多万“粉丝”，是家庭教育自媒体的领军人物，也是我学习的好榜样。最后要感谢参与本书编辑的中国人民大学出版社的各位老师，给了我们很多宝贵的意见和支持。这本书定会有一些不成熟之处，也望各位读者批评和指正。

2024 年 8 月 25 日于北京

目　录

第一部分　心理养育才是育儿关键

第一章　养身不易养心更难　你了解心理养育吗？　/ 3

重塑我们的养育　/ 3

心理养育五字箴言　/ 10

青春期是最后纠偏期　/ 14

五种错误的养育模式　/ 16

案例示范：帮助一位爸爸向女儿道歉，修复关系　/ 24

第二章　养育目标　你想养出怎样的孩子？　/ 31

制定养育目标的基本原则　/ 31

消极养育目标和积极养育目标　/ 38

第三章　五种家庭模式　你的家是孩子成长的沃土吗？　/ 48

不做口是心非的父母　/ 48

限制型家庭的特点和危害　/ 52

成长型家庭的特点和影响 / 55

第四章 重塑与超越 你在给孩子创造怎样的原生家庭？ / 59

别把错都甩给原生家庭 / 59

新的家庭模式的构建 / 62

让家成为孩子的港湾 / 68

案例示范：对女儿不满的妈妈 / 70

第五章 孩子不再得“空心病”，心理赋能是关键 如何给孩子提供充足的心理营养和内在力量？ / 76

不可忽视的心理营养 / 76

对给予孩子心理营养最重要的三类关系 / 79

儿童期孩子需要的心理营养 / 81

青春期孩子需要的心理营养 / 88

案例示范：为自卑的青少年注入心理营养 / 93

第二部分 养育中的具体问题

第六章 黏人、爱哭、分离焦虑 如何帮助孩子建立真正的安全感？ / 99

安全感为什么重要 / 99

一个著名的心理学实验揭露的亲子关系真相 / 103

建立孩子安全感的科学方法 / 108

案例示范：分离焦虑的孩子 / 111

第七章 胆小、怯懦、畏畏缩缩 如何重塑孩子的自信？ / 116

真正的自信 / 116

人如何才会自信 / 118

看到孩子的天赋，助力孩子拥有自信人生 / 121

案例示范：退缩怯场的男孩 / 125

第八章 叛逆、易怒、我行我素 如何正确管教孩子，为孩子立规矩？ / 131

管教是孩子成长的栅栏 / 131

错误的管教 / 134

怎样才是正确的管教 / 138

案例示范：给手机成瘾的孩子立规矩 / 141

第九章 父母一开口，孩子就厌烦对抗 如何在爱中有效沟通？ / 147

语言的力量：影响孩子的大脑发育 / 147

跟孩子有效沟通的法宝 / 150

跟青春期的孩子如何说话 / 157

案例示范：总想出手打人的男孩 / 161

第十章 贪玩、拖延、不务正业 找到切入点，让孩子爱上学习 / 165

孩子是天生的学习者 / 165

发掘孩子先天的学习方式，助力孩子爱上学习 / 170

案例示范：被视为多动的手到型学习者 / 174

第十一章　电子产品成瘾　帮助孩子回到现实世界　/ 177
瘾症背后的深层原因　/ 177
关于孩子使用电子产品的三点建议　/ 179
打破瘾症的恶性循环　/ 184
案例示范：用“外化”技能帮助电子游戏成瘾的青少年　/ 187

第十二章　出轨、家暴、离婚　直面现实，增强心理弹性　/ 191
不要回避，真实面对是渡劫的开始　/ 191
帮助孩子面对父母出轨、家暴、离婚　/ 193
案例示范：帮助父母离婚的女生重建自我　/ 199

第十三章　抑郁、焦虑、自伤　如何提升孩子的抗挫折能力？　/ 203
看见情绪危机背后的真实原因　/ 203
应对抑郁症　/ 204
应对青少年焦虑　/ 208
青少年出现自伤行为该怎么办　/ 211
案例示范：帮助躁狂发作的青少年　/ 214

第十四章　遭遇霸凌　如何帮孩子走出心理阴影？　/ 222
孩子遭遇霸凌，家长第一时间该怎么做　/ 222
遭遇霸凌的后续心理重建　/ 227
案例示范：帮助因校园霸凌而抑郁休学的青少年走出阴影　/ 228

第十五章　厌学、躺平、厌世、没动力　帮孩子重燃内驱力　/ 232
孩子丧失活力的根本原因　/ 232

三步让孩子重获自主性 / 233

第三部分 进阶高手级别的养育，你也可以

第十六章 挖掘潜能，成为孩子的伯乐 科学、精准地找到孩子独特的天赋与热爱 / 245

孩子的潜能是无限的 / 245

父母的认知是孩子发展的天花板 / 248

科学、精准地发掘孩子的天赋 / 250

案例示范：帮助一位父亲发掘孩子的天赋 / 255

第十七章 在爱与智慧中给足孩子心力 如何培养孩子爱与被爱的能力、幸福的能力和智慧的心灵？ / 261

高手级别的养育一定是爱的养育 / 261

什么才是真正的爱 / 263

幸福是什么 / 265

人怎样才能幸福 / 271

智慧的心灵 / 274

案例示范：我与女儿进行有深度的对话 / 276

第十八章 权力交接与授权 如何逐步将人生的方向盘交还给孩子？ / 279

父母一定要具备授权的智慧 / 279

跟随孩子的成长来授权 / 281

赋予孩子自主表达的权利 / 285
培养孩子学习的自主性 / 286
青春期的任务交接 / 288
激发孩子的自主性 / 291

第十九章 父亲与母亲的最大使命 找到孩子的 SHAPE 模型 / 294
父亲作为健康权威的重要性 / 294
孩子和母亲的亲密关系 / 297
允许孩子活成他自己 / 299
确认和助力孩子的独特使命 / 300

第四部分 边养孩子，边重新养育自己

第二十章 与过去的自己和解 自我疗愈与赋能 / 307
伤害不是永远的 / 307
觉察与突破自己的愤怒模式 / 309

第二十一章 突破心智模式，经历二度成长 心脑合一，修复系统漏洞 / 317
心智模式的运行逻辑 / 317
养育孩子的四个层级 / 318
养育就是修复系统漏洞的过程 / 321
设立边界和规则 / 323

第二十二章　成为会沟通的人　怎样说话才能说到孩子的心里去？ / 325

口有大能，不要小看你说的话 / 325

三问而后说 / 327

和孩子沟通的七个禁忌 / 329

怎样说话才能说到孩子的心里去 / 331

案例示范：孩子写作业拖拉，有厌学情绪，用五句话来改变 / 335

第二十三章　成为孩子可靠的朋友　如何和孩子发展持久的、有深度的、能彼此信任的友谊？ / 341

友谊：亲子关系的一个重要维度 / 341

和孩子发展有深度的友谊 / 343

和孩子发展彼此信任的友谊 / 346

第二十四章　自己先做轻松可爱的人　为孩子提供情绪价值，成为一家人的快乐源泉 / 350

父母留给孩子最大的财富 / 350

家长轻松愉快，才能给孩子情绪价值 / 352

案例示范：我怎样让自己保持稳定正向的情绪状态 / 355

第二十五章　先让自己幸福　拥抱你的真情实感 / 359

提升幸福感的方法 / 359

减少消极情绪的影响 / 363

做一个爱自己的人 / 365

找到支持你生命的不同角色 / 367

第一部分

心理养育才是育儿关键

第一章

养身不易养心更难

你了解心理养育吗？

重塑我们的养育

养育孩子的方式亟须一场变革！在心理咨询领域深耕12年，我深深体会到，把孩子养育成一个身心健康、人格健全，有自主性、自信心、目标感，能对自己的人生负责任，有爱和被爱的深度关系能力、有让自己和他人快乐幸福的能力，内心丰富美好、正直坚韧的人，简直是这个世界上最艰巨的任务，也是最崇高的使命！“推动摇篮的手也是推动世界的手”，这些事情太重要了，处理起来非常复杂，影响也极其深远，对孩子、对整个家庭都是关乎成功与幸福的大事，甚至可以说是头等大事！我几乎每天都会遇到咨询养育和亲子关系问题的来访者，个案时长已超过 7 000 小时。近两年来 80% 以上都是青少年来访者，他们的家长很多是政府官员、大学教授、上市公司老总、律所合伙人、医生、记者、投资人等，当这些家长在咨询室因为孩子的问题手足无措甚至失声痛哭的时候，我深深感慨：养孩子远比做事业难得多啊！事业上再大的成功、再多的金钱、再高的学历和社会地位，都不能保证也换不来孩子的心理健康和快乐。但是，只要使用正确的方法，踏踏实实地把功夫下在关键点上，我们都可以成为孩子心理养育的高手。重塑养育认知，用对方式方法，养孩子便不用那么辛苦、那么焦虑，甚至可以是快乐的、轻松的，充满喜悦和收获的。

心理养育是养育孩子的重点。如何给孩子提供健康丰盛的心理营养，如何营造快乐、温暖、有爱的家庭环境，如何培养孩子的安全感、自主性和胜任感，如何让孩子拥有良好的情绪管理能力和人际沟通能力，如何支持并鼓励孩子去实现自己的目标和人生使命，这些心理养育领域才是我们作为家长要狠下功夫、花时间花精力花心思的地方。我们都知道，养育一个孩子远远不是把他养大、照顾好吃喝拉撒睡这么简单。在孩子 0 ～ 6 岁这个阶段，我们若理所当然地认为身体养育重于心理养育，那就错了。恰恰相反，这个我们认为孩子还不懂事的年龄段，正是心理养育的重点阶段。根据儿童发展心理学和自我决定论的观点，0 ～ 6 岁是孩子安全感、自主性和胜任感形成的最重要的阶段。俗话说三岁看大七岁看老，一个人的人格、品格、生活习惯基本在这六年就定型了。聪明的家长如果这六年中在心理养育上下足功夫，为孩子以后的人生打下一个健康、坚实的基础，那么接下来的养育会很省力省心。然而，很可惜很多家长都本末倒置了，没有在关键时期把力气使对。这本书将会手把手地教大家科学专业的心理养育理论和方法。

说到养育，我们的第一反应是养孩子。其实养育孩子的过程也是我们更深入了解自己的过程，是重新养育自己、陪伴内在小孩长大的过程。心理养育和亲子关系处理中会涉及我们自己的潜意识、我们的原生家庭、我们成长的旧模式。这些概念在本书中将会反复提及。

我想请正在看这本书的你回顾一下：还记得第一次知道即将拥有一个小生命时的场景吗？或许你们这个小家庭等待了好久，一直期盼着这个小生命的到来。当你们知道的那一刻，幸福、兴奋、喜悦、惊喜、非常浓烈的爱的氛围充满着你们的家。或许，你突然意识到这是很大的一份责任，你要做爸爸（妈妈）了，你必须让自己更加成熟、强大起来。你开始思考必须做一些什么样的准备，你的责任感一下子油然而生。又或许，你们的生活处在复杂的变化之中，还没做好准备迎接一个新生命，因为这对你们而言挑战太大。刚知道时你是不知所措的，你会不由得开始焦虑和担心，觉得孩子来得不是时候，甚至有点不情愿。你可以仔细回顾一下当时的场景——你的真实反应是什么样子的，这一点非常重要。

在心理咨询中，我们去探寻来访者潜意识的时候，就常常会问类似的问题：你最初的记忆或者印象是什么？你第一次知道你将有一个孩子的那一瞬间，你的感受是什么样的？你的回答很可能为你今后养育孩子的模式埋下伏笔。

所以，从母亲怀孕起，孩子作为一个生命体，就已经在他的原生家庭中开始吸收和感知家带给他的一切。在孩子的成长中，很多家长也会有这种体会：小时候管他吃饱喝足、陪着玩玩，孩子就挺好的，不听话了说两句，再不行吼两嗓子，孩子便能很乖，而且也没有太大的问题。但孩子越长大越难管了，比如再大一些就得开始面对学习、作业和考试，“母慈子孝”的日子越来越少。你抓得紧，孩子状态还行，一旦放松一点，孩子比你放松得还快。除了每天严厉地对待他，你似乎再没有更好的办法了。结果，不得不在“鸡娃”“内卷”的道路上越走越远，然而你和孩子的关系也逐渐出现了危机。

你们之间或许太久没有好好说一次话了，每次说话几乎都以吵架收场。等到孩子进入青少年阶段，你们之间的裂痕仿佛越来越大。你们像是最熟悉的陌生人，在同一屋檐下却很少能说上几句话。你那么爱你的孩子，甚至不惜用自己的生命来保护他，却连他的房门都敲不开了……

到底是什么环节出了问题？

养育孩子是一件复杂的事情，很多因素交织在一起。但有两点我认为是当下在养育孩子过程中父母必须意识到的：第一，我们需要破除旧模式，建立养育孩子的新模式；第二，我们需要重新调整养育目标。

我们先来讲讲模式。上文提到最初知道孩子将要来到这个世界时家长的真实反应，不同的感受、不同的想法都反映出了我们的心智模式。

心智模式指的是你怎样去认知和理解这个世界以及发生在你身上的每一件事，你怎样去面对，你怎样去做选择，等等。我们经常会强调原生家庭，重点就在于它会塑造一个人的心智模式。

心智模式就像一台电脑的原装系统。电脑运行的时候你不会直接看到这个系统，但是它却在操控着这台电脑。你输入的每个指令，电脑给出的反馈都基于它现有版本的系统。一台电脑的运转效率也和它的系统息息相关。如果系统过时了，很多软件就运行不起来，这像极了心智模式。作为家长，我们的心智模式如果一直停留在某个水平，一直没有有效升级，那么在养育孩子的过程中，我们也会受到这种模式的限制并在无意识中影响到孩子。也就是在这种模式之下，原生家庭的印记代代相传。

人拿不出自己没有的东西。我们都知道要鼓励孩子，但一张嘴，一句鼓励的话都说不出来；我们都知道要欣赏孩子、接纳孩子，但一看到孩子就忍不住挑刺。我们如果不学习、不成长，不刻意地审视自己旧有的心智模式带来的影响，就等同于把自己曾经受的伤传给孩子。所以，重建一种新的心智模式迫在眉睫。这一点也会在后文更详细地探讨。

我们再来谈谈养育目标。养育孩子的目标是什么？几乎每见一个家长我都会问这个问题。你会怎么回答？毫不夸张地说，大部分人都会谈到“健康”“快乐”“幸福”这三个关键词。可是，现实情况是这样的吗？

相关研究机构开展的多项调查显示，儿童、青少年的精神障碍患病率逐年走高。《中国青年发展报告》显示，我国 17 岁以下的儿童、青少年中，约 3 000 万人受到各种情绪障碍和行为问题困扰，其中常见的外向障碍包括注意缺陷多动障碍、对立违抗障碍、品行障碍等，内向障碍包括焦虑症、忧郁症等。中国社会科学院大学价值观与健康教育研究中心 2020 年在全国 10 个省市进行的青少年健康行为网络问卷调查结果显示，初中及以上的学生感到沮丧和恐惧的检出率分别为 34.11% 和 27.91%，高中及以上的学生感到郁闷或痛苦的检出率为 31.03%。中国科学院心理研究所发布的心理健康蓝皮书称，经过对 3 万多名 10 ～ 16 岁的中小学生进行调查发现，约 14.8% 的青少年存在不同程度的抑郁风险，其中 4% 的青少年属于重度抑郁风险群体。

冷冰冰的数据背后是一颗颗冰封了的心。在教育越来越内卷的当下，孩子们成了学习机器。家庭、学校、社会普遍围绕着学习开展对孩子的教育。教育的目的和意义是什么？清华大学彭凯平教授曾经说：“教育不是为了考试，而是为了幸福。”我非常认同这个观点。如果我们培养了很多有知识的人，但他们却不会生活，无法拥有让自己幸福的能力，那就太遗憾了。如果我们的初心是让孩子幸福，那我们的养育目标就不应该是功利性的，否则它就与我们的初心相悖。

美国著名学者丹尼尔·平克提出，在人工智能时代，人需要拥有机器不具备的六种能力。第一，要有设计感、美感、欣赏之心。这一点特别重要。我特别庆幸自己的孩子遇到的幼儿园老师特别好，老师每天带着孩子们在户外土堆里玩，还让孩子们观察土、观察蚂蚁、观察植物。老师说，我们需要让孩子们认识和欣赏这个世界，这样他们才能热爱生活。第二，要有快乐感，知道如何让自己身心愉悦，并且如何让他人身心愉悦。第三，要有意义感，知道如何在烦琐的生活中找到生活的意义。第四，要有形象思维的能力，善于讲故事，能把抽象概念具体化。第五，要有产生共鸣的能力，善于感染和激励他人。第六，要有同理心，能够感受到他人的感情、感觉。平克认为，21 世纪是个感性的时代，能够拥有上述能力的人才能成为这个时代的主人。

仔细去品味这六种能力，它们没有强调要学会什么样的知识，而是关注心理养育。21 世纪的孩子面对的人生课题不再是怎么变得更加优秀以超越别人，而是怎么先成为一个身心健康、有生命活力的人。那我们的养育目标该如何调整？具体内容会在下一章详细说明。

父母对孩子的养育亟须的一场转变其实是模式的突破，即从旧模式转变为更健康的新模式。与此同时，养育目标随之重新设定，养育过程也会在全新的模式下发生根本的变化。

心理养育五字箴言

通常我们定义 6 ～ 12 岁这个年龄段为儿童期、12 ～ 18 岁这个年龄段为青春期。但在实际咨询案例中，很多 10 岁左右的孩子已经出现了比较典型的青春期特征。家长在养育孩子的过程中，需要看到自己孩子的特点和变化，不要总是“我以为”——我以为孩子还小，我以为他还不懂，我以为这个事情对他没有那么大的影响……父母要想能够比较敏锐地觉察出孩子的变化，有的放矢地养育，就需要和孩子保持良好通畅的亲子关系。我总结了心理养育五字箴言，涉及五个方面，无论是养育儿童还是青少年，都是适用的。

要想和孩子建立起互相信任、彼此敞开心扉、美好有爱的亲子关系，同时也让孩子的儿童期和青春期都能比较顺利地度过，父母需要努力做到以下五个字：

第一个字是“稳”。这是指我们需要给孩子提供一个相对稳定的家庭环境，让家成为孩子的港湾，让孩子无论在外面有多少压力、遇到多大困难，都觉得家里是安全的，因为家能够起到让他心理和情绪稳定的作用。“稳”包含两个方面：

一是父母的婚姻稳定。特别是对于青春期的孩子而言，他本身处在一个情绪变化非常大的阶段，如果这时候家庭发生巨变，会给他带来巨大的影响。这个时候父母要保持婚姻稳定，给孩子提供一个“稳”的外部环境。

二是家长的情绪稳定。情绪稳定是家长给予孩子的宝贵礼物。在咨询中，一位来访者分享的一件事至今让我记忆犹新。她说她 8 岁那年，有一天吃晚饭，妈妈特意做了虾给她吃。忘记是什么原因了，她最后剩了两只没吃。突然妈妈情绪大爆发，怒吼着说她不懂事、浪费食物，连拖带拽地给她撵出了门。在黑漆漆的楼道里她害怕得瑟瑟发抖，觉得每一秒都好漫长。直到现在都 20 岁了，这件事依然在她脑海中挥之不去。情绪是有记忆的，就算我们已经忘了当时事情的细节，但我们的潜意识记得。情绪稳定是需要刻意练习的，在后面的章节中我会和大家进行更多分享。

第二个字是“正”。这是指整个家庭的氛围要“正”，父母要有一个正向的积极的情绪状态。在和孩子沟通的时候，父母可以给孩子提供正能量。

布兰迪斯大学的科学家们利用先进的眼动追踪技术发现，积极情绪可以改善人们的注意力。也就是说，积极情绪开阔了人们的视野，丰富了人们的眼界。我们在生活中都会有这样的体会：当你心情愉悦的时候，路旁开的小花都会被你注意到，世界上美好的事物好像都增多了。但当你焦虑、紧张不安甚至消极的时候，你会陷入这些情绪中，无法注意到其他美好的事物。

积极情绪还会增强创造力，它可以让我们看到急需解决的事情的更多维度，从而思考出更多切实有效的行动方案。虽然积极情绪有这么明显的好处和优势，但我在咨询中经常看到的还是父母不断地否定、批评和挑剔孩子。在这种模式下成长的孩子，很难获得幸福、快乐，他通常会重复父母的模式，对待人和事总是第一时间就冒出负面的想法。

第三个字是“慧”。养育孩子的过程更是父母自我发现和成长的过程。父母的智慧在养育孩子这件事上显得非常重要。父母需要对抗自己的本能和固有模式带来的影响，在不断自我成长中养育孩子。这有一个非常重要的前提——父母要有谦卑心。有些家长很自负，他会觉得：我最了解我孩子，孩子什么性格我还不知道吗？他也不太能听进去老师或者专业人士的建议。他甚至还觉得自己是养育孩子的专家。即便孩子已经出现了明显的问题，他也还觉得是因为孩子太脆弱，性格有问题。家长需要先有空杯心态，愿意倒空自己去学习。父母不断成长和学习的状态，其实也会给孩子带来正向的影响。智慧是没有穷尽的，我们一生都在学习。我们要敢于把自己过去固有的模式先放在一边，才有可能用新的健康的模式一步步替代旧模式。

第四个字是“谦”。在和孩子相处的时候，特别是孩子进入青春期之后，家长要把自己的位置放低。一些中国家庭的教养模式是权威型的，而且这个权威有时还是恶意的权威——我对、你错，高高在上，否定和压制孩子。这种模式很难发展出健康的亲子关系，也很难让孩子真正独立自主起来。父母如何与孩子建立平等的关系，成为孩子成长之路上的善意权威，后文会详细讲述。

第五个字是“放”。孩子成长的过程其实就是父母一步步放手的过程。但放手是需要智慧的，绝对不是一下子就放开，而是逐步估量孩子的能力、自主性，慢慢地把人生的方向盘交还到孩子手中。家长需要调动孩子的自主性，学会给孩子授权。

青春期是最后纠偏期

如果刚才谈到的几点家长都没有做到，之前的养育模式已经存在好多问题，也在孩子身上呈现出了各种各样的后果，家长还有机会弥补吗？有！青春期就是童年养育问题的最后纠偏期，也可以说是最后窗口期。这个时期如果家长有所改变，也会结出一些美好的果实。但是有一点必须说明，这个最后的窗口期是会关闭的。如果孩子已经进入青春期，请家长不要再抱有幻想：等以后我再加倍弥补。不行的，这个窗口期一旦关闭，或许你耗尽一生也无法弥补缺憾。

给大家讲一个小故事。在我的心理咨询师课上有一个学员，每当学到一些沟通方法、提问题的方法时，她都会第一时间先和自己青春期的女儿练习。我的课是有作业要求的，如每周要有多少个小时的练习时间，她就利用和女儿交流的机会来练习。

比如学习平行表述，即对方说了一段话之后先不要急着表达自己的观点，也不要着急给对方提建议，而是把对方刚才说的内容稍加提炼且力求准确地复述一下，并和对方确认自己理解是不是到位。她回家后就用这样的方法和女儿练习。很神奇的是，当课程结束的时候，她非常激动地说她和女儿的关系完全修复了，她们现在成了无话不谈的一对母女。在女儿童年阶段出现的很多问题、关系中的疏离感或是对抗情绪都消失了，她和女儿现在非常亲密，而且女儿也非常认可她的改变。

青春期的孩子，他们的心还是非常柔软的。即使在童年阶段，家长在养育过程中有一些错误的模式和方法，在青春期这个最后的窗口期，他们的心仍然是愿意向家长开放的。所以，家长如果能够善用这个窗口期的话，可以修复很多过去养育中存在的问题，然后帮助孩子重建一个更加完善、美好又有力量的人格。

但是故事并不总是这么美好。我也看到过很多反面的例子。比方说孩子在童年阶段被错误的模式养育，出现了一些问题。到了青春期，随着身体渐渐成长，越来越有力量，孩子就开始跟家长进入更严重的对抗状态，越发叛逆。此时家长不但不反思，反而越来越陷入过去的错误模式之中。于是，孩子心灵的土壤变得越来越硬，直至最后心门对家长完全关闭，不再存有一丝信任。人和人之间最重要的关系纽带就是信任。当孩子内心对家长彻底失望、不再有任何信任的时候，他将不再对家长进行真实的情绪、情感表达。若亲子关系发展到了这一步，就太遗憾了。

我们之所以要善用青春期这个最后的窗口期，是因为这个时候孩子心灵的土壤仍然是软的。总体而言，孩子总是善良的，他们愿意宽恕和原谅父母。我了解到，一些青少年来访者在童年阶段遭受过父母错误的对待甚至严重的伤害。随着咨询的深入，我发现他们内心仍然是愿意宽恕和原谅父母的。为什么？我在咨询的过程中帮他们梳理了父母那样做的原因。他们认识到这一点以后，就愿意理解父母，也愿意宽恕和原谅父母。青春期的孩子仍然渴望和父母建立亲密的联结，仍然希望父母是健康的权威，而且认为父母是能够懂他和理解他的。

无须焦虑、恐慌。如果我们过去有一些错误的模式，没有关系，人无完人，现在我们拿出勇气来改变，好好利用孩子的青春期这个最后的窗口期，去成长和完善。

要想真正改变，家长必须准备好两种心态。第一种是真实。真实地面对自己做过什么的事实和对孩子造成了什么影响的结果，拿出勇气承担起自己该负的责任，看到自己认知的局限、情感的局限，真实地面对自己以及亲子关系。真实胜过完美，真实是一切美好事物的开始。

第二种是谦卑。在和青春期的孩子相处的过程中，不要高高在上，不要任意评论孩子。

五种错误的养育模式

在准备好以上两种心态的基础上，在青春期这个最后的窗口期，家长的主要任务是什么呢？主要有以下三个方面：

第一，觉察和纠正过去的错误模式，终止这种错误模式带来的伤害。其实我们每一个人都受到了模式的影响，我们自己本身就是某种固有模式的产物或者说受害者。每一个家庭都有自己固有的模式，每一对亲子关系也是如此。但是在孩子童年阶段，我们对这种模式的认知是不清晰的，我们还没有能力去觉察自己的养育模式。我们从原生家庭中继承的固有模式，会不知不觉地引导我们以这种模式养育孩子，但其实很多模式是不健康的，对孩子有伤害，对亲子关系也是不利的。所以在青春期这个最后的窗口期，第一个重要任务就是培养自己的觉知力，觉察已有的模式。

举例来说，一个来访者的妈妈有过度保护的模式。她非常害怕自己的孩子碰到危险，受到伤害。当孩子想要去尝试一些新鲜事物的时候，她会有非常强烈的焦虑感和不安全感，会想要赶紧阻止孩子。因为她从小就没有安全感，她自己就是在过度保护的模式下长大的，所以她不知不觉地就把这种模式用到了自己孩子的身上。当孩子长大后需要去拥抱他所面临的新世界的时候，妈妈的这种旧模式就严重阻碍和限制了孩子的潜能。

错误的养育模式可归纳为五种。

第一种是否定型。父母不顾孩子的体验与感受，总是先批判和否定，对于孩子做得好的地方几乎从不肯定和表扬。哪怕孩子十件事里有九件都做得很好，只有一件没做好，还是会被批评。所以孩子接收到的几乎都是负面的否定性的信息。在这种模式下成长起来的孩子，要么被打击得毫无自信和活力，早早选择躺平；要么会积蓄力量，到了青春期变得非常叛逆。若父母没有用智慧的方法及时改变，亲子也会变成仇敌。

第二种是控制型。父母把爱和控制欲混在了一起，打着爱的旗号，实际是在控制和占有孩子，剥夺孩子的自主性，削弱孩子的生命力。在这种模式下成长起来的孩子会非常缺乏自我，而且没有安全感，活在不安和极度压抑的恐惧之中。

第三种是纵容型。简单来讲就是溺爱，而且是毫无边界地溺爱。家长没有给孩子设立清晰的规则，也没有明确违反规则的后果。很多所谓“问题少年”就是在这种模式下成长起来的。这种模式其实是对孩子的过度授权。孩子需要被授权，但家长绝对不能毫无智慧地放任不管。家长给孩子的权限太大，孩子在他当前的成长阶段是承载不了的。

第四种是疏离型。这种模式的特点是父母和孩子之间的亲密关系、信任和爱的纽带没有建立起来。这常常是由于孩子在童年阶段缺少父母陪伴。有的父母忙于事业而忽视了孩子的心理需求，或许给予孩子的物质条件非常丰厚，但陪伴却显得格外奢侈。在这种模式下，孩子从父母这里几乎感受不到自己是被爱和被关心的，也不会感受到自己的宝贵，因为爱是无法纯粹靠物质来表达的。

第五种是内耗型。这种模式的一个典型特点就是争高下。家长给孩子的信号是：你是不够好的，我是好的；你是不够强的、不够优秀的，我是强的、优秀的。这种模式，其实是家长处在自恋高位、孩子处在自恋低位，即亲子关系不对等的一种状态。对于 0 ～ 6 岁的孩子而言，他对自己的认知往往来自父母对他的评价。在这种内耗模式下，孩子的想法和父母的想法会发生激烈的碰撞。虽然孩子有自己的想法，但父母一再打击，不仅否定孩子，甚至还情感绑架。孩子的内在一直在打仗，每天要消耗大量的心力来面对这种碰撞。在这种模式下成长起来的孩子，很可能小时候很听话，但一旦迈入青春期就很容易出现各种心理问题。

这五种模式其实都是在孩子童年阶段形成的。当孩子进入青春期，我们可以看到自己采用的是哪种模式（有时是混合型）。先看到、先觉察，然后再想办法终止这种旧模式。模式或者说习惯的力量是非常大的，我们常常不知不觉地就会回到原有的模式之中。但是，困难虽大，也不是不可能改变，还是有办法的。本书的目的之一就是引导父母觉察和突破现在养育孩子遇到的瓶颈，这也是全书的核心：父母如何重建一种养育模式，一种更有利于孩子健康成长的模式。

第二，设立新的养育模式。人不会主动选择对自己最有利的模式，而是会回到自己固有的模式之中。我们要先看到过去的模式是什么，然后去做一个更好的选择。这个更好的选择一定是围绕着新的养育目标来进行的。我们在这个过程中也可以查缺补漏，审视过去模式中的漏洞。

我们可以主要从两个方面来审视。一是孩子的品格。比如，孩子不诚实、比较懦弱、缺乏勇气……我们可以针对这些方面来设立一种新模式，目的是帮助孩子纠正不良品格。二是孩子做事的主动性。特别是学业方面，孩子是否会主动安排自己的学习任务，合理规划时间。如果不会，到了青春期家长必须帮助孩子培养自主性。因为孩子没有自主学习的动力，就会形成被动的模式，这会对他未来的发展产生严重影响。我们可以针对孩子不会合理规划时间、做事没有主动性去调整养育模式。

第三，善用父母和孩子之间的情感脐带。情感脐带就是父母和孩子之间天然的情感联结。依恋理论认为，孩子 0 ～ 2 岁这个阶段是和养育者形成依恋关系的最重要阶段，也是情感脐带形成的阶段。直到青春期，情感脐带仍然存在。它是情感关系和信任的联结。情感脐带和胎儿与母体连接的脐带类似，也具备两个功能：一是排出垃圾，孩子的负面情绪可以通过情感脐带传输给父母；二是输送营养，父母可以通过情感脐带源源不断地给孩子注入心理营养。

所谓心理营养，就是滋养孩子心灵的，让孩子的内在更加健康，能让孩子清楚感受到的爱、接纳、认可、欣赏和支持。父母和孩子之间如果存在情感脐带的话，就可以发挥以上提到的两个功能。所以，你要观察你和孩子之间的情感脐带是否通畅，是否有一些淤堵点。也就是说，在过往的养育之中，你和孩子之间是否有一些积怨。如果有的话，我们需要去处理这些淤堵点，清理亲子关系之中的情绪垃圾。

在这个过程中，家长要尽量少说，让孩子多说，自己多听、多理解、多共情。这个阶段先不要给孩子建议，更不要为自己辩护。不要孩子刚说了几句真实感受、对你真实的意见，你就立马反驳，告诉孩子：这么想是不对的，不应该有这种情绪，我还不都是为了你好……这样做的话，情感脐带中的淤堵点是永远也没有办法突破的。这个时候，父母要真实地面对自己过去养育过程中的一些具体问题，不要回避，不要自我辩解。如果发现自己过去的某一句话或者某一个行为真的给孩子造成了严重的影响，造成了情感脐带的淤堵，需要真诚地向孩子道歉。怎么道歉呢？真实、有效的道歉有一套完整的流程：

第一步，如实地描述你做了什么、你做的这些事情对孩子造成了什么样的伤害和影响。要有细节地去描述事实，不要解释和回避。第二步，充分认可孩子经受的痛苦。很多道歉不被接受是因为对方认为你的道歉根本没有诚意，你根本不知道对方因为你犯的这个错误内心受了多少苦，遭受了多少损失。你要充分认可孩子经受的痛苦，而且为此表示难过——你为他受苦而感到难过。第三步，真实地说明你当时做这些事情的原因是什么——但绝不是为自己解释、开脱，紧接着向孩子真诚地道歉。第四步，提出补偿措施。要向孩子表达你以后不再这样做了，愿意采取具体的补偿措施。这时候，你再问孩子是否愿意接受你的道歉。你不用期待或者要求孩子必须原谅你，原不原谅是孩子的选择。不管孩子怎么选择，你都要接受。

情感脐带中的很多淤堵点，都可以用这套道歉流程去化解。我有一个学员，她学习完这套道歉流程后，回家就跟女儿这样道了一次歉。当她说完的时候，女儿流着泪跟她拥抱，跟她说："妈妈，我理解你了，我愿意原谅你。"她们之间的积怨消除了。她们之间的情感脐带再一次紧紧地连在了一起，而且是通畅的。孩子有什么心里话、有什么负面情绪、有什么困难，都愿意顺着情感脐带传输给她。同时，她的鼓励、认可也可以通过情感脐带顺畅地传输给孩子。如果情感脐带不通畅，你再怎么认可孩子、再怎么夸孩子，孩子也是不接受的，他觉得你虚伪，他在你那里是没有安全感的。

在把情感脐带打通之后，我们要给孩子多多输入正能量，而不要总是挑剔那些他没有做好、没有做到的部分。你专注在什么方面，就会给那个方面增加力量。如果你专注的是孩子的问题，你就会给孩子的问题增加砝码，孩子的问题就会越来越多，孩子最终会变成你所认为的有问题的孩子。但是，当你专注在孩子的成长和优势上的时候，孩子的成长就会越来越好，优势会越来越多。那么，父母应该通过情感脐带给孩子传输什么呢？其实就是爱、信任、力量、支持等心理营养。孩子通过情感脐带接触到越来越多的心理营养，其内在也会越来越丰富。

愿每个家庭都可以开启一段心理养育之路。父母能在新的养育模式下不断发现自己，疗愈自己，变成更好的人；孩子能在新的养育模式下获得充足的心理营养，成为身心健康的人，同时找到自己的爱好和人生目标，拥有越来越精彩的人生。

案例示范：帮助一位爸爸向女儿道歉，修复关系[①]

来访者基本信息：M 先生，44 岁，某互联网公司高管。女儿 15 岁，现因抑郁症休学在家。父女关系极差，矛盾一触即发。本次为第五次心理咨询。

咨询师 S：经过我们上个月四次的咨询，您和女儿的关系现在怎样了？是否有改善？

来访者 M：改善是有的。以前我们完全不说话，她每天把自己关在房间里，吃饭也不出来，看见我就躲。这周好歹正眼看我了，还能一起吃饭，问她五句话她能回答一句，已经不错了。谢谢您的指导，心理咨询还是管用的，我之前都绝望了，觉得这孩子完了。

咨询师 S：太好了，听到你们关系有改善，我非常高兴。您更要感谢自己这一个月来巨大的转变，还有您每次咨询完马上就去实践的行动力。现在，既然孩子已经和您恢复说话了，我们接下来可以更深地推进一步，来修复你们父女关系的核心淤堵点，就是她之前在学校被霸凌时您没有妥善回应给她造成的伤害。我可以帮您用专业的方法向女儿道歉，来修复她对您的信任，您准备好了吗？

---

① 本书个案经过模糊化处理，不会透露来访者真实信息。全书所选案例皆秉持这一原则，不一一注明。

来访者 M：啊？这个是必要的吗？要不要再等等？这个事有那么严重吗？

咨询师 S：您的顾虑是什么？

来访者 M：我觉得我在公司好歹也是个领导，让我去道歉，我拉不下来面子。还有就是，我从小受到的教育是“天下无不是的父母”，为啥现在孩子这么脆弱？这么点儿小事就过不去？咋就不能体谅一下父母的辛苦和不容易？

咨询师 S：（微笑地看着来访者，语气温和而坚定）如果您没准备好为自己过去对女儿造成的伤害道歉，我可以等您，按您的节奏来。如果您不想面对这件事，觉得这不叫伤害，那说明您自己还没准备好，我们可以就您心里的淤堵点再做一次咨询。但我想带着您回顾一下我们第一次咨询时您表达的目标和诉求，您还记得吗？

来访者 M：我当然记得。我当时发现我姑娘手腕上有刀伤，我整个人都崩溃了，觉得自己特别失败，想死的心都有了。她也不跟我说话，就是哭，也不上学了，我也不敢逼她。当时我的目标很明确，就是想让我姑娘好好活下来，别伤害自己。我希望她能笑一笑，能跟我说话。如果能行的话，让她恢复上学。不过，当时她那状态，我感觉上不上学都无所谓了。

咨询师 S：是的，您记得很清楚。而且，经过您这一个月的努力，孩子的自杀危机已经基本解除了。那么我想和您确认一下，您其他的目标改变了吗？让孩子更快乐以及让父女关系更好的目标，您还想继续实现吗？还是说，孩子只要不自杀，能恢复上学，她的心理状态以及亲子关系更好的目标就不重要了，可以往后放？

来访者 M：那肯定不行。我是爱我姑娘的，您也能看出来。要是说这件事不解决，我姑娘就不能快乐了，我俩关系就卡这儿了，那我说啥也得豁出去。为我姑娘上刀山下火海我都乐意，这点儿面子算啥？来吧，您教教我咋跟我姑娘道歉。

咨询师 S：您确定吗？

来访者 M：确定。

咨询师 S：听您这么说，我还挺感动的。有您这样真心爱她，愿意为她放下面子、尊严而努力改变的爸爸，您姑娘有救了。那我们开始吧！您对着这张空椅子，想象您女儿坐在上面。第一步，向她如实描述您做了什么、说了什么、给她造成了什么伤害。

来访者 M：（对着空椅子）姑娘，那天你在学校被几个女同学堵到女厕所欺负了，她们不仅骂你，还推你。到家你就哭，我问你咋了，你说被同学欺负了。爸爸给你老师打电话，你老师说不知道这事儿，还说你平时上课不认真，不尊重老师，脾气不好，不会和同学相处，完不成作业还撒谎。爸爸当时脑子一热，就相信了老师的话而没有相信你，把你又骂了一顿，让你反思自己身上的问题，还说为啥人家就欺负你不欺负别人，肯定是你自己有问题。爸爸不仅骂你没出息，就知道哭，丢人现眼，还发火摔了你的书包。不过你要理解爸爸，我也是为你好，而且我觉得你也有不对的地方……

咨询师 S：这里请停一下。前面部分说得很好，但不要给自己对他人造成的伤害进行辩护和解释，要坦然承认，做了就是做了，说了就是说了，这是有效道歉的前提。对方有不对的地方以后再说，这一步就是真诚面对自己不对的地方。您可以的，请继续！

来访者 M：好的，我发现我这样说话习惯了。那我继续啊。

姑娘，爸爸现在意识到自己错了。你愿意跟我说你的遭遇是信任我呀，我辜负了你的信任，我选择相信老师而没有相信你，你受了欺负，我没保护好你，我还火上浇油让你更难受了，爸爸对不起你。爸爸以后改……

咨询师 S：请再停一下，先不用说改的事，咱们按流程走。下一步，请充分认可孩子因为您的言行受到的伤害和痛苦，并为此表示难过。

来访者 M：这个咋说呀？我不太会。

咨询师 S：描述您观察到和感受到的孩子的痛苦。

来访者 M：（对着空椅子）姑娘，那天我对你发火的时候，我看你气得浑身发抖，之后还揪自己头发，抽自己嘴巴，我感觉我对你造成的伤害比同学欺负你更让你难受，毕竟我是你爸爸，你那么信任我，结果我和外人一起欺负你。爸爸糊涂啊，爸爸特别后悔，这真不是我的本意，我也是心疼你，一时不知道咋办了，一着急就拱火，你也知道爸爸这脾气……

咨询师 S：不解释，不找补，不合理化自己的行为，专注在表达对方的感受上。

来访者 M：哎呀，我又忘了，您看我这都习惯了。好的，我继续。

姑娘，爸爸能感觉到这件事对你伤害特别大，你后面两天都没好好吃饭，也不和爸爸说话了，我当时没在意，还觉得你不懂事。直到看见你手腕上的刀伤我才如梦初醒，才意识到我对你造成了多大的伤害。爸爸特别难受、特别后悔，心疼我姑娘。

咨询师 S：很好。下一步，真诚地向她表达你这么做的真实原因，但不是为自己辩护，然后真诚地道歉。

来访者 M：姑娘，爸爸跟你说实话，爸爸小时候也被同学欺负过，我心里特别害怕和别人起冲突，所以老是让你忍让，让你从自己身上找原因。其实这是爸爸自己的问题，我也在找心理咨询师解决我的问题。但不管什么原因，爸爸这样对你是不对的，我意识到了，我真诚地向你道歉，希望你能原谅爸爸……

咨询师 S：您认真道歉就好，是否原谅是孩子自己的选择，不必要求和期待。很好，接下来您向她提出补偿措施，并且告诉孩子她有权利选择是否原谅您。

来访者 M：姑娘，爸爸以后改，再也不这样对你了。但是我已经给你造成的伤害难以弥补，你看看，打我一顿、骂我一顿能解气不？或者，爸爸带你去旅游吧，你不是想去日本吗？爸爸请假一周带你去，行不行？你不用原谅爸爸，这是你自己的选择，爸爸就希望你能好好的、高高兴兴的（开始哭了）……

咨询师 S：您现在哭是真的为孩子感到难过吗，还是被自己感动了？

来访者 M：我一开始走这个流程时是很功利的，想赶紧让这件事过去。走到后面，我会设身处地为我姑娘着想，体会她的感受，我真的意识到自己错了，我伤害了她，她不原谅我是应该的……

咨询师 S：您记住这种感受，记住这个四步流程，勇敢地向女儿道歉吧！

（M 先生当天回到家后，按照此流程向女儿认真道歉，他女儿当即原谅了他，父女俩抱头大哭，他们恢复了彼此信任、亲密的关系。他女儿的抑郁症也慢慢好起来，后来恢复了上学。）

本章练习

1. 列出孩子在生理、情绪、心理、关系、压力这五个方面的状态和变化，看看孩子正在面对哪些挑战。

2. 思考并评估自己在心理养育五字箴言方面做得如何。可以给自己在五个方面的养育打个分：满分为 100 分，60 ～ 70 分为合格，71 ～ 80 分为良好，81 ～ 90 分为优秀，91 分及以上为非常优秀。也可以具体列出每个方面做得好和做得不好的地方。

第二章

养育目标

你想养出怎样的孩子？

制定养育目标的基本原则

先给大家讲两个故事。第一个故事的主人公是我的一位朋友，从小他父亲就对他有一个非常明确的培养目标：当大官。这个目标确定以后，他父亲就不遗余力地把这种强烈的目标感强加给自己的儿子。他父亲每天给他讲自己的家族受了多少苦，遭了多少罪，受尽了别人的欺负。这都是家里没有人当官、没地位造成的，所以他将来一定要出人头地，当大官，好让家族扬眉吐气！我这位朋友就在父亲强烈的期待之下长大，每次考试成绩稍差他就非常自责、难受，压力与日俱增。就在他高考的前一天晚上，父亲找他彻夜长谈，不断地给他施加压力，不断地告诉他这一次高考只许成功不许失败。也就是这一晚，我朋友的心态彻底崩了。不出所料，他在高考中发挥严重失常。他和父亲的关系也越来越僵。直到现在，他都没有办法和父亲在心理上彻底和解。

第二个故事发生在一位来访者身上。这是一位非常优秀的企业家，但他对孩子的养育完全属于放养型。因为从小家庭条件优渥，想要什么马上就能得到，所以他的孩子很早就没什么内驱力，完全不觉得有必要为任何事情付出努力。他对孩子也没什么要求，认为反正自己挣的钱够多，养孩子一辈子也没问题。孩子很小就开始沉溺电子产品，结果，等孩子到青春期的时候，他发现完全控制不住了，才意识到问题的严重性，开始寻求帮助。

这两个故事，是两个比较极端的例子。一个是父母的养育目标特别明确，而且特别功利，父母逼迫孩子完成自己未能实现的目标；另一个是放任不管、散养，完全没有养育孩子的目标，没有任何目的。

说这两个故事，其实是想让大家一起思考一个问题：你对孩子有没有清晰明确的养育目标呢？你能否看到孩子成长的一个远景——他会成为一个什么样的人？

我自己是两个孩子的妈妈，在陪伴孩子的几年时间里，我深切地感受到，我能成为母亲，有机会养育孩子，是这个世界上最崇高、最重大的使命。母亲怀胎十月把一个生命孕育出来，然后一天天把他养大。而这个孩子在父母的规划中、在父母的努力下，能够长成一个身心健康、人格健全、有爱和幸福的能力、独立自主、有强大自我的人，他在每一天的成长中可以体验到这个世界的美好，能够在成长的过程中不断地自我实现，能够创造社会价值，能够让这个世界变得更加美好。父母们，如果你们养出这样一个孩子，我认为你们就是无比幸福的。你们用爱、用真理、用智慧养育一个孩子，让他长大成人，你们所创造的价值和成就是无与伦比的。能够在心理上成功地养育一个孩子，这样的父母是改变世界的人。

但养育的过程不是说说而已，作为父母，我们首先需要意识到的是，我们要在养育孩子的漫长道路上提早设定好一个养育目标。在考虑养育目标的时候，我们要避免本章一开始那两个故事所呈现的两种状况。如果养育目标定得太高、太死板，或者说功利性太明显，就会让孩子有被束缚感、压抑感，他的潜能和无限可能性也会受到限制，更会导致亲子关系的紧张，这种养育模式也不会太持久。如果没有明确的目标，就很容易把孩子养散、养废，因为孩子没有边界感，没有原则、纪律，他认为自己干什么都可以。这就像是让孩子住在一个没有墙、没有门的家里面，他其实是没有安全感的，他的人生、他的精力也是没有被约束的，所以就会散，不会集中到一个点上。接下来我就给大家分享一下制定养育目标的一些基本原则。

第一个原则：养育目标不是你拍脑门定出来的，不是你的目标，不是你把自己未完成的一些心愿或野心放在孩子身上。有一个比喻是这样说的：鸡不会飞，于是非常羡慕雄鹰，等有了小鸡后，天天逼它去飞。我们千万不要成为这样的家长！我这辈子没有做到，然后就天天逼我的孩子，把我的目标强加给我的孩子，或者说，我做到了，那我的孩子也必须做到。这样的养育目标一定是不成立的。我们的养育目标一定要根据孩子的具体情况和心愿来定。这个目标一定是他自己的目标，而不是你强加给他的目标，这两者是非常不一样的。当你强加给他一个目标的时候，你就会用“你应该”“你必须”这样的话去要求孩子。但是，如果这个目标是孩子自愿自发的，是他自己渴望实现的，那么这就成了他的目标，因为最终实现这个目标的是他，不是你。所以当这个目标是孩子自己的目标的时候，他就有源源不断的动力，不断地往前走。即使遇到挫折和挑战，他也能够战胜，百折不挠地去实现这个目标。

这就是为什么对很多孩子而言，如果他要达到的是家长的目标，他就有可能会半途而废。比方说学习这件事，孩子如果感觉自己是在为家长学、为老师学，是在满足别人的期待，是为了和别人竞争把别人比下去以让自己或家长的虚荣心得到满足，那他自身的动力很可能中途就没有了，难以有内在力量源源不断地持续驱动下去，去支持他完成一个个目标，累积成就感。

我们的养育目标是要让孩子成其所是。最好的养育是让孩子成为他自己。每一个人都是独一无二的，都是独特的，每一个人来到这个世界上，都有独特的使命。所以父母的养育目标一定要围绕着孩子的独特性，即他要成为什么样的人。让他成为最好的自己，这就是最好的养育。所以这个目标不要完全用头脑、用逻辑分析得到：我要让孩子成为未来的金融家、政治家，等等。我们要尊重我们的体验，尊重孩子的独特性。在我们和他相处、看着他长大的过程中，我们用亲身体验、用我们的直觉，去体验这个孩子是什么样的人。

我分享一个自己的经验。当我生下大女儿初为人母的时候，我把这个粉雕玉琢的婴儿抱在怀中，看着她，感受她热乎乎的、柔软的身体，我听着她的声音，然后闻到她的乳香——小婴儿的那种香味，感到幸福极了。我相信很多家长都记得这个体验。我当时抱着孩子的时候，我就在想她怎么样能够幸福，怎么样能够健康平安，怎么样能够活出她自己，我愿意把全世界最好的祝福全部给这个小婴儿。我想这是很多家长在那一瞬间的感受和体验。但是在具体的养育过程中，随着孩子慢慢长大，小学、初中、高中，我们会不知不觉地被这个世界带着走，被潮流带着走。我们会让孩子内卷，我们会比较，我们会盯着孩子各种不足的地方挑剔他，我们会为满足自己的欲望去命令孩子，我们会不知不觉成为强迫孩子，看他不顺眼、挑他毛病、否定他的父母。当我们发现自己这样做的时候，我们就去回想最初的那一瞬间的感受，我们抱着这个小婴儿时的那种体验。我们是希望他幸福的，我们是希望他快乐的，我们是希望他健全、健康、平安的。我们记住这一份初心，当发现自己跟这份初心偏离的时候，就提醒自己回到最初的养育目标上。

第二个原则：父母的养育目标应该一致。父亲和母亲是孩子成长的第一责任人，是最直接的养育者。每个家庭的情况会不太一样，比方说有的家庭是爷爷奶奶、姥姥姥爷都参与养育过程。这就要特别明确每个人在养育孩子中承担的角色是什么。一般来讲，老人应该作为父母养育孩子的辅助者，处在帮手的位置。养育目标应该由孩子的父母在充分沟通的基础上一起制定，而且一旦制定，就需要父母共同为这个目标去努力。此时其他的辅助者，比如姥姥姥爷、爷爷奶奶等都要服从这个目标。我们发现，现在很多家庭的问题其实是养育权责不清晰，一个人有一个目标，一个人有一套方法，然后在养育过程中大人不断争吵，争对错，证明自己的方法才是更好、更对的。孩子在这种家庭环境中会感到茫然，不知道该听谁的。所以他就很容易去看脸色，也很容易钻空子，甚至去操纵大人。

这也是养育目标不一致的一个弊端。

第三个原则：养育目标一定要简单、明确。目标简单就容易实现。最怕的是什么呢？就是既要又要还要的那种目标。有的时候想要的太多，反而会什么都得不到。

一定要有一个明确的养育目标，最好能用一句话讲出来，而且一旦定了之后就不要太贪心。很多家长会犯口是心非的毛病。有一个妈妈带着女儿来找我咨询，她女儿重度抑郁，而且已经有自杀的倾向和行为了。在和我们定咨询目标的时候，这个妈妈说得很好——“她只要能好一点，她能够更幸福、更快乐就好了”，但后面随着咨询的推进，我发现她的关注点一直在孩子的学业上。孩子因为抑郁症已经休学半年了，妈妈心底里其实非常焦虑这件事情，她关注的一直是孩子什么时候能够复课、什么时候能够把落下的学业补上、什么时候能重新回到学校。这一点可能她自己都没有觉察到。当这个妈妈说只希望孩子能健康的时候，我相信她是真诚的，但实际上在潜意识里面，她最关注的仍然是孩子的学业表现。

所以在制定养育目标时，我们一定要诚实。不要嘴上说一套，实际上期望的却是另一套。这样孩子会无所适从。我在咨询中遇到过一个一到考试就特别容易焦虑的孩子。在跟他深度交流的过程中，他说：“我爸妈嘴上说你随便考，你考成什么样都行。但是，如果我真的没考好，他们就会对我甩脸子，好几天不跟我说一句话，用这种冷暴力的方式惩罚我。所以我现在特别紧张，特别害怕。我一想到他们嘴上说一套，实际做一套，就不寒而栗。”这种养育目标的不明确对孩子的伤害更大。

消极养育目标和积极养育目标

那么，具体怎么来制定孩子的养育目标呢？我们的养育目标应该分为两个：第一个是消极养育目标，是我们家长必须要尽到的责任；第二个是积极养育目标，是我们对孩子未来的期待。消极养育目标涉及对孩子的管教，积极养育目标涉及对孩子的培养和潜能激发。

消极养育目标的制定

我们先说消极养育目标。孩子绝对不能怎么样、不能成为什么样的人，这个就是消极养育目标的内容。在养育过程中，父母要对孩子设立底线、规则、纪律。这是每一个养育者都要尽到的责任。底线原则、规则意识应该在 0 ～ 6 岁早期童年养育阶段养成。很多家长在孩子童年的时候，没有给孩子设定一些清晰明确的规则，青少年阶段就是给孩子定规则的最后窗口期，而且要说清楚，如果违反规则会有什么后果。家长要说到做到，定了的规则一定要执行。

我在养育两个孩子的过程中，会给孩子设定非常清晰的原则和底线。孩子是需要有规则意识的，也是需要管教的。孩子两岁的时候，我就给他讲两条规则：第一条，不能做任何危及生命的事情；第二条，不能伤害别人，具体就是不能咬人，不能打人。两岁的孩子，是能够清楚地理解这两条规则的。在这两条规则之外，我会让他尽力去尝试、去探索。规则不用特别多，但是一定要清晰明确。要让孩子明白地知道，当他触犯了规则时，是有惩罚的。我跟我的孩子说好：第一次触犯，提醒；第二次触犯，警告；第三次触犯，执行惩罚。我们当时设定的惩罚就是用一根管教杖打他的手心，打三下，而且每一下都要打到痛。如果他真的触犯了规则，那就要执行这个管教的流程。管教完了之后有一个和好的程序，孩子认错道歉后可以拥抱他，我们重归于好。在这样清晰明确的规则之下，孩子其实是非常有安全感的。他知道自己的边界在哪里。而那种没有边界、没有原则和底线的养育方式，会让孩子从小心里没有安全感，他会不断地去试探大人的底线：我这样做你管不管我？我那样做你管不管我？

很多家长自己的情绪也不稳定，没有什么明确的规则界限，管不管孩子完全看心情。今天心情好，孩子犯了错误，一笑了之；明天心情不好，孩子犯同样的错误，却对孩子又吼又骂，甚至暴打一顿。在这样的养育方式下，孩子就会很混乱，非常没有安全感，他完全不知道什么情况下自己会受罚。孩子在这种养育方式下，既没有安全感，也没有健康的自尊和自我认知，长大后很可能成为情绪不稳定的人。从小就看别人脸色做事的孩子，长大后很可能成为高敏感、高自尊、内在又非常脆弱的人，易形成讨好型人格或者成为情绪操控者。所以，清晰的消极养育目标，也就是清晰的原则、底线、规则，对孩子的成长来说是至关重要的。

在制定消极养育目标的时候，很重要的一点是要关注孩子品格方面、态度方面的问题，而不是行为表现本身。孩子三岁的时候，我就要求他第一要尊重他人，第二要顺服父母。当孩子在行为表现层面没有达到预期，比方说打碎了东西、考试考砸了等，这时不要去管教他，而是需要给他赋能，增加他的力量，帮助他去面对这些挑战。我们要管教的是孩子的态度问题、品格问题，比方说撒谎，和人讲话没礼貌，说脏话，嘲笑残障同学，等等。我们一定要告诉孩子清晰的原则和底线，然后去管教他。如果在童年阶段这个部分没有做好，那青少年阶段就是最后的补救期。在青少年阶段，家长一定要重新给孩子定规则，然后坚决执行，要心、口、行动三者合一，让孩子没有钻空子的可能。我们使用这些规则，其实是让孩子成为一个诚实、勤奋、负责任的人，我们是在教他做人，而不是因事情没有做好去惩罚他。这两者之间是有区别的。

父母有管教的权柄，父母对孩子而言有权威，只是这个权威一定要建立在爱、信任和沟通的基础上。有一个来访者是一个 15 岁的男孩。他对父母的厌烦抵触情绪到了这样一种程度：父母说什么，不管是对是错，他一概对着干，哪怕是为他好的话，也听不进去，也去反驳，专门去做那种让父母伤心、失望的事情。在心理咨询的过程中，他很不屑地说："他们都没有爱过我，现在凭什么要求我做这做那？"这句话对我触动很大。从童年阶段一直到青春期，他在成长过程中感受不到他和父母有真实的爱的联结，感受不到父母跟他说话是带着信任和尊重的。相反，父母总是挑剔他，不信任他，甚至讽刺挖苦他，总是摆出父母的架子教育他。所以到了青春期，他开始有独立的意识，也更加有能力的时候，便开始反抗。而且，这个反抗是非常盲目的，极其不可控。亲子关系在这个阶段也变得非常紧张。

因此，父母对孩子的权威一定要建立在爱的基础上，建立在亲子之间的情感纽带之上，亲子关系是真实的、彼此信任和尊重的。在这个前提下，再去对孩子实行管教，再去追求这个消极养育目标，孩子才会接受。如果在童年阶段这个部分是缺失的，也就是亲子之间的情感纽带、真正的信任关系没有建立起来的话，那么青春期是一个补救期。具体的方法我们在第一章已专门论述过。

当孩子进入青春期之后，父母需要做出很大的调整：我们的管教，一定要减少强制性的部分。做错了事就揍一顿或者吼骂一顿，这种简单粗暴的强压控制的方式在青春期孩子身上基本无效。这个时候，我们要减少强制，多协商，多去和孩子签订一些协议，而且协议签订之后，我们要共同遵守。很多青少年有电子产品上瘾的现象，家长不能简单粗暴地把手机收起来或者是直接断网，而是要坐下来心平气和地和孩子一起商量电子产品的使用规则。如果定下规则是一天限制在三个小时之内，那么双方都要遵守。不能只要求孩子这样，而家长在家的时候天天捧着手机看，家长也要遵守三个小时的协议。家长和孩子之间是平等的，是互相督促的。而且需要规定好，如果违反了这个协议的话，会有什么惩罚。任何一方违反协议，都要执行这个惩罚。这是对青春期孩子实行管教的一个重要特点。

积极养育目标的制定

积极养育目标是指我们对孩子的一些具体的期待，涉及对孩子的培养和潜能激发，比方说你希望他将来做什么样的工作、成为什么样的人。制定积极养育目标也有几个要点：

第一，要充分了解孩子，因材施教。我们要尊重每一个孩子的独特性，尤其是孩子先天的禀赋和特质。他的独特性格和特质，我们也要充分理解和尊重。比方说有的孩子天生比较内向，我们就不要在制定积极养育目标的时候去期待他成为社交达人。有一些科学的方法和手段，可以帮助家长一目了然地去了解孩子的独特之处在哪里。我们在制定积极养育目标的时候，要围绕着孩子的这种独特性来设定。

第二，在制定积极养育目标的时候，我们要有一个合理的期待值，也就是要让这个目标在一个可控的范围内。同时，设定目标的时候，父母要考虑自己能为孩子的这个目标贡献什么、能提供什么样的资源。此外，父母是否能为他提供一个榜样的作用，这一点也非常重要。这里再强调一下，这个目标一定不是父母的目标，要让它成为孩子的目标，也就是孩子自己想成为什么样的人，他想过什么样的人生，只有这个目标是孩子自己的目标，他才有可能一步一步地实现它。

第三，当大的目标和远景定下来的时候，父母需要有智慧帮助孩子把它拆解成一个个可实行的小目标——智慧的、靠谱的、符合 SMART 原则的目标。SMART 是五个英文单词的首字母缩写。

S 代表 small（小的）/specific（具体的）。目标要足够小、足够具体，才有可能靠谱、有指导意义。比如有的家长希望孩子上清华、考北大，但孩子才上小学一年级，那么这个目标就是个远景，不是可操作执行的小目标。不够小而且不够具体的目标是没办法落地的。为什么很多人放弃了自己的宏大目标？就是因为他制定的目标假大空，根本无法执行。这样反而会累积孩子的挫败感，倒不如定一个“这次期末考试成绩提升10分”的目标，更具可操作性和实践意义。

M代表measurable（可衡量的）。一个目标是否达成，应该是可评估、可测量的，而且要有起点和终点。没有起点的目标是无效的目标。如果你希望孩子考上好大学，那么你希望什么时候开始为这个目标而努力？如果是几年以后，那么这个目标就是无效的。你需要制定一个从今天开始就能实施的目标。目标还需要有终点，建议一般不要超过两个月。有研究者做过实验，长期目标最长可以定在两个月内实现。这两个月之内，你可以把大目标拆分成不同的小目标，每个小目标最好在两周之内完成。制定目标一定要有时间规划。比如，如果希望孩子这一个月学会100个新的英文单词，那就要细化目标。如每周需要掌握25个新单词，每天掌握4～5个，具体到每一天，孩子需要背这几个新单词，并且理解它们的意思，能用这些单词造句。这样才是一个可测量的目标。

A代表attainable（可达到的）。目标一定要是可达到的，这非常考验父母的智慧。很多成年人都不能真正清楚自己的实力，不是高估就是低估。对孩子而言，就更难相对准确地把握自己的能力了。所以父母一定要根据对孩子的了解，找到适合他能力范围的目标，既不能过低，也不能过高。目标难度太大，可能在执行的过程中孩子的心理波动也会很大，反之，目标很容易达成，也会让孩子体验不到为了目标而努力的过程。在实行过程中，也可对目标进行一些合理的调整。

R 代表 responsible（负责任的）。目标的第一责任人应该是孩子自己，而不是家长。而且，这个目标一定是孩子也想要实现的目标，而不是父母强加给孩子的。父母可在这个过程中辅助孩子，提供好的资源、工具助力孩子达成目标。可以给出自己的一些建议，但一定不能由父母主导。特别是孩子越大，越要给孩子一些更大的选择空间。

T 代表 tangible（可具象化的）。想象一下，这个目标实现后会是什么样的？父母要帮助孩子看到这个画面。一个可期待的、具体的目标实现之后的场景，会给孩子内心注入很强的力量。父母要陪着孩子做这个梦：当这个目标实现的时候，你是什么样的？你自己会得到什么？别人会怎么说？

作为养育者，当我们陪伴孩子朝着一个目标努力的时候，我们还有一个重要的使命，就是要给孩子提供充足的心理营养。这个心理营养就像燃料一样，当孩子累了，觉得走不下去的时候，父母的爱、支持、信任和鼓励会重燃他前进的动力。有一句话说得好：“人不会因为优秀而被爱，但会因为被爱而优秀。”如果我们给了孩子充足的心理营养，那么孩子的内驱力就会越来越强。

第四，养育目标要保持一定的开放性。假如你在孩子 6 岁的时候设立了一个目标，那么到他 12 岁的时候，可以根据他的成长、根据你对他更深的了解进行一些调整，让这个目标不断优化。此外，我们设定目标的时候，不要只围绕着“小我”。我们的目标中可以涉及更多的人，可以从小培养孩子设立利他性的目标。孩子往往比较单纯，没有那么多的功利心，我们在制定目标的时候，要去保护孩子的赤子之心。哪怕他的目标、心愿听起来不那么靠谱，我们也要尊重他那颗美好善良的心。

记得女儿 5 岁的时候，我就跟她讨论：你将来想做什么呀？你想成为什么样的人呢？她那时候目标就很明确。因为她看到过正在受苦的小孩，所以她说：“妈妈，我要先赚钱，你告诉我什么工作赚钱。”我说：“你赚了钱要干什么呢？”她说：“我赚了钱之后，要开一家免费的饭店，然后让这些没有爸爸妈妈的孩子到我的饭店来吃饭。我还要学做饭做菜，我要做最好吃的饭菜给这些孩子吃。但是我做这些事情，我需要有钱，所以我要先赚钱。”我当时一听就觉得，这个孩子心里有别人。她有一个很美好的愿望，这个愿望并不是为了满足自己，而是她的心能容纳下很多受苦的人。现在她已经 10 岁了，她的目标也有一些改变，但始终是想帮助受苦的孩子。作为家长，我们一定要记得孩子本真、美好的样子，然后想办法帮助他成为那样的人。

本章练习

1. 请你和配偶一起商议孩子的养育目标，并用一句简单的话写出你们的养育目标。

2. 进一步讨论，写出对孩子的消极养育目标和积极养育目标。在消极养育目标里，列出养育中的原则、底线，或者可以一起商讨制定家庭的家规，写清楚你们不允许孩子成为怎样的人；在积极养育目标里，根据孩子的独特性，写下你们对他的期待，比如你们希望他过怎样的人生、成为什么样的人等。

第三章

五种家庭模式

你的家是孩子成长的沃土吗？

不做口是心非的父母

我相信父母都希望自己的孩子是健康快乐的。我之前也问过一些妈妈他们的育儿目标是什么。很多妈妈脱口而出："我希望孩子健康快乐、平平安安的就行了。我也不求他能出人头地，挣什么大钱，健康快乐最重要了。"但现实情况真的如此吗？还记得前文提到的逼着儿子当大官的那位父亲吗？那么，父母为什么会出现这种心口不一的情况？有两个非常重要的原因。

首先，父母对孩子的养育存在错误的认知。仔细品品父母说的“孩子健康快乐就行了”这句话，背后的潜台词仿佛在说：我都不要求别的，没那么多附加要求，只要达到健康快乐这个最基本的标准就行了。但我想说一句扎心的话，养出健康快乐的孩子才是养育目标中最难的那一个。把一个孩子养育得身心健康、人格完整、有内在力量、有快乐幸福的能力，这才是育儿的最高目标，远比考上一个好大学要难得多！我们不要把健康快乐这件事想得那么简单。

不少父母养育孩子时都有一个问题，就是潜意识里都在暗暗较劲，想着如何养成一个能拿得出手的、表现优异的、未来能成功的孩子。非常多的养育类课程也都围绕着这些方面展开，因为这类课程实用性强，父母会愿意买单。然而，这是真正的养育吗？我从小就确定我没有艺术天赋，因为我的父母和艺术不沾边，我小时候画画、跳舞、唱歌都很一般。但有一次我和一个艺术家朋友聊天，他跟我说：“如果你想，你现在就可以宣布你是一个艺术家。”我被这句话震惊了。我在想，怎么可能？这都不用考核吗？你发现没有？我的这种思维模式也是竞争性的，是优胜劣汰的。他说，在欧洲，每个人都有权利对外宣布自己是一个艺术家，而且其他人也都会认同和支持，因为艺术没有所谓的标准，就像人的性格没有好坏对错，每个人都是独一无二的，而每个人的创造力和对艺术的理解及展现也是独一无二的。跟这个朋友聊完天之后，我久久不能平静。在现在的教育环境下，孩子不学点儿钢琴、画画等，别人就会觉得不可思议。在孩子很小的时候，父母就开始给孩子报钢琴、画画、街舞、表演等各类艺术班。问到为什么要让孩子学艺术，很多父母都会说“孩子会个乐器，将来好有个才艺展示”“考级以后升学能加分”“真要是那块料，我不能给耽误了”，等等，很多都是功利性的目的和想法。

每一个孩子都是上天的杰作。孩子本身充满生命力，充满创造性，对这个世界充满热情。我们观察小孩子，他一睁眼就是能量满满的一天，每天探索、玩耍，开开心心去创造，一件很简单的事情都会让他开心和高兴。我的两个孩子小的时候，我特别喜欢逗他们。稍微逗一下，他们就咯咯笑得不行，那个笑声很长一段时间都是我的力量源泉。我就在想，对于我们大人而言，得遇到多大的好事才能笑成那个样子。所以，我们千万不要把我们的孩子看扁了，觉得他们啥都不懂、啥都不会，必须好好鞭策他们才能成人。殊不知，这种对孩子的限制型认知方式会在很大程度上影响孩子的真正发展。所谓养育，不是我们用自己的认知来塑造达成某个标准的孩子，而是我们要充分尊重孩子的独特性，并围绕着他的特质来助力他成为自己。养育的主体是我们的孩子，他们才是自己人生的主角。

其次，父母被自己养育的旧模式影响和束缚着。我相信很多父母说希望孩子健康快乐的时候都是真诚的，但为什么行动和心愿不一致甚至完全相悖呢？有的父母明明特别愿意孩子比自己强、比自己幸福，日子过得更好，但是，如果我们真实地去观察他们和孩子的关系的话，就会发现，他们在实际生活中却压制孩子、剥夺孩子，总是通过否定孩子来证明自己是对的，是在让孩子成为不如自己的人，甚至有的人会嫉妒孩子，并且热衷于让孩子“吃苦”。

为什么有些人会有这样口是心非的说话和做事模式呢？这是因为，他们在头脑中以为的自己和在真实生活中行动做事的自己是分离的。一个人可能在头脑中构建了一个比较完美的、比较自恋的自我，但在实际中，真实的他其实仍然处在旧有的模式之中，被旧有的模式限制和驱动去做事情。这其实是我们人性中共同的弱点，只是程度不同。看见是疗愈的一半，审视自己的内心，觉知到自己也有这种自私的、傲慢的意识，然后我们才能够思考怎样有意识地不让这种自私和傲慢毫无约束地喷涌出来伤害到孩子。

我们要让我们的养育目标和实际行为达成统一，也就是说，我们的口、我们的意识、我们的行为和体验要进入一种统一的状态，它们是合而为一的。有时候也要警惕“我都是为你好”这样一个借口，它其实遮盖的是父母的一种控制欲，或者一个不好的动机。有的母亲很容易让自己成为受害者或牺牲者：我为了生你，身上拉开了一个大口子；我为了你，工作都辞了；要不是因为你，我早就跟你爸离婚了；等等。这其实是在情感绑架、道德绑架孩子。若我们有受害者或牺牲者的心态，会阻碍孩子成为比我们更加卓越、更加快乐的人，因为他会背负沉重的负罪感和情绪压力。

限制型家庭的特点和危害

孩子就像幼苗，家庭是其成长的土壤。养育孩子对家庭土壤的要求是非常高的。家庭可以分为两种：一种是限制型家庭，另一种是成长型家庭。

限制型家庭又可以分为四种，其特点和危害如下：

第一种限制型家庭的特点是拥有“穷人思维”。这样的家庭不一定是真的物质匮乏，但是，由于父母的旧模式中一直存在着匮乏的心态，孩子便也有了这种匮乏的、处处受限的感受。我之前辅导过一个家里非常有钱的孩子，在咨询过程中，我发现这个孩子的内心非常匮乏，他总是觉得自己不安全，不管他有多少钱，总担心万一发生最可怕的事情该怎么办，他总在想那个最不能面对的后果，因此非常焦虑。我问他：你们家已经这么有钱了，怎么会形成这样一个像穷人一样的心理呢？然后他就哭了，他说从小他妈妈就是这样的。因为他妈妈出身于很穷的家庭，所以一直有这种匮乏感和焦虑，并传递给了他。在他很小的时候，家里已经很有钱了，他妈妈还在不断地告诉他：我们马上就要破产了，马上就要流落街头了，所以你必须要好好学习、出人头地，你将来才能活下来……这种匮乏感和焦虑，深深地控制了这个孩子，让他觉得自己很不安全，拥有多少金钱都没有办法填补内心匮乏不安的那个黑洞。

“穷人思维”的家庭模式还会产生另一个很大的副作用，就是会让家长觉得孩子不行和不够好。“我家孩子不行，他没有那么聪明”“学习还不够努力，成绩还不够好”,“没办法”“做不了”“不行”“不够”是父母一直给孩子传递的思维，也就是“穷人思维”，其本质是一种限制性的防御性的思维。很多妈妈在育儿过程中充满焦虑，就是因为把孩子的人生扛在自己身上。本质上是她不能够充分相信这个孩子是丰盛富足的，是生下来就本自具足的。所以她必须承担更多，才能让孩子不输在起跑线上，不被淘汰掉。在这种“穷人思维”下养育孩子，又怎会不焦虑呢?

第二种限制型家庭的特点是家庭关系中经常出现争对错、争高低、争好坏的现象，人和人之间的关系是过度防御的，是你高我低的斗争关系。这种家庭的底层逻辑就是人和人之间不存在善意、平等、尊重，人与人的交往遵循丛林法则，看谁更有本事，看谁更厉害，是一个相互竞争和碾压的关系形态。这样的家庭，家人之间没有基本的善意，安全感和信任就更是匮乏。一个孩子在这样的家庭土壤中，是不可能健康成长的。他每天都要在家庭关系内耗中消耗大量的精神能量，会非常辛苦，没有多余的精力专注于他想要实现的学业或兴趣爱好等目标上。

如果在养育孩子的过程中总是有和孩子一争高下、必须分个对错的想法，这在一定程度上是受到原生家庭的旧模式的影响。要怎么样才能既疗愈自己又不把伤害继续传递给孩子，我们在第四部分再和大家细说。

第三种限制型家庭的特点是习惯采用负面思维，对外部世界缺乏善意和信任，总是去讽刺、挑剔、挖苦。当一个好的可能性出现的时候，他们选择不相信，觉得都是骗人的；当别人用善意对待他们的时候，会觉得这个人肯定有动机、有目的，肯定是要害我或者是要利用我。他们总是让自己处在一个封闭的世界之中，在自己和周围世界之间建立起一堵高墙，还把这套过度防御系统传递给孩子。看上去好像是保护了自己，其实也把真实的世界隔在了外面。

我见过很多这样的来访者，总是选择去相信事情坏的方面，总是认为别人对他有主观恶意动机。这种家庭的孩子，自我防御和疑心就会比较重，当机会出现在他面前的时候，他通常都是抗拒的，他会认为这背后一定有什么危险。一切美好的体验都是深度关系的产物。这样的家庭土壤，是没有办法让孩子快乐的，也没有办法跟任何事或者任何人建立起善意的、真实的、深度的美好关系。

第四种限制型家庭的特点是全家人都不高兴，也不允许别人高兴。家族成员之间不好好说话，整天都吊着脸，或者处于怒气冲冲的情绪状态，一开口就是抱怨。而且，这样的家庭很容易有受害者心理，总觉得自己或者家庭遭到了一些不公平的对待，总觉得自己的权益被剥夺。

成长型家庭的特点和影响

成长型家庭能够给孩子提供丰富的心理营养，它的土壤环境是比较优渥的，能够滋养到孩子。

第一，成长型家庭可以给孩子提供安全感。当孩子回到家之后，他在这个家里面感觉自己是安全的、放松的。这就意味着家庭成员之间是有爱的，是有情感联结的。这是让孩子能够更健康、更有成就感、更快乐的土壤环境。

第二，成长型家庭是有正向信念的。成长型家庭的成员正直善良，而且有清晰的规则，也就是我们通常所说的家规。一个成员违背家规的时候会受到惩罚，因而所有家庭成员都要一起来遵守。比方说家规之一是不能够去伤害别人，那么整个家庭都要受到这样一个正向规则的约束。

第三，成长型家庭是有共同目标的，也就是这个家庭要成为什么样的家庭。比方说，我们这个家庭要成为对他人有贡献的家庭，我们这个家庭要成为用善意去对待别人的家庭。在这样的家庭里，每一个成员不会各行其是，而是一家人一起有一个共同的目标。孩子从小会看到他的父母是统一的，他们有合一的目标，孩子自己也能够加入达成这个目标的行动中来，这样孩子的内驱力就会调动起来。家庭成员之间彼此有爱，互相支持，所有人都参与进来，为着家庭共同的目标而努力。

第四，成长型家庭是精神富足的。不管物质条件怎么样，最重要的是我们要打造一个成长型的、精神上富足的家庭。这就要求家长做示范，保持终身学习的习惯。如果一个家庭的成员，每天吃完晚饭之后，每人捧着手机或平板电脑玩游戏、看短视频，这样的家庭是没有希望的。反之，如果一个家庭中总是有读书的声音，有大家一起看书的习惯，总是有比较深入的讨论和思想的碰撞，家长有不断成长的小目标，每一个人都有空间让自己成长，这样的家庭就会给孩子提供有很多可能性、能激发潜能的滋养性土壤。

第五，成长型家庭的父母通常都具有成长型思维。美国著名心理学家卡罗尔·德韦克研究发现，决定人和人之间差异的不是智力水平，也不是背景和经历，而是思维模式。相比智商和情商，思维模式的差异才是人生的分水岭。

我们来设想一个场景：因为工作表现不尽如人意，你上班被领导数落，下班后去超市买菜，回来发现车被贴了罚单，回到家看到孩子只有 70 分的数学试卷，晚上 9 点老公带着酒气回到家中。如果你拥有的是定式思维，你会怎么想？你可能会想：我太失败了，我活得太累了，所有人都和我作对，我的人生太可悲了，老公不顾家，儿子不争气，整个世界都与我为敌。

如果我们把同样的情形放在成长型思维模式之下，会怎么样？工作有问题，那我下次想办法做好点；停这儿会被贴罚单，那我下次要停到车位上；孩子数学考 70 分，他有哪些知识没掌握，我得帮帮他；老公要应酬也能理解，他身体会不会不舒服，我给他端杯热水。没有人喜欢糟糕的事情，只是拥有成长型思维的人，不会给自己贴上标签，或者对自己失去信心，即使感到沮丧，也做好了准备去承担风险，直面挑战，继续奋斗。

第六，成长型家庭是有一定格局的。这样的家庭培养出来的孩子绝对不是精致的利己主义者，绝对不会只想着自己怎么才能更安逸、怎么赚更多的钱。他心里能装得下别人，有利他的精神，愿意去成全和祝福别人。这种家庭中的父母愿意成全和祝福自己的孩子，让他成为他所是，让他成为最好的自己。

希望所有的父母都能突破限制型家庭的这些枷锁，让自己的家成为一个成长型家庭，为孩子的心理养育提供一个更加肥沃、更加丰盛的土壤环境。

本章练习

1. 评估一下自己的家庭土壤是限制型的还是成长型的。如果是限制型的，根据我们提到的限制型家庭的四个特点，来评估一下你们现在需要面对的问题是什么，把它们一一列出来。请注意，不需要带着一种遮羞布被揭开的感受来面对这个事情，以避免落入固定思维的圈套。看见是疗愈的一半，让问题显露出来给了我们解决问题的可能。而且，请相信这些问题都是有办法解决的。我们整本书都在围绕着如何面对和处理养育中已有的问题进行探究。

2. 根据上面列出的问题，我们可以好好思考一下如何将限制型转化为成长型，让孩子能够有安全感，能感受到爱，也能爱人，有正向的信念，正直善良；让整个家庭有共同目标，精神富足，父母带头成长、保持学习、不断提升自己，家里人都有利他之心。请根据这一章的内容，写下自己的行动方案。

第四章

重塑与超越

你在给孩子创造怎样的原生家庭？

别把错都甩给原生家庭

“原生家庭”这个概念，这些年非常火。有一句话是这么说的，“原生家庭像个筐，什么都能往里装”。随着精神分析学派中弗洛伊德的理论越来越被大众认知，人们感觉好像自己的各种问题都可以在原生家庭中找到原因。秉持精神分析学派观点的心理咨询师在面对成年来访者的时候也往往会回溯，引导其回到过去，去找原生家庭的原因。

我认为这种方法是有一定合理性的，只是在使用的时候千万要注意，不要甩锅给父母，换句话说，不要认为自己现在所有问题都是父母造成的，把所有责任都推到父母身上。面对原生家庭，更好的方式是，通过认识原生家庭的模式，觉察它给自己带来的影响：看到原生家庭给我们滋养和力量的好的部分，也看到它给我们带来伤害和现在还在对我们持续产生消极影响的部分。只有跳出二元对立的思维牢笼，现在已为人父母的我们才可以有意识地给孩子提供一个更好的原生家庭环境。

我们这一代人是在一定的时代背景下成长起来的，在我们成长的历程中，父母多半不懂得科学育儿，更不知道要关注孩子的心理健康，导致我们有很多缺失。我们自己有了孩子以后，开始意识到这个问题，不想把自己原生家庭的伤害再继续传给孩子。怎么办？归根到底得靠我们自己。

我们可以来分析一下。如果想从父母身上找补，想跟他们把过去的账好好算一算，这不太现实。且不说他们有没有意识到自己的问题——有多少父母自己童年的创伤还未被治愈，他们也很难在行动上、言语上有那么大的能力去改变。我们也不能从孩子身上找补，不能把我们的情感需求放在孩子身上，期待孩子来爱我们，来关心我们，来疗愈我们。孩子没有义务也没有能力承担父母的人生。我们更不能从配偶身上找补，不要想着原生家庭所缺乏的，另一半会补偿给你。而且，你越有所期待，你们的关系反而越紧张。在原生家庭受到的伤害指望不了别人，只能靠自己来疗愈。

下面是一个原生家庭价值给予 / 剥夺系统自测表（见表 4–1），测试的是原生家庭土壤环境。系统 A 是指，如果一个孩子想要健康快乐地成长，不应该承受的是什么。如果你承受了，你可以在系统 A 中相应的地方打钩。系统 B 是指一个孩子需要的心理营养。如果你没有得到的话，在系统 B 中相应的地方打钩。通过这张我们自主研发的原生家庭系统自测表，你可以清晰地看到原生家庭的土壤环境带给你的是什么。

表 4–1　原生家庭价值给予 / 剥夺系统自测表

系统A（不该承受的承受了）	系统 B（该得到的没有得到）
家暴	被接纳
瘾症	被认可
性侵	被鼓励
贫穷	被喜爱
身体虐待	感到安全
语言虐待	被悉心照顾
情绪虐待	感到物质充足
父母离异	被保护
父母长期矛盾	亲密感
出轨	健康的身体接触
重大变故	表达自由

做这个测试的目的，并不是要拿着结果去责怪父母或者陷入自怜情绪之中：不该承受的，我承受了太多；我应该拥有

的，却几乎什么都没得到。自测的目的是让我们进一步思考：原生家庭环境对我们一直持续到现在的影响到底是什么？思考清楚之后就缺啥补啥，查缺补漏。比如说，如果发现原生家庭中有暴力倾向，可能会成为你对待孩子的模式，那么就要格外注意这个方面。我们要把重点放在弥补我们自己的不足上。

这也是我们弥补原生家庭缺失的第一步：看见。看到这些匮乏，看到它们对你现在的人生造成了哪些影响。罗马不是一天建成的，日积月累的原生家庭所带来的创伤需要花一些时间找出来，然后去跟它和解。在和解的过程中，可以找专业的老师来帮你，因为如果处理不当，有可能造成二次创伤。此时，寻求专业的帮助会是一个明智的选择。

只有在看到自己旧有模式的时候，我们才可以有意识地去给孩子建立一个新的模式。不要让孩子成为原生家庭旧有模式的受害者和牺牲品，希望我们能够成为原生家庭旧有模式的终结者。

新的家庭模式的构建

孩子的幸福从哪里来?

幸福是人类永远在探索的一个话题，更是我们初为父母之后对孩子最大的期盼。孩子想要感到幸福，有四个非常关键的价值要素，是他需要从原生家庭获得的。

第一个是身份感、归属感（identity）。孩子需要知道自己是谁、属于哪里。这就是原生家庭最先提供给孩子的，即他的自我定位。

第二个是安全感（security）。安全感体现在三个方面：身体上是安全的，他相信自己不会被暴力伤害和忽略；在关系中是安全的，他不会被抛弃、不会被虐待；情绪上是安全的。这三个方面对孩子幸福感的构建是非常重要的。

第三个是亲密感（intimacy）。这一点对 0 ～ 2 岁这个阶段的孩子至关重要。他需要和他的养育者，尤其是妈妈之间形成亲密的情感联结。如果孩子在这一点上发展顺利的话，那么他的生命力、他的能动性就能够顺畅、健康地流淌出来，在关系之中去构建、去创造。如果他的亲密感没有健康地发展出来，他没有得到充分的爱和接纳，在亲密关系中有障碍的话，孩子会感觉自己总是被拒绝，他会有分离焦虑，会害怕自己被抛弃。这将会伴随他后面的人生，恋爱、结婚、他自己的亲子关系都很可能会遇到亲密关系障碍问题。

第四个是重要性（importance）。孩子需要知道自己是重要的，是有价值的。他需要拥有健康的自尊心和自信心，知道自己是宝贵的。

当这四个要素都具备时，孩子会获得比较强的幸福感。原生家庭应该给孩子提供这四种重要的心理养分，因为这会伴随孩子一生。

构建新的家庭模式的四要素

那么，我们如何能够构建出一个对孩子最有利的新的家庭模式呢？

首要任务是我们要有很明确的养育目标。如果父母双方对于养育目标都有清楚的认识，那么围绕着这个养育目标，我们可以进一步探讨要给孩子营造一个什么样氛围的家。这时，你可以在意念中回到小时候，回到你的原生家庭，去感受一下那个时候的自己。你会看到什么？你最喜欢家里的哪个角落？那里都摆放着什么？你听到了什么？你的爸爸妈妈是怎样和你说话的？你会闻到什么？你的家有没有一些独特的味道？你会触摸到什么，比方说你的玩具、你的床？触感如何？你能不能想起一些让你充满幸福和喜悦的场景，或许是吃了一顿妈妈做的可口的饭菜，或许是爸爸妈妈带着你去游乐场玩，又或许是你受伤时爸爸妈妈的拥抱、抚摸和安慰？你可以调动一下自己的感官，让自己重新回到你的原生家庭之中，然后去体验一下你的身体，当你回到这个原生家庭的时候，你的身体是紧张的、僵硬的，还是放松的、柔软的？这个时候你去问那个小小的自己，你期待活在怎样的家中？你的身体会告诉你答案。而这个答案其实就是你要为你的孩子营造的家。我们去体验我们想要的那样的一个家，然后努力把这个家创造出来，作为孩子人生中的第一份大礼送给他。

新的家庭模式的构建包含四个非常重要的方面：

第一个是家庭秩序的重建。这是很多家庭都缺失的。我看到很多家庭处在一个错位的秩序当中，比方说全家人都围着孩子转，家里面六个大人，爸爸妈妈、爷爷奶奶、姥姥姥爷，整个家庭的中心就是这个孩子。然而孩子是承受不起的。

有些家庭还存在一个问题，就是没有大家和小家的界限。夫妻二人结婚之后，跟各自的原生家庭没有断开，没有一个清晰的界限来保护这个新成立的小家，反而被老一辈无限地干预和控制。特别是有了孩子以后，育儿方式上的冲突让很多家庭遭受关系上的撕扯，也让孩子白白受了很多苦。家庭秩序的缺失或错位，会给家庭带来很大的问题。

我们给孩子构建的小家应该是秩序分明的，爸爸妈妈就是这个家庭的中心，夫妻关系要排在亲子关系的前面。健康的家庭应该是一个夫妻本位的家庭。一个家能不能给孩子安全感，很大程度上取决于父母的婚姻是否稳定和幸福。妻子对丈夫的重视和对夫妻关系的维护，投入的时间和精力应该比养育孩子要多；丈夫对妻子的关爱和呵护也应该比给孩子的多，这才是一个健康的家庭秩序。

同时，一个家庭之中，权责应该是清晰的，即每个人在这个家庭中扮演什么样的角色应该是清晰的。比如在我家，我爸爸是这个家庭的头儿，是家庭的带领者，他承担起保护和供养这个家庭的责任，给家庭成员赋能，给他们指引。当危险来临的时候，爸爸第一个站出来，冲在最前面保护这个家。我妈妈是情绪价值的提供者，给一家人情绪赋能。我妈妈始终保持一个愉快的、充满能量的状态。自然，孩子在家庭中也有他的责任，他需要根据自己的年龄特点和能力管理好自己，也要承担一部分家庭责任。孩子的责任是有边界的。他不能做什么、要参与的家庭事务有哪些，这些是要清晰界定的。

第二个是家庭情感模式的构建。家庭成员之间用什么方式来表达爱呢？有一本书叫《爱的五种语言》，它的作者还出了一本专门针对儿童的书，叫《儿童爱之语》，大家可以读一读。书中谈到人表达和接受爱的方式大体有五种，包括身体的接触、肯定的言辞、精心的时刻、接受礼物和服务的行动。每一个人（包括孩子）表达爱和接受爱的方式很可能是不一样的。有的人很喜欢身体的接触，有的人喜欢正向的语言鼓励、欣赏，有的人爱的表达是服务，总想着去为对方做点什么。

爱的语言是要相互匹配的，也就是说，你表达爱的方式要和对方期待被爱的方式相符。比方说，你表达爱的方式是送礼物，但对方期待着你可以多花时间聊天和陪伴，这样你们爱的语言就对不上，爱就没有办法流动起来，反而会造成很多的误会。所以，我们要去了解每一个家庭成员各自爱的语言是什么，然后有效地去爱，而不是以自我中心去爱——其实这样的爱是会伤人的。

第三个是家庭语言模式的构建。比如，我们怎么样沟通？遇到冲突的时候，我们怎么处理？我有一个来访者，他在原生家庭里不知道怎么面对冲突，父母一吵架他就害怕得要命。而长大之后，面对与其他人的冲突时，他也总是回避或逃避，一心只想怎么能赶紧息事宁人。其实这样一种冲突处理模式，会在孩子长大后，在他自己处理亲密关系时显现出来，长期来看是非常不利的。

沟通是一个很大的话题，我们后面还会专门讲到。我经常开玩笑说："其实养孩子很简单，动动嘴就可以了。"这其实是想说明，学会亲子沟通，我们在养育孩子时真的会事半功倍。如果你能和孩子坐下来好好沟通哪怕一个小时，可能很多问题就解决了。但现在的关键问题是，在很多家庭的语言模式下，父母和孩子之间根本不会有机会谈一个小时，往往开场五分钟就谈崩了。所以，你期待自己的家庭能够给孩子提供怎样的一种语言模式呢？你们家庭成员之间怎样沟通？会不会存在冷暴力的现象？如果有的话，我们怎么去改善？这些都需要父母们好好思考和梳理。

第四个是家庭经济模式的构建。比如钱怎么赚、谁来管理、怎么分配，这一点不要忽略。其实这对孩子尤其是青春期孩子的成长是非常必要的。他需要学习这一块，需要从你们的家庭事务处理中去建立他未来的财富模式。其中也包括对工作的认知、对职业的规划。父母怎么样看待工作、父母的工作观是什么，这直接影响孩子对未来工作和职业的看法。如果孩子从小就觉得做事情要投入最小的成本，获得最大的收益，这样的观念一旦成形，那么他未来就很可能形成一种投机取巧、不愿意踏踏实实付出努力的工作模式。所以，我们在家庭模式构建中也要把经济模式和工作观清晰地规划出来。

让家成为孩子的港湾

这一章的最后，我们来谈谈如何让原生家庭成为孩子的港湾。特别是对于青春期的孩子来说，青春期本身就是一个很艰难、变化很大的时期，这个时候他们格外需要一个安全稳定的家庭环境。一个家能成为孩子的港湾，往往具备几个特点：

（1）当孩子想到家的时候，他是想回家的。他在家里面可以感受到他是被滋养的、是安全的、是充满力量的，他可以从家里得到能量和支持。

（2）家是一个可以疗伤的地方。如果孩子在外面受到了打击、排挤，他可以回到温暖有爱的家中，慢慢疗愈自己。遗憾的是，在我的很多咨询案例之中，很多青少年都表达过这样的意思：在哪儿都行，就是不想回家。他在酒店睡得比在家好得多，他在学校和朋友相处是轻松愉快的，但是只要回到家，他便感觉到压抑、紧张。对他来说，家像一个不定时炸弹，随时会爆发。

（3）家应该成为为孩子指引方向的地方。家应该像海上的灯塔，不断给孩子指引方向。这个时候父亲的作用就非常重要。父亲要成为孩子未来人生的一位教练，要带着孩子往前走，要给孩子起到榜样的作用。父亲要给孩子赋能，给他自信，给他尊严，还要让他有责任感。

（4）家应该为孩子提供帮助去迎接未来人生的风风雨雨，面对各种各样的艰难和挑战。如果一个家给予孩子充足的心理营养、充足的力量、充足的可能性和支持的话，孩子就勇于去应对风浪。

（5）家应该成为能给孩子兜底、提供安全感的地方。孩子在外面失败了，比如创业没有成功、考研没有考上或者离婚了，大不了回家来，爸爸妈妈永远在这里，或者一家人永远在一起。如果孩子心里有这样一份笃定、这样一份安全感，知道自己永远有一个可以回去的温暖的家，那么他未来的人生画卷就会更加丰富多彩地在他面前缓缓展开。

案例示范：对女儿不满的妈妈

来访者基本信息：L女士，32岁，离异，独自带一个6岁的女儿。本次咨询为我们进行的第一次心理咨询。

咨询师S：这是我们第一次咨询，请先介绍一下自己，以及你通过咨询想要解决的问题。

来访者L：好的，我叫L，今年32岁了，老家是河北的，现在在一家电信公司工作，做财务。我去年离婚了，自己带着女儿生活，经济上倒还好，我送她去我们附近最贵的幼儿园，给她花钱报各种兴趣班。可是我这个孩子一点儿都不争气，啥都比不上别人家孩子，对我也没有感恩的心，我天天拼死拼活地挣钱养她，她对我一点儿都不感恩，跟我也不亲。每天给她辅导作业都能把我气出心脏病来。反正我这孩子就是又笨又懒又坏，现在才6岁，以后该咋办？明年要上小学了，她这德性肯定跟不上。

咨询师S：6岁就需要辅导作业了吗？

来访者L：学校倒没有规定，我不是着急嘛，让她赶紧学小学一年级的内容，笨鸟先飞。

咨询师S：那你的咨询目标是什么呢？

来访者L：我就想知道我的孩子到底有什么问题，为啥这么差劲，我咋样能改变她，让她更听话、更懂事、更优秀。

咨询师 S：很遗憾，你的目标我不能帮你实现。我们心理咨询只能促成来访者本人的改变和成长，不能越俎代庖去解决别人的问题。

来访者 L：那您教教我怎么更好地管理和控制我女儿吧，也让我俩关系改善点儿，不要这么糟心。

咨询师 S：你认为你女儿最大的问题是什么？你们亲子关系最大的障碍是什么？

来访者 L：她就是笨，还有懒。我们关系最大的障碍就是她总是达不到我的标准和要求，我就会生气，控制不住自己的脾气，对她发火，有时会特别激烈地骂她，还有几次狠狠打了她。

咨询师 S：我们先停一下，我先复述一下你刚才说的内容，你也听听我理解得对不对。你刚才说到，你去年经历了离婚，现在自己带着 6 岁的女儿生活，你拼尽全力给她提供最好的教育资源，还有各种昂贵的课外班，甚至每天亲自给她辅导作业。但孩子的表现不如人意，没有达到你的期待和要求，这导致你控制不住脾气，甚至会打骂她，你们的母女关系也让你不太满意。你认为她最大的问题是笨和懒，还有不知感恩，你感到愤怒、担忧、焦虑，可能还有一些委屈和挫败感。你希望通过心理咨询找到帮助孩子改变和成长的正确方法，并且能改善你们的亲子关系。不知道我理解得对吗？

来访者 L：是的是的，您说的就是我现在的真实情况和想法，只是我没办法表达得这么清楚。您说的目标我同意，找到能帮助孩子的正确方法，改善我俩的关系，我想我以前用的方法应该有问题，所以白费劲。孩子其实也很难受，我打骂她的时候她吓得浑身发抖，一个劲儿跟我道歉，这时候我也特别心疼。每次都下决心以后再也不发火、不打孩子了，可是一到她犯错的时候又控制不住，就感觉那时候不是我了，事后很后悔，可是每次还会这样，就好像有个特别大的力量在控制着我去伤害孩子。

咨询师 S：谢谢你的坦诚和勇敢！并不是每个人都能有勇气去面对和承认自己在这个局面中的问题和责任的。我也看到你其实是很爱孩子的，很希望她幸福。你说得对，的确有一个特别大的力量在那一刻控制着你去做伤害孩子的事。可这并不是你的本心，你希望孩子快乐幸福，也希望和她有一个健康的充满爱的关系，只是你还没有找到战胜这个黑暗力量，能更有效地爱孩子、对孩子好的方法，是这样吗？

来访者 L：是的，我也不想变得这么凶、对孩子这么差。有一次我刚吼完孩子，我一扭头看见镜子里自己的脸，特别狰狞扭曲，又老又丑。我以前不是这样的。

咨询师 S：你也不喜欢这样的自己，是吗？你还记得第一次控制不住情绪而凶孩子、吼孩子是什么时候吗？

来访者 L：是的，我不喜欢这样的自己。我记得是她 3 岁的时候，她把一碗小米粥洒到地毯上了。我当时就特别生气，想到要从地毯缝里一粒一粒地把这碗小米粥抠出来，就情绪崩溃了，尖叫，大骂她笨，后来又骂她懒，不帮我收拾。其实现在想想，孩子当时是吓坏了，浑身发抖，站在那儿说妈妈对不起，我是不小心。然后我就大吼："说对不起有什么用？我每天这么辛苦挣钱养你，还要收拾你闯的祸，你爸也指望不上……"

咨询师 S：看来，这是你说的那个控制你发火的巨大力量第一次在孩子身上发作。你刚才说每次孩子犯错的时候你就控制不住脾气，那么在你的意识中，人是不可以犯错的吗？你自己有没有犯错的时候？你也会不允许自己犯错吗？

来访者 L：我其实也知道人无完人，哪能不犯错呢？可是现实中一遇到孩子犯错我就特别难以容忍，还有我前夫也是，浑身毛病，我一看见他犯错犯蠢，就控制不住生气，和他吵架，我对自己犯错就更狠了，绝不原谅。我每次犯了错都会狠狠责怪自己、骂自己，甚至还会惩罚自己不许吃饭。在我的概念里，犯错就是蠢或者懒，不能姑息！

咨询师 S：你这样一套不能容忍犯错的模式是怎么来的呢？有人这样对待过你吗？

来访者 L：有。我爸和我奶奶是老一辈知识分子，都是非常严厉和挑剔的人，总是说我这不对那不对，我有一点儿错，他们就揪着不放，非要逼得我哭着道歉才行，有时候甚至逼我下跪。我妈特别喜欢抱怨，一边干活一边骂人，说自己多辛苦，我们都是白眼狼，不知感恩。这么一说，我也意识到了，我现在对待我女儿的方法，就是我爸妈当年对待我的方法，只是我把他俩的狠都集合到我身上了，我对女儿可能比他们对我还更不好。

咨询师 S：你在这样的家庭环境中成长起来真是辛苦了。你也认出了那个控制你的力量其实是你自己的原生家庭中形成的旧模式。但你爱女儿，于是你来找我，你愿意改变和成长，你想让你原生家庭的伤害在你这一辈终止，不要再传递给女儿了。我愿意帮助你从你原生家庭的限制性、伤害性模式中走出来，你愿意吗？

来访者 L：我愿意，谢谢您，有您的帮助，我对自己有信心。我可以成为一个好妈妈！

本章练习

1. 根据原生家庭价值给予 / 剥夺系统自测表做自我测评，了解自己原生家庭的模式，并写出自己希望有哪些改变。

2. 请设计你希望给予孩子的原生家庭模式。请用一段清晰的文字描述你想给你的孩子一个怎样的家，在这个理想的家庭模式中，你需要写出来：（1）你期待的家庭秩序是什么？（2）你们的情感模式是什么？（3）你们的语言模式是什么？（4）家庭的经济模式是什么样的？

当然，这个练习你也可以邀请孩子来共同参与，你可以问他想要一个什么样的家。这种有深度的话题探讨，可以让你们彼此敞开心扉，更了解对方。

第五章

孩子不再得“空心病”，心理赋能是关键

如何给孩子提供充足的心理营养和内在力量？

不可忽视的心理营养

这一章我们将从养育的底层逻辑谈起，从婴儿时期、儿童时期慢慢讲到青少年时期。很多问题的出现其实是由于父母没搞明白养育的底层逻辑，没有一条主线在指引，就会变成追着问题跑，结果养孩子越养越累。因为孩子成长的速度太快了，还没等我们处理完上一个问题，下一个问题就接踵而至。怎么打破这样的恶性循环？接下来我们结合精神分析的一些理论以及儿童发展心理学，包括自我决定论等理论，来帮助大家把养育背后的底层逻辑梳理清楚。这个逻辑通了以后，大家自己就

可以查缺补漏，就可以看到自己对孩子的养育哪一个方面是做得好的、哪一个方面还有待改进。不仅如此，我们还可以看到我们自己。当我们梳理出一个能给孩子滋养、让孩子有力量的理想的养育模型时，自我对照一下就可以看到，自己哪一个部分是缺失的。

关于生命力，精神分析学派有一个很重要的观点：每个人来到这个世界上，都带着原始的生命力。这个原始的生命力，尚处于一种模糊的状态，它还没有被界定，我们可以把它理解为一团灰色的能量。这时候是没有好坏对错之分的，它也没有开始向外部世界释放它自己。我们可以将这个原始的能量理解为攻击性。随着婴儿开始和养育者以及外部世界发生关联，这团灰色的原始能量就开始在关系之中展开或者在关系之中受阻。如果它能够健康、顺利地在爱的关系之中展开，就会变成彩色的，就像有光照进来，开始分化出五彩缤纷的颜色，开始变得明亮，开始变成一种人性的力量。那么，对婴儿来讲，这个时候他所需要的心理营养是什么呢？是爱，还有接纳、支持和允许——允许他本身的创造力、活力顺畅地流淌出来。如果它在关系之中受阻呢？如果婴儿在关系之中感受到的是拒绝和忽略，是他发出的需求信号没有被回应，或者是他被否定、被控制、被压抑、被愤怒地对待，那么这一团灰色的能量就会变成黑色的能量，变成一种破坏力——一种毁坏自己、他人及外部世界的力量。这时，它就变成了一团死能量。如果向外释放这个能量，呈现出来的就是攻击性和破坏性；如果向内发出，就会成为强烈的自我攻击、自我否定。那此时婴儿需要的心理营养是什么呢？是去引导和支持这种原始的生命力，在关系之中让它恢复人性化的体现。

在孩子婴幼儿阶段和儿童阶段，很多父母都会把养育的重点放在身体成长上，精心呵护，嘘寒问暖，细心照顾孩子的饮食起居。但我们一定不要忽视，这个阶段同样是孩子最需要心理营养的阶段。

心理营养是父母能够给孩子的最大的一笔保障，而且从一开始就应该由父母来给予。心理营养最好在孩子 0 ～ 6 岁这个阶段就给足，青少年时期可以弥补。等孩子成人了，那个时候你再去给，他可能就不能接收那么多了，他和你之间的通路可能已经关闭了。而且，如果在成人之前，孩子从父母那里得到的心理营养不够的话，比方说缺爱、缺认可，那么在他未来的人生里，这就会成为妨碍他发展的一个巨大障碍。他可能一辈子都会去寻找这份缺失的爱和认可。他甚至会变得卑微，变得喜欢讨好，变得不惜代价，就是为了换取别人一点点可怜的爱和认可。而原本他并不需要如此辛苦地度过一生。在童年和青少年阶段，父母轻而易举就能够给到孩子的心理营养，就不要让孩子用自己一生的代价去苦苦寻觅。

对给予孩子心理营养最重要的三类关系

要给予孩子心理营养，关键在于“关系”二字。那么，我们怎样帮助孩子，让他建立起健康的流动的关系呢？在回答这个问题之前，我们首先要梳理清楚人一般会面对哪几类关系。借鉴武志红老师的总结，人需要面对的关系主要有三类：“我与你”“我与他”和“我与我”。这是每一个孩子都会面对的最重要的人生课题。

所谓“我与你”，就是当一个人还是孩子的时候，他和他的直接养育者之间的关系。最理想的直接养育者是爸爸和妈妈两个人。爸爸和妈妈其实代表着孩子未来人生中最重要的两种关系——亲密关系和权威关系。爸爸和妈妈同时作为亲密关系者和权威关系者出现在孩子的生命之中。只不过妈妈更偏向于亲密关系，而爸爸更偏向于权威关系。

然而我发现，在当下的很多家庭中，父亲的角色在养育过程中常常是缺失的。这个问题很严重，父亲角色在儿童和青少年阶段的缺失，可能会导致孩子出现重大的身心健康问题，为这个缺失付出一辈子的代价。在我的咨询个案中，很多来访者尤其是青少年来访者，整个人非常焦虑，情绪特别不稳定，随时处在崩溃的边缘。面对这样的来访者，我们如果去观察他的原生家庭，会发现往往都有一个被焦虑控制的强势的妈妈和一个甩手掌柜式的爸爸。爸爸平时和孩子的关系是疏离的，只有在管教孩子的时候才突然出现。这种不健康的家庭关系，会导致孩子充满焦虑、痛苦和迷茫。

所谓“我与他”，就是孩子要发展出他自己和外部世界的关系。他要开始探索这个世界，让自己精神层面的一个个心愿得以在这个外部世界中实现。他会开始有一个个小目标，而这些目标能否顺利地在现实世界中实现，就涉及“我与他”的关系。这会关系到孩子的学业，还有他未来的工作和人际关系，这是“我”和这个世界建立关系的最直接的方式。在这个阶段，心理营养的注入非常重要。后文我们会更详细地讲解。

所谓“我与我”，就是孩子开始有清晰的自我认知，他能够把自己和他人、和这个世界区分开来，形成一个独立的自我。这个自我是有边界的，他会知道“我是我”“你是你”“他是他”。同时“我与我”的关系是健康的，孩子是喜欢和接纳自己的，他有一种健康的自我荣耀感。这是比较理想的状态。

这三类关系可以说是一个人成长过程中的核心课题。要想帮助孩子建立起健康的流动的关系，就需要不断为其注入心理营养。接下来我们将借助发展心理学中的自我决定论来阐述如何才能发展出健康的这三类关系。

儿童期孩子需要的心理营养

0 ～ 6 岁是孩子一生中身心成长最快的时期。这一时期心理发展历程分三个重要的阶段。

第一阶段是 0 ～ 2 岁。我们可以称之为依恋期。这个阶段最重要的心理营养是什么呢？是安全感。安全感分为两个方面：一是对自己的生命有安全感，二是对重要的关系有安全感。

对自己的生命有安全感分为两个层面。一是孩子的基本需求被满足，而这种满足又不是过度满足。假设这个时候他的基本需求没有得到满足，比方说饿了、哭了，养育者没有在这些时刻给他最基本的回应，长此以往孩子就容易在日后产生匮乏感和焦虑感。但也不能过度满足。如果孩子这个阶段的需求被过度满足的话，那么他潜意识里面可能会认为自己是非常非常重要的，是世界的中心，他的所有需求必须马上完美地被满足或实现，他会变得以自我为中心，控制欲强。二是关于生命的安全感，包括免于对死亡的恐惧。我们发现，孩子不管多小，都是会有死亡焦虑的。人的一生其实就是生能量和死能量的碰撞过程，如果死能量被放大，比方说父母有一方或者双方都很焦虑，那么孩子自身的死能量就会被放大，他会感觉到自己的生命受到威胁。我们需要让孩子对死亡有所恐惧，但是必须是有边界的，而不是无限放大的焦虑和恐惧。设置一个清晰的边界，让他很明确地知道这些事情是会危害到自己的生命的，同时也让他知道这个边界在哪里，只要不去越过这个边界，那么他就是安全的。在这个界限之内，恐惧会让孩子免于受伤，边界会让孩子有安全感。

安全感也体现在关系之中，包括两个方面：

一是爱与接纳。也就是说，孩子和他最核心的养育者——通常是妈妈，两者之间是爱与接纳的关系。而且，这个爱一定是无条件的爱。很多家庭好像很难提供无条件的爱，总是要附加条件，比方说，你要乖，我才爱你；你要爱我，我才爱你；你要优秀，我才爱你。一旦爱被附加了条件，它就不再是可以滋养孩子心灵的心理营养，而变成了一种剥夺、一种辖制。因为孩子会时时刻刻活在焦虑之中，他会时刻感觉到：我是不够好的、我是不值得被爱的，我必须要更好、更优秀，才能换取爸爸妈妈对我的爱和认可。家长要起到一个容器的作用，不只是0～2岁这个阶段，一直到孩子成人，都要做他的心理容器，让孩子知道，当他灰色的原始能量发出来时，爸爸妈妈是能够接住的，会允许它发生，而且是能够包容它的。这一份安全感对孩子来说非常重要。

二是关系应该是稳定的、持续的、不断裂和不被控制的。我遇到过一些青少年来访者，他们特别没有安全感。经过深入了解，我发现在他们小的时候，尤其是婴幼儿时期，养育者频繁更换。如果一个孩子处在一个断裂的、不稳定的养育环境之中，他的养育者经常更换，而且每一个养育者都有自己的脾气、性格、养育方式，那么孩子就需要不断地去适应、去调整，这种关系中的安全感就会遭到严重的破坏。

第二阶段是自主性的阶段，一般来说是 3 ～ 4 岁。所谓自主性，就是一个孩子探索世界的本能。这个阶段孩子需要的心理营养是什么呢？就是允许和支持。

在这个阶段，孩子的精神生命开始诞生。精神生命对应的就是肉体生命。我们的肉体生命只有一个，从我们出生到我们死亡。在我们的肉体生命存续的这个过程之中，一个人内在的心理能量会越来越多、越来越成熟、越来越强大，靠的就是他的精神生命在一次次诞生中一点点聚集起来的能量。所谓精神生命，其实就是我们的一个个心愿，这一个个心愿能够在这个世界中实现，每实现一个，人的精神生命就又诞生了一次。

到 3 ～ 4 岁这个阶段，孩子开始有强烈的自主性愿望，这是人的一个本能——想要探索这个世界。比方说，想要抓住一只蜻蜓，这可能是很多孩子小时候都有过的一个心愿。如果他萌生了这个心愿，并且成功地实现了，那么一个精神生命就在这个世界诞生了。这就是一个完整的闭环。一个孩子的内在强大与否，是由他完成了多少个这样的闭环来决定的。

试想一下，当孩子想要自主地去探索世界，想要让自己的心愿在这个世界实现的时候，如果他从养育者、从父母那里得到的基本是否定、是限制，那么他的精神生命的种子就没有办法在现实世界中生根、发芽、长大，这些种子就会被扼杀在他的内心里，就会爆发出死能量。这种死能量代表着焦虑，孩子会不断地把这种死能量内化：我是不被允许的，我的心愿是不合理的，我是不可以去探索的，这个世界是危险的。

在个案咨询时，我看到很多青少年来访者在学业方面有障碍——通常伴随着电子产品成瘾。回溯的话，会发现他们在自主性的阶段往往是被否定、被限制的。大量的精神生命的种子被杀死，最后他们放弃了学习：反正也不是为我自己学，我也不是为了更好地探索和征服这个世界而学；至于我自己，我喜欢什么、我想做成什么、我想要什么、我有什么目标，都不重要，都不合理，也一直被压抑、否定和打击。这些话听着多么让人痛心。所以，家长不能在孩子想要探索这个世界的时候给他各种否定或压制，当需要他学习、需要他发挥自主性的时候，又要求他马上就能独立自主，这对孩子来说是非常不公平的。

养育是个持续不间断的过程。并不是孩子长大了自然就没问题了，不是这样的逻辑。现实是，孩子越大，爆发出来的问题越多，越控制不住。为什么很多孩子会沉迷于游戏呢？因为游戏会给孩子充分的自主性，他们可以充分地去探索开发，构建自己想要的角色，建造属于自己的王国，而且游戏会不断给孩子及时的反馈。如果一个孩子在现实世界是缺乏自主体验的，那么他就更容易通过虚拟世界来获得满足。

在这个阶段，父母能够给孩子最好的心理营养是什么？就是为孩子提供基本的善意的权威。这个权威不抢夺孩子的生命力和能量，不寻求自己的自恋满足，不去向孩子展示我比你好、比你对——所以你得听我的。它给孩子的是什么呢？是支持、认可、允许、鼓励、保护，还有榜样的作用。

第三阶段就是 5 ～ 6 岁，此时孩子发展的主要任务是获得胜任感。胜任感也包括两个方面。一是独立自我的形成，也就是孩子开始有清晰的边界意识，开始有一个独立自我的诞生。婴儿阶段的孩子是没有边界意识的，他觉得我就是一切，世界就是我，我就是妈妈，妈妈也是我，他和世界、和他人之间，是没有清晰的界限的。

二是健康的自信。通过 3 ～ 4 岁这个自主性阶段不断探索世界，孩子的一个一个小目标得以实现，积累着一个一个微小的成就，在这个过程中他会产生内驱力，他会觉得：这件事好玩，是我自主去做的，我想要做成这件事，我喜欢、我愿意去做这件事。同时他也会发展出一种健康的自我荣耀感：我可以，我能行。

让我们来总结一下一个孩子 0 ～ 6 岁时比较理想的成长模型是什么样的。在 0 ～ 2 岁安全感的阶段，他有充分的生命安全感和关系安全感，他的需求被满足，他免于对死亡的恐惧，得到无条件的爱和接纳，他能够拥有稳定、持续、不断裂的关系。到 3 ～ 4 岁这个阶段，他探索世界的本能是被允许和支持的，他的精神生命一个一个诞生，越来越强大，而父母提供了基本、善意的权威。到 5 ～ 6 岁这个阶段，他的胜任感能够产生，有独立自我的形成，有健康的自信、内驱力和荣耀感。一个孩子的前六年如果这样长大，他的人生就打下了一个坚实而健康的基础。

在 6 ～ 12 岁的儿童时期，几乎所有孩子都要面对的一个课题是进入学校，开始系统性地接受教育。学习会成为这个阶段的主要任务，所以我们也称之为学龄期。这时孩子身体成长逐步放缓，进入一个相对平稳的发展期。从心理层面来讲，儿童期是婴幼儿期到青春期的一个过渡阶段，孩子还没有像青春期那样发展出那么强的独立意识。所以在这个阶段，很多父母会发现，想跟孩子说点儿什么，他多数时候是愿意听的。这个时期孩子的心是向父母敞开的。他们渴望从父母那里吸收养分，又不会像婴幼儿时期那么依赖父母，他们开始建立自己的友谊。来自同伴的影响会随着孩子年龄的增长变得越来越大。

在这个阶段，如果父母依然沿用不健康的养育模式来过度干预、控制、否定甚至打击孩子，孩子的心门就会一点点关上。

儿童期的孩子有一个非常重要的发展任务，就是他们要在这个时期建立起自信，获得胜任感，并逐渐发展独立解决问题的能力，不管是学业问题还是人际关系问题。但家长在面对孩子的教育时常常会有一个倾向，即非常看重孩子的外部成就，看重成绩，认为孩子不自信是因为成绩不好，如果学习好，他一定会越来越自信。所以就拼命卷孩子的学习，挤压他们几乎全部的娱乐时间试图获得成绩的提升。但这样的自信是脆弱的自信。一旦有一次考试，孩子努力了却没有好结果，他们脆弱的自信心就很容易受到打击。孩子的自信不是靠取得什么成绩而来的，而是他内心是否对自己的价值有笃定的自信。那这种价值感又来自哪里？从无条件的爱和接纳中来。

无条件的爱和接纳是陪伴孩子成长的最重要的心理营养之一。一颗没有被爱滋养过的心灵是很难幸福的。

现在，我们知道了一个比较理想的养育模型是什么样的。当然，我们想要做到 100 分是很难的。但只要按照这个模型，哪怕做到 60 分，你的孩子都会是很健康、很有生命力、很有创造力和活力的。如果把孩子比作一棵树，心理营养就是树根所在的这一片土壤。如果在孩子成长的不同阶段都提供了充足的心理营养，那么这一片土壤就是非常肥沃的。

我在大量的咨询个案中看到的其实就是两类孩子。一类孩子拼命证明自己优秀，然后以此换取爱和认可。这样的孩子真的很辛苦，很多成年人也活在这样的模式中。另一类孩子是因为被爱而优秀，得到了丰富的心理营养，所以能够把所有的能量集中起来，去专注于他想做成的事情，能够成就一个一个的目标，从而变得越来越自信和优秀。你希望你的孩子成为哪一类呢？

青春期孩子需要的心理营养

青春期的孩子和儿童期的孩子还是有很大的差别的。具体来讲，表现在五个方面：

第一，生理方面的巨变。我们都知道青春期是从儿童到成年人的一个过渡，最明显的变化就是身体的改变。除了身高、体重的变化，伴随着体内的激素分泌，孩子的第二性征开始出现。激素水平的变化会带来情绪和心智的挑战。在很多个案里，我发现有些孩子是儿童的心智，却长在一个大人的身体里；而有些孩子是大人的心智，却长在一个孩子的身体里。这种激烈的冲突，对很多青春期孩子来说是很难受的。他从来没有经历过，很难适应。这种生理性的巨变会影响到孩子的情绪，不少青春期发生的抑郁症和焦虑症都与孩子体内的激素水平巨变息息相关。

第二，情绪的改变。如果说孩子在童年阶段的情绪波动是一朵小浪花，那么进入青春期之后，就会变成惊涛骇浪。处于青春期的孩子心智水平还不够成熟，不足以应对和驾驭情绪的巨浪，他会变得更加敏感和脆弱。别人的一个表情、一句话就可能让他琢磨很长时间，甚至因此失眠。有些青少年会有情绪不可控的现象。自己明明知道这样不对，但实际遇到外界刺激的时候，情绪立马上来，完全控制不住，大吼大叫甚至在地上打滚或用头去撞墙，有很强的破坏欲，摔东西，打人或者伤害自己……这种极端的情绪状态在青少年阶段是比较容易出现的，此时孩子的身体内在开始有很强烈的冲动，有时会发展出一些极端行为。

第三，心理的变化。青春期是一个人人格慢慢成形的过程。在这个阶段人会形成自我认知。如果这个阶段能够比较顺利、平稳地度过，孩子就容易形成比较高的、比较完整和健康的自我认知。如果这个阶段受到一些重大的打击，比如朋辈的一些不良影响或者是家长的否定，那么孩子就很容易形成低自我认知。比如讨好型人格或是容易过度付出的性格，如果去追溯的话，我们常常会发现是因为在青春期这个阶段没有养成健康的心理和健康的人格。

第四，关系发生巨大的改变。首先体现在孩子和父母的关系上。孩子在这个阶段开始发展出自己独立的思想，他们有从精神层面上脱离父母影响和控制的冲动。但他们又不是很成熟，而且在现实中仍然需要父母供养，生活、上学都要花父母的钱。当双方的期待和需求不匹配又不能好好沟通的时候，就特别容易发生矛盾和冲突。其次是和朋辈的关系。在青春期，对孩子影响最大的人渐渐不再是父母了，而是朋辈。和朋辈关系处理不好，对孩子未来的社交也会产生很大的影响。

第五，压力剧增。青春期是人生中一个艰难的阶段。它是一个负重期，最突出的就是学业压力。我们可以回忆一下自己的初中、高中阶段，学习的知识量是非常大的，而且朋辈之间的竞争也让人充满压力。现在孩子的学业压力比我们那时候更大，内卷得更厉害。家长要有足够的智慧和包容去支撑孩子渡过这个难关。

由于这五个方面的特点，青少年所需的心理营养和童年阶段会不太一样。在青春期这个阶段，孩子的人格已经趋于成形，因此我们就需要按照他的需求来给予其心理营养，而不是自认为孩子需要这个、需要那个，按自己的想法办。很多时候，我们给予的不一定是孩子需要的。那怎么办？其实很简单，我们可以去问孩子：“你需要爸爸妈妈怎样来爱你？”

另外，在这个阶段朋辈对孩子的影响是显著上升的，而父母对他的影响是在下降的。所以，当你想要给予孩子心理营养的时候，你要跟他发展出一种平等和互相尊重的关系。通过青少年咨询个案的积累，我总结出以下几点是青春期孩子格外需要的。

第一，被看见、被理解的需要。在咨询的过程中，我在很多时候会充当来访者的一面镜子，我要让他知道：我看见了你，看见了你的特质、你的某个情绪，此时我是懂你的，我是理解你的。青春期是孩子的第二个自我探索期，他的自我正在成形，当你像镜子一样照见他本来的样子，然后再反馈给他，他会有特别大的喜悦感，因为你在帮助他把他自我的拼图拼完整。

第二，被接纳的归属感。孩子处于青春期时，家更要成为一个港湾，要让他感受到他是安全的、愉快的、被欢迎的、被接纳的，在和家人的关系中他是被欣赏的、被喜欢的，而不是总被否定和指责。

第三，重要性和价值感。青春期的孩子已经有了充分的自主性，父母一定要给予他充分的尊重，在尊重和允许他自主发展的前提下，去看到他的价值，让他知道他可以成事，他是很重要的。这些话有时候需要父母直接说出来：“你是很重要的”“你对我是很重要的”“你对这个家是很重要的”。传统的中国父母很少直接用语言给予孩子这种价值感、认同感和爱的表达，而语言表达对青春期的孩子来说是最直接、最有效的方式。孩子小的时候，可能拥抱、抚摸就能够给予他心理营养，但是当孩子处于青春期的时候，他更需要的是这种语言的表达。

那么，我们怎么样才能把心理营养更有效地给予青春期的孩子，让他更容易接收呢？首先，亲子关系中不能有对抗情绪。只有不对抗，你才能给出去你的爱、支持、智慧等；只有不对抗，孩子才能接收得到。父母要刻意地去经营和孩子关系的管道，让这个管道保持畅通。其次，父母要刻意练习用语言表达对孩子的肯定和欣赏。可以根据“事实—想法—情感”这样的顺序给予孩子肯定：我看到你做了什么（这个事实部分是要有细节的）；我从你做的这件事中看到了你的勇气、看到了你敢于尝试新的事物；最后是情感部分，看到你所做的这些我感到很骄傲，我很佩服你。这就是一个完整的用你的语言去给孩子注入力量的过程。

在和孩子的沟通中，我们的每一句话都是有建设性的，是有力量导向的，我们可以不断地去发现孩子的力量。因为人是从力量中成长，而非从缺点和毛病中成长。当你用欣赏的眼光去看待孩子，去发掘他的力量，你会发现，你的孩子真的好棒！你的焦虑会因此得到很大的缓解。期待每一个父母都能够成为孩子心理能量的注入者。

案例示范：为自卑的青少年注入心理营养

来访者基本信息：X，男，17 岁，因抑郁症休学一年后尝试回归学校。本次为我们进行的第四次心理咨询。

咨询师 S：这一周回学校上课怎么样？还适应吗？

来访者 X：不是很适应。我以前的同学都升高三了，他们忙着高考也顾不上来看我，现在这个班里还没有朋友，而且感觉这个班的同学都用异样的眼神看我，可能知道我是因为抑郁症而休学的。而且我感觉他们有点看不起我，故意孤立我。我们数学老师是班主任，她看我不顺眼，老是在课上阴阳怪气的，我感觉她就是在说我。

咨询师 S：听起来这一周你过得不容易啊。刚刚从这一年抑郁的深渊爬出来，又进入了一个不太熟悉又不太友好的新环境，一切都要从头开始。你父母知道你这一周在学校的情况吗？你有跟他们说吗？

来访者 X：没有，我跟他们没话说。我爸一说话就是讲大道理教训人，我一听他说话就烦，还不如啥都不说。我妈就是瞎操心，有一点儿事就大惊小怪，她自己一焦虑就唠叨我，烦死了，我现在就恨不得他俩彻底别理我，一句话也不想跟他们说。

咨询师 S：明白。你认为和父母沟通不会得到他们的理解，反倒会给自己徒增烦恼和压力，所以还不如什么都不说。是这样吗？

来访者 X：是。每周就到您这儿能说说心里话。

咨询师 S：真是感谢你的信任，愿意什么都跟我说。那你这一周是怎么坚持下来的呢？在学校是压力很大的新环境，在家又没办法和父母沟通，虽然到我这儿能放松一下，说说心里话，但一周也就一小时的时间。我看你这周下来精神状态还不错，是什么在支撑着你呢？

来访者 X：是挺难的，在学校和在家都挺压抑，但是我发现自己上课的时候有了一些进步，能听进去了，能学进去了。我去年不是因为啥都听不懂学不进去而烦躁才休学的吗？这周上课我认真听每个老师讲，感觉也不是完全听不懂，说的都是中国话，我只要认真听、别走神，是能听明白的。而且，休学这一年我把高二的课本都看了一遍，感觉也没那么难。我之前就是觉得自己笨，心里先认为自己学不会，特别害怕，又有抵触情绪，然后就真的啥都听不懂、听不进去了。跟别的同学一比，老师和家长再一逼，就更自卑和害怕了。

咨询师 S：听到你这一周在学习上的进步，我好高兴啊！你是具体做了哪些行动和改变，才战胜了去年的这种自卑和害怕的心理呢？

来访者 X：我记得您前两周说过，我这次能回学校坐到教室听课就是胜利，能听懂多少都是赚的，听不懂也没关系，自己调一调呼吸练练专注力，就当去玩儿了。这样一来我就没那么大心理压力了，听不懂也不会怪自己骂自己，反倒听懂的越来越多了。还有，您上周说让我上课前把老师要讲的内容先花10分钟看一遍，看不懂也没关系。我发现提前看一遍之后再听课就不被动了，反倒听课还觉得挺有意思。然后我就想我其实不笨，只是过去没有找到适合自己的学习方法。这样一想我就不自卑和害怕了。

咨询师S：真为你高兴！看来每次咨询你都认真记下来并且马上实践，听取了我的建议提前预习，调整上课心态，练了呼吸和专注力。这一周虽然和同学、老师、父母相处不是很愉快，但你上课认真听能听懂了，你开始在学习这件事上找回自信，找回兴趣。这是个好的开始，我相信战胜了抑郁又战胜了学习上自卑恐惧心理的你，接下来会越来越好，越来越自信强大。你听到就去做，我感觉特别欣慰，谢谢你愿意听，愿意改变，也谢谢你这么努力地想要好起来，不放弃。

来访者X：也谢谢老师，我会继续努力的！

本章练习

1. 根据自我决定论提到的三个发展阶段所需的安全感、自主性和胜任感，对照一下自己被养育的过程，给自己客观地打个分（1 ～ 100 分）。

2. 思考自己在养育孩子的过程中给予孩子的安全感、自主性和胜任感，也打一个分数。

3. 参考案例示范，按“事实—想法—情感”的顺序，给孩子一次认真的鼓励。

第二部分

养育中的具体问题

第六章

黏人、爱哭、分离焦虑

如何帮助孩子建立真正的安全感?

安全感为什么重要

有一位来访者，是个非常优秀的女生，很漂亮，30岁，有很好的事业。她来找我咨询主要是想解决恋爱中的一些问题。她最近谈了一个比她小5岁、长得比较帅、事业刚起步的男朋友。用她自己的话说，她觉得这个男孩子太好了，她非常不确定自己是否配得上他。她每天都在想自己该做些什么让男朋友开心，所以会花大量的时间精心准备一些惊喜。但有时候男朋友却不太领情，觉得没必要这么大费周折。这时她就会很难过，觉得他是不是不爱自己了。她的这一番描述有典型的

“恋爱脑”特征。我问了她一个问题，问完她就哭了。我说：“在外人看来这么优秀、这么漂亮的你，不是很值得好好被爱吗？为什么你会这么担心呢？”她心里的委屈随着这个问题释放出来，跟我讲了很多她如何缺乏安全感的事情。在后来的咨询中，我们围绕着安全感这个问题探讨。我发现，她安全感的缺乏来源于从小的成长环境。她的父母是那种对孩子要求特别高的家长，对于父母在意的事情，她不敢做不到，她害怕看到父母失望的神情，她怕失去父母的爱。而且她的父母采用的是“打击型”的教育模式，她做得不好就一顿数落，做得好也不会鼓励，怕她翘尾巴，有时做得好反而会进一步提高对她的要求。在这种模式下成长起来的她，不敢不优秀，也不敢犯错，对于别人的评价非常敏感。在外人看来，她独立、高冷，但实际她封闭着自己的内心，从不表达自己内心的真实需要。

这个案例非常典型地表明，缺乏安全感对一个孩子的影响会持续很长时间，甚至当他成年后，还会在他的工作、恋爱、婚姻、养育孩子等方面产生很大的影响。安全感是孩子一出生就开始建立的东西，是一切成长的基础，我们想要孩子以后自信、自尊、自爱，有良好的社交能力，有幸福的能力，就要帮孩子建立安全感。

安全感的缺乏往往始于童年阶段。小孩子缺乏安全感会有一些常见的表现：

（1）特别爱哭，而且难哄。也就是家长俗称的“不好带”。孩子每天都哭哭唧唧的，你搞不清楚他到底怎么了。家长看待孩子的表现时不能只看表面，凡事要多问个为什么。如果这时候你没有安慰孩子，没有疏导他的情绪，并且教给他下次遇到这类事情该怎么办，反而上来一顿训，“哭啥哭，有啥可哭的！烦死人了，不准哭”。你想想，下一次再遇到同样的情况，孩子会怎么做？在遇到委屈、遇到伤心事时都被这么粗暴地对待，慢慢长大后，他就更不愿意主动表达自己了。

（2）特别黏人，尤其是黏妈妈。这常见于0～3岁的孩子。我们多次讲过母亲在养育孩子过程中的角色。母亲是孩子亲密感的来源，孩子从出生就天然与母亲有割舍不断的联结。随着孩子长大，很多妈妈需要回到职场，这也意味着孩子要开始面对和妈妈的分离。开始的过程一定是不容易的，妈妈出门时孩子会撕心裂肺地哭。有的妈妈为了避免孩子哭，也让自己能快点走，在孩子毫不知情的情况下悄悄离开。我们可以思考一下：这么做到底好不好？会不会对孩子的安全感造成威胁？这些影响有时候不是那么直接，但是育儿需要用长远一些的眼光来看，我们需要了解一些错误行为会带来的长期影响。

（3）分离焦虑。孩子上幼儿园了，你会发现他需要好长时间才能适应。这可能有安全感不足的因素，也可能和孩子本身的性格有关。但是，我们要坚信孩子是可以慢慢学会如何适应分离、适应学校的。家长需要在孩子上幼儿园前给他充分的时间做足准备。首先，我们要让孩子体验分离是什么样的。比如可以安排一些单独外出的时间，去超市买点东西或去外面走走，可能1小时左右，你离开了又回来了。通过这种小小的分离时间让孩子慢慢建立起对于分离的概念。其次，可以提前半年开始，带孩子去幼儿园体验，通过读绘本、看动画片让孩子建立起对于上学的概念，引导孩子看到幼儿园里吸引人之处。最后，在孩子正式入园前可以跟他来一次深度对话。告诉他，他要开启一段新的人生经历了，这是了不起的事情。充分表达你的信任，也表达自己在这个过程中永远支持他，站在他这一边。在这样不断的鼓励和信任下，让孩子越来越自信地面对这种变化。

（4）一些退行行为。比如孩子上学了，每天开始啃手指、啃铅笔。孩子可能以前从来没有过这些行为，长大了反而开始出现。我遇到过几个案例，都是家里有了老二以后，老大开始出现一些退行行为，比如啃手、尿裤子等。如果有这些让你感到奇怪的行为出现，很可能是因为孩子的安全感不足。你要有意识地去想一想是不是近来对老大的状态关注不够，把精力都放在照顾老二上，忽略了那个还是小孩子的老大，然后及时做出一些调整。

缺乏安全感这件事不会自行修复，也不会随着长大慢慢就好了。有些东西，特别是一个人的内核部分，缺失以后就必须靠一些科学的手段来弥补。

一个著名的心理学实验揭露的亲子关系真相

我先来问爸爸妈妈们一个问题，你还记得什么时候开始你第一次觉得孩子是在跟你互动吗？或者，你记得孩子是什么时候第一次冲你笑吗？我相信，稍加用心的父母都会发现，孩子早在两三个月大小的时候就已经会对着大人笑了。是的，那么小小的一个人，就已经开始发展自己的社会性了，他已经开始可以和他的养育者互动了。接下来要给大家介绍一个心理学的经典实验，透过这个实验，我们来看如何发展出一段美好的亲子关系。

这个实验由心理学家哈利·哈洛主持，曾入选“改变儿童心理学的 20 项研究”。整个实验过程非常残忍，引发巨大争议，但对儿童心理学的发展做出了巨大贡献。研究人员用恒河的幼猴来做被试，这些猴子出生半天就和妈妈分开。研究人员为它们制造了两个代理妈妈：一个妈妈是包裹了棉布的圆柱木头，但没有奶；另一个妈妈是没有包裹任何东西的铁丝网圆柱体，但可以给小猴子们提供奶。

实验发现，所有的幼猴绝大多数时间都待在棉布妈妈的身边，即便它们需要去铁丝网妈妈那儿喝奶。它们喝完奶后会立马回到棉布妈妈的怀里。为什么呢？研究人员给出了两个解释：第一，幼猴花那么多时间待在棉布妈妈的身边，是因为棉布妈妈那里更加舒适；第二，棉布妈妈给幼猴提供了安全感。如果第二个解释成立的话，面对恐惧和压力，幼猴也应该会跑向棉布妈妈。所以实验人员引入了一些诱发恐惧的玩具，并且和代理妈妈一起待在陌生的房间。当幼猴和棉布妈妈待在一个房间时，面对触发恐惧的玩具，起初它们会出现非常明显的不安和无助，会迅速地冲到棉布妈妈的身边，紧紧地抓住它。但是，很快它们会放松下来，不再出现恐惧，开始探索那个看上去张牙舞爪的玩具。和铁丝网妈妈待在一起的幼猴表现则大不相同，它们虽然也会待在铁丝网妈妈身边，但是会用手抱着自己的身体，蜷缩在那里，抽搐、抖动，陷入恐惧和不安之中。

这个实验得出的结论，在当时引发了轩然大波。它不仅挑战了当时主流的行为主义的观点和弗洛伊德的精神分析理论，而且为后来依恋理论的建立提供了非常坚实的实验基础，铺平了道路。这对于我们养育孩子的实践，至少有以下两点启示：

第一，孩子需要妈妈和他身体接触时带来的那种舒适和温暖感。这不仅让他感到舒服，也给他提供了安全感。对于实验中的幼猴，棉布和铁丝材质不同，所带来的舒适感和体验感也是不同的。幼猴非常一致地更加喜欢棉布妈妈的怀抱，尽管能从铁丝网妈妈那里喝到奶，能吃饱，但是铁丝网妈妈抚养的幼猴极度缺乏安全感。

联系一下我们的实际生活，你的孩子年幼时是不是特别喜欢被你抱着？触觉是孩子发展非常重要的感觉之一。身体的接触不仅仅会让孩子感到舒适，更重要的是会建立他们的安全感。这种安全感可以让孩子情绪更稳定，适应能力更强，更有勇气去探索世界。

对于 0 ～ 2 岁的孩子，父母应该给予他安全感，其中非常有效的一种方式就是身体的接触。关注孩子的需要，用拥抱、抚摸的方式安抚他们的情绪。只有被爱填满的孩子，才会获得身心的健康。而身体的接触就是传递爱的一个基本方式。生活中有很多机会用身体的接触来表达你的爱。读绘本的时候，你让孩子窝在你的怀里；孩子睡觉的时候，你摸摸他的头；小宝宝洗完澡以后，你给他抚触；孩子大点了，你可以用拥抱和安慰鼓励他；到了青少年时期，你可以拍拍他的肩膀。

但如果你一直告诉你的孩子“别哭了，不哭我才抱你”或者是“听话才能抱抱”，这无疑是在说，我抱你、我爱你都是有条件的，你必须要乖、要听话、要不哭才行。这是一种有条件的爱，条件是孩子要先修正自己的行为。这会让孩子一直生活在压力当中。他只有做到了，才能被安抚，才能得到爱。在这种模式下长大的孩子，他其实非常不确定自己是被爱着的、自己是值得被爱的，他会非常小心翼翼，或者干脆自暴自弃或叛逆。有的父母听了一些育儿方法，甚至故意忽视孩子安抚的需要，美其名曰是怕把孩子惯坏了，殊不知却会犯下无法弥补的错误。

第二，多一点耐心。如果你的孩子还没有准备好，那就不要把他留在没有你的环境里。在陌生的环境当中，孩子更加需要父母的怀抱给他安全感。特别是对于 0 ～ 2 岁的孩子来说，他们还没有做好准备离开父母独自去面对世界。我女儿 1 岁多那年夏天，我父母特别想念外孙女，就来到北京，想把她带回老家。我虽然有点不情愿，但是想着回去的时间不太久，应该也没啥太大的问题，就让父母把孩子带回去了。结果回去以后她出现明显的不适应。她是第一次去姥姥家，环境、人，一切都是陌生的，她每天“挂”在姥姥的身上，不肯下来走半步，睡觉也不踏实，就好像装着小雷达，姥姥动一下，她就立马醒来，担心姥姥离开。每次和我打视频电话，孩子就一直哭。孩子出现了很明显的焦虑情绪，她还没有做好离开妈妈的准备。最后我决定提早回老家陪女儿。我一出现，她哭闹了一阵，但很快整个身心就放松了下来。

我相信在大城市打拼的父母多少都有过这样的体验，我们的工作很忙，通常寒暑假都会把孩子送回老家。但这么做要稍微谨慎一些，特别是孩子还比较小的时候，每一次长时间与父母分离都有可能给孩子带来很大的变化。这种变化很多时候是由当他还需要父母的陪伴时过早地与父母分离造成的。

现在有一些私立幼儿园，是寄宿制的，也就是说，孩子从幼儿园开始就要住校。我第一次听到这件事情的时候非常震惊，我不理解作出这样选择的父母，他们的立场是什么。能上得起那些幼儿园的家庭，经济条件都是非常不错的。然而，我得到的答案无非就是让孩子从小享受精英教育；培养孩子的独立性，更快地去适应社会的环境；父母非常忙碌，不能给孩子很好的照顾；等等。我们姑且不去谈论这些幼儿园的教育多么牛，环境多么好，因为这些东西对这么小的孩子来讲一点儿都不重要。但如果一个三岁的孩子就要面对跟父母分离的生活，太残忍了。我遇到过一个案例，有一个十五六岁的女孩，在她还没有做好准备的情况下，父母强行把她送去美国读书。父母总觉得孩子长大了需要独立，但是孩子根本没有做好准备，所以去了一个陌生的环境以后就把自己封闭起来，最后得了重度抑郁症。

希望爸爸妈妈们可以明白，你的孩子不需要那些花里胡哨的东西。既然成为父母，无论如何也要尽可能多地把孩子带在身边。孩子需要的是你和他能够建立起来爱的联结。别那么着急把孩子推出去，希望他们尽早适应社会和现实。你知道吗？当他们得到充分的安全感，才有可能在未来更好地融入社会生活。而这个安全感来源于哪里？就是他们的爸爸妈妈。

有次刷短视频，看到一位父亲背着年幼的孩子风雨无阻地送外卖，孩子在父亲奔波的怀里睡得非常香甜。我会心疼这个父亲，也会心疼这个孩子，但是我也能感受到这个父亲的幸福。因为我相信这个父亲在背起孩子的时候，他的力量是不一样的，他在尽全力为家庭、为孩子而奋斗。我也相信这个时候的孩子是幸福的，因为他在爸爸的怀里面，这就足够了。我们有时候眼光要放长远一点，养育孩子也是一样。他们的成长真的太快了，一转眼他们就长大了。如果在当下我们知道怎么用正确的方式养育孩子，那么这对父母和孩子来讲都会是最好的礼物。

建立孩子安全感的科学方法

我们来总结和梳理一下可以有效建立孩子安全感的科学方法：

第一，利用好皮肤的触觉。透过哈洛的恒河猴实验，我们已经充分理解了皮肤接触的温暖感、舒适感对孩子的重要作用。对于婴幼儿阶段的孩子，更是要利用好这个时期，给予孩子充分的皮肤接触。首先可以从孩子刚出生起每天坚持做抚触操，这对孩子未来整个感统协调性的发展非常有好处。其次，拥抱对于小孩子是特别好的安慰机制。你会发现孩子不管是受委屈了，还是不开心了，第一反应就是求抱抱。有的家长会担心，觉得孩子老让抱着形成依赖可怎么办。要注意，这里的拥抱可不是出于溺爱，本来应该他走的路，你抱他起来替他走，而是指孩子在外面受到压力后你的安慰和鼓励。拥抱不仅对小孩子，有时候对青少年甚至成年人都有用。

第二，用好你的语言。一是注意语音、语调、语气。学会用温柔的声音、不急躁的声音或温和而坚定的声音说话。有的人可能没有注意过这个问题。通常我会在咨询的时候，观察来访者的状态。如果一个人非常容易焦虑，他会很容易声音尖、音调高、说话快，听他说话你会有紧张感。如果一个人是比较抑郁、悲观的，他会说话有气无力，说出来的话也不坚定，总是绕来绕去说不到重点。二是语言内容本身。如果说语音、语调、语气奠定的是沟通的氛围，是谈话的基础，那么语言的内容就带着力量，它要么给孩子赋能，要么摧毁孩子的能量。

第三，在孩子关键的成长阶段，父母一直都在。首先父母要及时回应孩子。有的父母虽然陪着孩子，但是注意力要么在手机上，要么在处理自己的事情上。这种陪伴是无效的，孩子心理上得不到满足。有效的陪伴一定是全然看见孩子，和孩子一起参与到某件事情中。足够的陪伴，更准确地说是足够的高质量的陪伴。当孩子小的时候我们做到这一点，孩子会有感觉。他会相信爸爸妈妈是会一直照顾他的，是会保护他的，他是安全的，安全感就会深入他的内心。

第四，给孩子一个稳定的家庭氛围和环境。中国的父母特别愿意为孩子付出，有了孩子以后，愿意把自己最好的东西拿出来给孩子。所以，几乎所有的父母都在孩子成长过程中不断努力创造物质财富，好让孩子不受物质上的苦。物理环境的稳定，包括物质条件相对良好的状况，会带来安全感，但还有一份很重要的安全感来自父母情绪的稳定。父母的状态是稳定的，他们的情绪是稳定的，这个家的氛围是和谐稳定的，而不是整天争吵，每天歇斯底里，互相辱骂甚至互殴。这在孩子安全感的建立中起着更加重要的作用。

案例示范：分离焦虑的孩子

来访者基本信息：M 女士，一位 1 岁孩子的母亲。她全身心照顾了孩子一年，近期重返工作岗位，孩子由爷爷奶奶照顾。但在重新上班的这段时间里，她发现每天自己一回家孩子就哭个不停，非常黏人，而且情绪不好。早晨出门上班更是困难，孩子哭得撕心裂肺，自己只能偷偷溜走，不敢让孩子看见。她十分苦恼，不知该如何面对这种情况，也很担心孩子会在安全感上有缺失，故来咨询。

来访者 M：我现在每天回到家里，孩子一见我就哭个不停。我什么都干不了，得一直陪着他。我该怎么办呢？

咨询师 Z：家里除了你还有其他的照顾者吗？

来访者 M：有时有，但孩子不跟呀。

咨询师 Z：那你能不能先简单描述一下孩子出生以来的成长经历，谁在带孩子？怎么分工的？

来访者 M：孩子出生我们请了月嫂，月嫂走了以后爷爷奶奶就来帮忙了，但主要还是我带，爷爷奶奶主要是帮忙做家务，比如做饭啥的，也搭把手带孩子。孩子一直母乳喂养，所以就一直跟我比较多。后来孩子半岁的时候爷爷奶奶回了老家一段时间，差不多半年吧。孩子就基本上由我和我老公带。他现在 1 岁了，我觉得差不多能回去工作了，就把爷爷奶奶请了回来。我回去上班以后也逐步在给他断奶。但最近发现孩子的情绪反应特别大，脾气很大，总是哭闹。

咨询师 Z：嗯，明白。这一年里你在照顾孩子上还是投入非常多的，孩子和你的关系也很亲密。

来访者 M：是的，基本上都是我在照顾，而且母乳喂养，和孩子确实很亲。

咨询师 Z：那我们来看看，孩子为什么情绪上有这么大的波动。近期突然发生在他身上的变化有三个：（1）以前每天陪着自己的最熟悉的最爱的妈妈不见了；（2）取而代之的是好久不见的、有点陌生了的爷爷奶奶，他们成了每天陪着自己的人；（3）断奶。这三件事对我们大人可能影响不大，但对孩子来讲几乎是他人生中最重要的事。一下子都在变，这种变化让孩子感到焦虑和不安。

来访者 M：那可咋办呀？我早先没想这么多，现在也没法调整。

咨询师 Z：嗯，特别理解。不用担心，我们来看看怎么调整比较好。你有没有跟孩子说过即将发生的变化呢？

来访者 M：没有，我感觉他也听不懂吧。我没想过要跟孩子说什么。

咨询师 Z：这也往往是父母的误区。我们会觉得孩子还小啥都不懂，所以习惯性地做决定，习惯性地安排。孩子没有参与，只能接受。1 岁的宝宝可能还不会说话，但是很多事情他是可以理解的。所以我的第一个建议是，回去找一个时间，比如说周日，跟孩子讲讲明天的安排。你不用讲得那么深奥、那么理性。你可以告诉孩子，比如："妈妈明天得去完成一些困难的任务，就像你看的汪汪队一样。妈妈胜利完成任务就回来了。妈妈需要你在家好好的，跟着爷爷奶奶好好吃好好玩好好睡觉。我胜利完成任务之后给宝宝带惊喜回来，好不好？"

来访者 M：嗯，好的。

咨询师 Z：提前约定是特别重要的一个原则。你需要在做一件事情之前和孩子做好约定，这样就把不确定的事变成了确定的事。孩子心里也会越来越有底，适应变化也会快很多。

来访者 M：好的。那我现在要给他断奶吗？尝试了一段时间，看他哭得撕心裂肺的又不忍心，总是断不了。

咨询师 Z：这个可以慢慢来。断奶不是说断就断的，需要妈妈和孩子都做好准备，逐步达成目标。我反而建议不要太关注这件事，不用像工作考核一样要设定什么时间节点完成，可以顺其自然。试试采取不直接喂的方式，用吸奶器吸出来让孩子用奶瓶喝。这也可以让孩子慢慢适应新的吃奶方式。

来访者 M：嗯，好的。其实有时候是我自己绷不住了，心疼孩子哭，就喂奶安抚他一下，结果断奶也显得遥遥无期。还有一个问题，我每天早晨走，孩子都哭，这样会不会影响孩子的安全感呀？我很纠结，也不想不辞而别，但我不能耗太长时间，上班不能总迟到。

咨询师 Z：这个问题很多妈妈都很苦恼。我认为有一个原则，就是不要不辞而别。我们通过离别建立孩子对于分离的概念。如果离别变成了随时消失，捉摸不透，反而会增加孩子的焦虑情绪。

来访者 M：可每次一跟孩子说再见，他反而哭得更凶了。一哭就走不了，这该咋办？

咨询师 Z：这是需要我们预想到的一件事，而且大概率会发生。如果我们心里有这个预期，就可以提前做一些准备。比如说，早晨起床之后可以跟孩子有一些美好的互动，在你们俩情绪都比较好的时候提前和孩子聊一下：还记得昨晚我们说的约定吗？妈妈今天有任务要执行，你对妈妈最大的帮助就是在家好好的。我们提前沟通得越充分，孩子的准备也会越充足。而且，你也可以提前和爷爷奶奶商量一下，今天有什么可以吸引孩子的安排或是特别的东西。让孩子有美好的预期，他接受起来会更容易一些。需要走的时候你要温和而坚定。如果他哭得厉害，可以告诉他，妈妈抱一分钟就离开。然后，一分钟之后就出门。你越坚定，孩子才会越明白。不要拉拉扯扯好久，孩子会觉得他的哭闹能拖住你，后面会更不好分离。

来访者 M：好的。我觉得我可能需要更多的心理建设。

我婆婆就老说，你去上班后孩子可好了，又听话又好带，还很开心。有时候可能是我自己更焦虑一些。

咨询师 Z：这很正常，你已经在努力调整了，这么大的变化，你和孩子都需要适应。还是那句话，现在面对的情况其实只是暂时的一个阶段，我们不用太焦虑，担心会出什么问题。这是你和孩子成长的必经过程。保持你和他的亲密联结，孩子的成长会让你欣喜。

来访者 M：好的，谢谢。我更有信心了。我继续努力。

本章练习

1. 给自己一些时间，回看一下你的成长经历。你自己是一个有安全感的人吗？可以写一写你的父母和家庭给了你哪些安全感，还有哪些安全感缺失。

2. 如果你有孩子，评估一下你和这个家在给孩子提供安全感方面做得如何。可以具体写写有哪些方面给了孩子安全感，比如有稳定的住所、父母情绪稳定等。又有哪些方面没有给孩子充足的安全感，比如陪伴孩子很少、缺席孩子的成长等。在评估完之后，针对自己做得不足的方面，写出下一步的调整方案。

第七章

胆小、怯懦、畏畏缩缩

如何重塑孩子的自信?

真正的自信

先来看我在咨询过程中遇到的三个真实案例。

第一个案例是一个 6 岁的小女孩，她从 4 岁开始学舞蹈，平时也挺喜欢跳舞的，可是每次幼儿园让上台表演，她都不参加。妈妈问她为什么，她总是说她跳得不够好，别的小朋友跳得更好。

第二个案例是一个 9 岁的男孩子，妈妈说他非常胆小，缺乏男子汉的气概，遇到一点困难就打退堂鼓。遇到表现的机会从来都躲得远远的，感觉干什么都缩手缩脚，让父母很着急。

第三个案例是一个 15 岁的少年，躺平，不上学，完全不想努力做任何事。现在每天沉迷电子游戏，妈妈很是头疼。孩子自己说反正努力也没用，不如享受生活。

这三个孩子为什么会有这样的表现？根本原因就在于他们没有自信。这三个案例呈现了不同年龄段孩子不自信时的一些典型表现。我们常常听到要建立孩子的自信，我想我们需要先明确一下什么是自信。是不是一个人每天说我能行、我可以，就代表着他很自信呢？或者，他每天笑嘻嘻的，特别阳光，就代表着他很自信？其实我们很难通过一个人的某个外在行为就判断他是不是自信，孩子也一样。自信是一种内心状态，是一种生命能量，是一个人对自己价值的判断：我是不是不够好？我有没有价值？我是不是重要的？一个孩子是不是自信，在下面三种情况下最容易判断出来：

（1）当遇到困难的时候，孩子的反应是什么。第二个案例中的 9 岁男孩，遇到困难就打退堂鼓，就缩回自己的壳里，不敢直面困难，这其实是孩子内心比较弱、没有自信、比较自卑的表现。自卑的孩子如果事情没有做好，他不会只觉得是事情没做好，而常会归因于自己不行，是自己笨。考试没考好，他会归因于是自己学习不好，自己学不会，自己很笨。他对自己的价值认知比较低，觉得自己不行、不够强，没有能力解决问题，不能面对失败。而自信的孩子，即便事情没做好，也不会想到是自己不行，他会想是哪个环节出了问题，是步骤不对、方法不对还是某个知识点没掌握。自己对症下药，努力提升，下次一定会有进步。

（2）当面对机会的时候，孩子的态度是什么。第一个案例中，孩子平时都在学习舞蹈，但表演机会来临的时候，她的第一反应是我不行、我不参与、我没有别人好。面对机会的时候，不自信的孩子的第一反应就是拒绝，他会找很多理由来拒绝这个机会。因为他很害怕，害怕自己做不好时别人的负面评价，担心自己做不好就更证实了自己不行。越是这样想，就越不敢面对机会；越抓不住机会，就越难成事。这就陷入了一个恶性循环。

（3）当面对冲突的时候，孩子的反应是什么。很多时候孩子不直面冲突，家长以为这是孩子高情商的表现。但实际上有一点很重要，即孩子是否可以无障碍地表达出自己的想法和坚持自己的原则。如果孩子不和别人起冲突的前提是放弃自己的权利、迎合对方、为了讨对方开心或不让冲突影响两人的关系，这其实是孩子不自信的表现。

人如何才会自信

很多家长对自信存在误区，觉得孩子只要表现好了，学习好了，成绩好了，各方面优秀了，自然就自信了。但真的是这样吗？我接待过一个案例，来访者是一流大学的学生，从小就是“别人家的孩子”，学习成绩好，长得也漂亮，周围的人都很羡慕她。但她却来找我咨询。为什么？因为她很不自信，她觉得自己不行。我很诧异，从任何一个客观标准来看，她都属于天之骄子，应该有充足的信心面对自己的生活，可她为什么还如此痛苦？她说她每天都活在担心和害怕之中。她害怕自己做错事，担心因此引起别人的负面评价；她害怕面对失败，觉得一旦失败自己就毫无价值。所以，即便已经考上了一流大学，她仍然每天都不开心，没有心气进行社交。我自己是北大毕业的，我见过太多优秀但不自信的人。他们非常努力，却不会因为自己的优秀而感知到幸福。自信会让孩子成为一个有力量的人，不自信的孩子很难真正地感知到幸福，这其实和外在的条件没有太多的关系。

那么，自信从哪里来？有两个非常重要的部分。

第一，他人的评价。对于孩子来讲，父母的评价是最早产生影响并且持续终身的。0 ～ 6 岁的孩子如何认知自己，最主要的就是看父母如何对待他。随着孩子年龄越来越大，老师的评价、同学的评价、社会的评价会越来越多，但核心依然是父母的评价。父母的评价主要有两个方面：一是评价的语言。你是总夸你的孩子，总是表达欣赏、认可、鼓励，还是总在挑毛病，否定和贬低他？被不同的语言系统喂大的孩子，得到的心理营养完全不一样。很多青春期的孩子经常感觉绝望，甚至出现自伤、自杀的行为，原因就在于外面环境的压力已经够大的了，他们在学校已经遭受了太多的打击，但回到家不仅没得到安慰，父母还一再紧逼，一再怀疑和否定。好多孩子就是在这种双重打击下不堪重负而垮掉的。二是父母的行动。父母愿意花时间陪伴孩子，还是以各种理由为借口缺席孩子的成长？有时候话说得好听，但言行不一，对孩子的打击更大。真实的高质量的陪伴非常重要。

通过父母的语言评价和行动，孩子会感知到我的父母认为我是什么样的，他们是爱我、在意我、觉得我很棒，还是根本不在乎我，觉得我不行，觉得我是个麻烦。孩子会把这套评价安在自己身上，形成最初的自我评价和认知。心理学概念中有一个期望效应，即你怎么看待一件事，这件事就会朝着你认知的那个方向发展。如果你一直评价你的孩子笨，说他胆小，说他窝囊，他就会越来越笨，越来越胆小，越来越窝囊；如果你每天给孩子赋能，欣赏他，鼓励他，也认可和接纳他的独特性，那么你的孩子就会像阳光一样充满活力和能量，面容和身体都是舒展的，眼睛是发光的，他就会非常自信。

第二，父母有没有放手让孩子不断尝试，积累他的成功和成就感。关于建立自信，还有一点非常重要，那就是孩子需要在不断的成功中累积自信。这种成功不一定有多大，而且不是以结果论英雄的那种成功，比如考试考 100 分、钢琴比赛得第一名，而是达成一个又一个小目标，完整地完成一件又一件小事情，比如一个 3 岁的孩子会自己叠衣服。如果父母有这个智慧放手让孩子去尝试，而且不以他叠得好坏与否来评价他，而是一直鼓励他尝试，肯定他的自主性，那么孩子就会在叠衣服这件事上越来越自信，会非常愿意主动承担叠衣服这一家务。再比如一个 6 岁的孩子学写字。如果父母总是以他写得好不好看、字有没有超出格子来评价他的学习，很快他的信心就会受到打击，而且会很反感写字这件事。如果父母看到他努力尝试的过程，并及时赋能，就能不断建立孩子的自信。

看到孩子的天赋，助力孩子拥有自信人生

我们为什么不能忽视孩子的天赋？有很多原因，其中很重要的一点就是要建立孩子的自信。在什么样的事情上孩子容易建立自信呢？就是他擅长的事，他有能力、有天赋做好的事。比方说我儿子特别喜欢下围棋。这也是我在给他做了天赋基因测评之后有意识带他去接触和体验的。他逻辑、数学智能排序靠前，而且思维发散能力——也就是从不同角度解决问题的能力——也非常强，而围棋正好契合了他的天赋点。果然，接触

了一段时间，他主动跟我讲："妈妈，我想学围棋。"我当然支持他，但也说得很清楚，自己选择的就要坚持下去。果然，他学习下棋的过程是越来越建立自信的过程。他对知识点吸收得很快，而且他觉得围棋非常有趣，再加上是他自己选择的，所以他一直都保持着对上围棋课的期待。如果问他你觉得自己做什么最厉害，他一定会毫不犹豫地说是下棋。这就建立起了他的一个自信点。

如果家长愿意用科学的工具来帮助发现孩子的天赋，还可以避免一个问题，就是试错。我遇到过的最夸张的家长，是给 5 岁的幼儿园大班的孩子报了 7 个课外兴趣班，孩子周末几乎没有空余时间。在跟这个妈妈聊天的过程中我能听出她的焦虑，可能她也不是要求孩子一定都学出来、学成什么样，但就怕自己没给孩子资源和机会，把孩子给耽误了。

但这其实是个悖论：因为怕耽误了孩子，所以不断带孩子尝试。市面上各种各样的课外班、兴趣班，真的试得过来吗？就算不考虑经济成本，也存在两个问题：

一是孩子的时间成本。孩子如果一直是走马观花一样地去不断体验，可能就会错过某一项技能的最佳开发期。比方说语言，6 岁之前是最佳的语言开发期，试着试着可能就过了这个最佳的时间段。

二是孩子的主观判断值不值得信任。他可能试听一节课觉

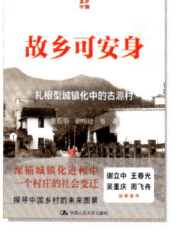

县乡中国书系

东西中国

贺雪峰　等著

定价：69元　2024年10月出版

首部以县域为单位系统认识中国区域差异的书

- 揭示东西差异给普通人带来的影响
- 以县域为单位将中国东西差异具体化
- 将微观经验与国家宏观数据结合
- 将区域比较作为一种研究方法

治大国若烹小鲜：基层治理与世道人心

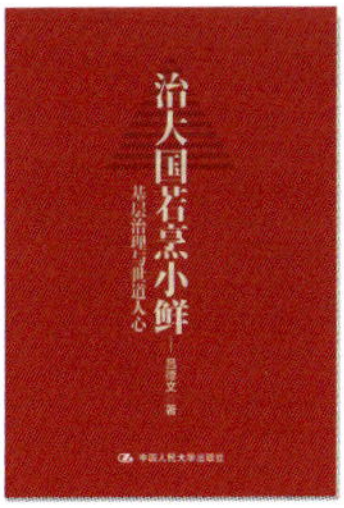

吕德文　著

定价：58元　2021年4月出版

直面复杂真实生动的基层实践，揭示基层运行规律

- 以抽丝剥茧的方式剖析基层治理的难点、痛点、堵点
- 探寻基层干部提高工作能力的方法
- 基于新闻案例和实地调查材料，呈现中国之治在基层的复杂实践

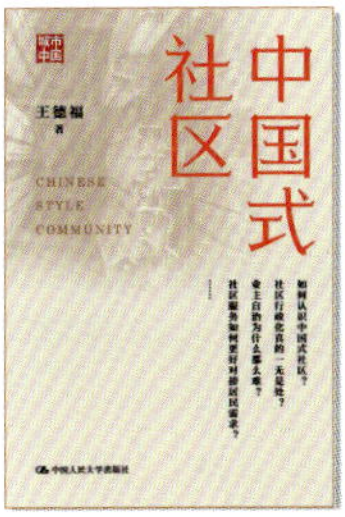

中国式社区

王德福　著　定价：69元　2024年5月出版

中国式社区承载着不同的生活常识、处事规则、人情期望

- 从居住形态出发剖析中国社会的形态，透视了中国社会的巨变图景。
- 用案例呈现社区居民最关心的关键小事，梳理了中国式社区的形成与发展历程。
- 扎实的调研，近年一线的社区业主自治、维权、居委会工作等新鲜素材。
- 让人理解城市社区及其治理的复杂形态与内在逻辑。

县域政制中的基层法院

刘磊　著

定价：69元　2024年5月出版

发现基层法院运行的“常识”

- 呈现了我国基层法院运行的实然状态
- 讲清楚了基层法院在治理秩序内的深层逻辑
- 剖析基层法院运行实践与理论研究为何存在显著差异

得特别好玩，但这并不代表他一定有天赋或者真的喜欢。如果他一时兴起选了某个兴趣班，但是没有足够的天赋和能力来匹配和支撑，那么很可能会半途而废，坚持不下去。此时家长该如何反应？

有一种家长会选择听孩子的，既然不喜欢就放弃，再换一个，也不跟孩子计较。这种情况会产生一个副作用：当我不想学了，家长就会同意我换。一来二去，孩子很可能会形成一种惯性。一遇到困难他就会想退路，就退缩回来，很可能不会咬牙坚持，缺少一股韧劲。这对孩子品格的塑造会产生一些不好的影响。我在咨询中就见过好多这样的孩子。孩子从小没学会对自己的选择负责。家长总觉得孩子小，想怎么样就怎么样，看似是尊重孩子的选择，实则是放纵。这样孩子的内在是很弱的，没有力量，因为他的人生没有经历过选择一件事，定下一个目标，然后经历了特别艰难的时刻，甚至想放弃，但咬牙坚持下去，终于做成了的喜悦。没有累积过这种成就感，没有体验过做成一件事情的完整闭环，就会特别脆弱，特别容易放弃，特别容易知难而退。

还有一种家长是施加压力，开始强逼孩子，“我辛辛苦苦挣的钱，你自己选的，上了几天就不去了。你这个样子，将来什么都干不成，一无是处”。听听，这话多么熟悉。那这个方式会对孩子产生什么影响呢？严重逆反或者自卑。这给孩子造成的心灵创伤是非常大的，损耗很大。

要建立孩子的自信和胜任感，应以他的天赋为基础，再结合他后天发展出来的兴趣爱好，找到他喜欢又擅长的事，安排他去做。同时不要功利心那么强，不要想着我好不容易确定孩子的天赋了，我得赶快让他学，好好开发他的天赋，让他以后有个什么特长，或者在这个领域做出什么成就。如果你这么想，那孩子的天赋就会成为他的枷锁，会破坏孩子本应该从这个天赋中得到的快乐。因为这又成了一个你给他安排的任务，剥夺了他的自信心和自主性。家长不要那么急功近利，只盯着眼前那点儿蝇头小利。我们应该看到更长远的东西，也就是孩子健康健全的人格和获得幸福的能力。做他喜欢又擅长的事情，这是培养孩子的自信心、胜任感的最优路径。

案例示范：退缩怯场的男孩

来访者基本信息：Y女士，一位10岁男孩的母亲。她表示自己的孩子明明会，但是一遇到正式场合就退缩，怎么鼓励都不行。比如元旦晚会表演节目，他从小学钢琴，是可以弹钢琴曲的，但说啥都不参加，为此母子俩僵持了很久。每次学的时候感觉都会，但一考试就出现各种问题，孩子说他紧张。一考不好孩子就哭鼻子，她就感觉孩子特别脆弱，一点儿风浪都承受不了，担心这么下去会影响他的发展，故来咨询。

来访者Y：我家这个孩子，明明平时感觉他学得挺好的，班里的老师也说他表现都不错，但为啥他一遇到考试这种正式场合就考不好呢？

咨询师Z：这种情况经常出现吗？

来访者Y：我感觉这学期更明显一些。四年级了，测验啥的也比较多，我就发现他有这个问题。

咨询师Z：你向老师询问过情况吗？

来访者Y：我问过。我想是不是孩子在我面前比较听话，一去了学校就放飞了。但老师说不是，他上课啥的都挺认真的，平时练习、作业都还不错。也挺奇怪，一考试，平时会的也会出错。

咨询师Z：那你问过孩子他自己的想法吗？

来访者 Y：我问他怎么回事，他就说有点紧张。

咨询师 Z：你问过孩子紧张什么吗？

来访者 Y：我问过。他也说不清楚，就说一听老师说要考试，他就开始紧张，担心不会或者做不完，有时候就看错题了啥的。

咨询师 Z：那你是怎么回应孩子的呢？

来访者 Y：这也是我不能理解的地方。我就搞不明白他有什么可紧张的。我从来没要求他一定要考第一或者一定得怎么样。我还老鼓励他相信自己，不要害怕，他一定可以的。可也没什么用，他还是容易紧张。我都不知道该怎么劝。

咨询师 Z：如果孩子没考好，拿回来一个不好的成绩，通常你们会怎么说？

来访者 Y：像上次他考个 70 分回来，我是有点接受不了的，但我也没批评他。我就带着他分析到底哪里出了问题，让他改正。

咨询师 Z：听上去你们并没有说贬低或者打击孩子的话，这非常好。可我们还是要找找孩子紧张的根源。你可以多说说带孩子分析试卷之前还做了什么吗？

来访者 Y：他放学回来，我问他考试多少分，他就把卷子拿出来。我一看这个成绩，有点生气，就什么都没说。等他做作业的时候，我就拿出卷子来带着他一起分析。不过在分析过程中他答得有点慢的时候，我就有点急了，说了他两句。

咨询师 Z：所以，你直接带孩子分析试卷，并没有情感上的表达，比如问问孩子有没有觉得难过、情绪怎么样。

来访者 Y：没有。这都不用问，他肯定也是不开心的。分析完卷子发现，他怎么也能考 90 分的，就因为紧张、粗心才考 70 分。他自己心里也应该有数。

咨询师 Z：或许问题就出在这儿。

来访者 Y：什么问题？

咨询师 Z：我们从来没有在情感层面和孩子交流过面对的问题。这个或许就是问题所在。你来想想看，你也知道孩子在看到自己得 70 分的时候心里是难过的、忐忑的，他回到家以后心里是紧张的、害怕的，因为他不知道妈妈看到这个分数会怎么样：她会怎么评价我？她还爱我吗？她能接受我考得不好吗？我们并没有在这个层面给出反馈。我们生气了，但也没表达，而是直接开始分析他哪里出错了。其实这一步挺好的，带着孩子面对问题，但关键在于我们在这一步之前缺少了情感层面的疏通，让孩子心怀忐忑地就开始面对自己的问题了。而且分析试卷的过程中，你也只是指出他哪里不对、哪里本应该做到但没做到。这些话在孩子听来，他会认为这是对他的评价：我不好，我没做到，我本应该做到却没做到。

来访者 Y：我从来没有想过这个问题。我就是觉得知道自己哪里错了下次改正就是好的，没必要有那么多情绪。

咨询师 Z：这也正是孩子情绪压力的来源。他的情绪和感受没有被允许和接纳。我们一直告诉他不需要有情绪，可情绪是最真实的，它不自觉地就产生出来。我们不理它，仿佛它不应该出现，但越压抑越反弹。孩子也想克服紧张情绪，却越来越紧张；他生怕紧张影响到自己，却越来越受影响。孩子在很多的不确信下，很难有真实的自信。而且你越告诉他你可以，他就越紧张和有压力。

来访者 Y：这么说我有点儿明白了。那我该怎么做呢？

咨询师 Z：其实最重要的就是需要开启或是增加和孩子情感层面的交流。不要只用就事论事的方式来面对孩子的问题。孩子之所以会出现这么多紧张或者退缩的情况，其实是因为他没有建立起真实的自信。他总是被引导不要去关注自己的感受，那不重要，结果才重要，进步才重要。但他的情感部分没有消化，就很难在行为层面马上调整和改变。

来访者 Y：确实。我和他爸爸都是事业型的，我们面对问题就爱解决问题，但没想到这个孩子心思这么敏感。我有时候能看到他偷偷抹眼泪，但你要问他怎么了，他也不说。

咨询师 Z：孩子的世界和我们大人还是不同的。他们的内心更鲜活，所以他们感知情绪的能力会更强。也不是说孩子就这么敏感，而是每个孩子都有情感的诉求。所以，我们以后在和孩子的沟通中要多注意这个方面。他抹眼泪也不跟你们说，其实也表明他比较缺乏情感的表达。

来访者 Y：怎么沟通他才会说呢？

咨询师 Z：最重要的是，我们要让孩子相信，我们不只关注结果或者事情，我们更关注他这个人。我们要做观察者、倾听者、鼓励者。当我们觉察到这个事情引起了孩子情绪的波动，不能置之不理。我们需要给彼此一点时间，关心一下他的情绪，多表达我们的接纳：不管孩子这次做得好还是不好，我们都爱他，他都是好的，都是有价值的。孩子只有在相信父母是真的关心自己的感受时，才会更愿意表达自己的感受。他只有从父母这里得到更确信的自我价值时，才能够更有自信，在行动上更易做出调整。

来访者 Y：那我接下来具体该怎么做？

咨询师 Z：日常和孩子的谈话中多一些情感的探讨。问问孩子遇到一些事情的感受，他的情绪体验是什么。记住，不管孩子的回答是不是你想要的，都要表示认同和接纳。你可以不理解，可以问他的感受是怎么产生的、出于什么原因，但不可以否定他的感受。接下来的一周，每天孩子放学回来后，可以专门准备 15 分钟的深入对话时间，以他的感受、他的想法为中心展开话题，并且练习表达对孩子的认可和赞赏。不说事情对错，只说自己对孩子分享的感谢和接纳。这个需要练习，你可以提前想一想，先自己练习一下。下次咨询时我们可以再探讨。

本章练习

1. 回想自己在过去的养育过程中，有哪些方面一直在建立孩子的自信，又有哪些语言或是其他方面其实是在毁掉孩子的自信。整理记录下来，并写出改进方案。

第八章

叛逆、易怒、我行我素

如何正确管教孩子，为孩子立规矩？

管教是孩子成长的栅栏

我的咨询案例中有一类父母，他们十分爱孩子，爱得没有了自我，甚至有些卑微。而被这种爱喂大的孩子，不仅不会积极上进、感恩父母，反而会没什么动力，养尊处优，禁不起风雨。到了青春期，父母发现孩子怎么变成了这个样子——我行我素、一点规矩都没有。父母试图用爱来感化孩子，但孩子一点儿都不听，说多了还会顶撞父母，十分叛逆。父母非常无力，完全不知道该怎么去管孩子。

举一个具体的案例。有一个 14 岁的孩子，玩手机上瘾，父母很头疼。他每天回家玩手机要玩到十一二点才开始写作业，父母想尽各种办法，都无济于事。他们好言相劝，跟孩子说好规矩，回家玩 20 分钟就写作业，写完再玩手机。20 分钟到了，孩子满地打滚，哭得撕心裂肺，要求再玩 20 分钟。这个场景一次又一次上演，从 20 分钟变成 2 小时还不罢休。这是哪里出了问题？其实就是父母没有给孩子好好立规矩。看上去立了规矩，但实际无效，因为孩子一哭闹，规矩马上可以被打破。但孩子真的因为玩了手机而感到计谋得逞，感到快乐吗？并没有。当孩子冷静下来思考的时候，他其实内心力量很弱，他很想能控制住自己，但是没有能力，他觉得自己很没用。

我们都说孩子是上天赐予的礼物，要精心养育他成长，要顺着孩子的天性，让他做自己。这都没错，但育儿过程中，有一个很重要的底线，就是立规矩。一旦忽略了这一点，孩子不仅不会如你所愿成为一个拥有健全人格的人，反而会出现很多问题。

设立清晰的界限和健康地管教是孩子成长的栅栏，就像任何一种体育比赛，所有的规则其实都是为了保护运动员。服从规则，他才能在体育场上获得更多发挥的自由，他才能真的享受运动，感受运动的魅力。孩子的成长也是这样，养育孩子的智慧在于家长该严厉的时候要严厉，该设界限的时候要设界限，该管教的时候要管教。这才是对孩子真正的保护。而不能放任自流，孩子想怎么样就怎么样，一一顺着他。他或许获得了暂时的欢愉，但长此以往，孩子的自我认知其实是很差的，他的内心也是很弱的，没有力量。

管教难吗？可以很难，也可以很简单。如果你坚持用正确的方式管教，可能不需要多久就会有很显著的效果。持守住给孩子设立的界限，花上一两年的时间把这件事做到位，孩子到老都不会偏移。因为这会成为孩子原初的记忆，你对他的正确管教会让他受益终身。

但是，如果没有在正确的时间段、正确的时机用正确的方法来管教孩子的话，他就一直需要被管教，而且越来越难管。等孩子再大点，到了青春期，父母几乎就管不住了。这种情况都是由孩子小的时候，家长没理解管教到底要管什么，而使用错误的方式管教孩子造成的。

管教孩子是一个艰巨的任务，管教的过程很艰难。但是，如果你持之以恒正确地坚持了一两年——当然这个时间也要根据每个家庭具体的情况以及孩子的心智程度来定，那么后面的人生中孩子就会记住这个管教，会内化为他的内在标准。如果一开始没弄明白，乱管教了，或者该管的没管，不该管的瞎管了，那么后边你和孩子的亲子关系就会有挑战，孩子的自我认知以及人生道路也会比较艰难。

错误的管教

你管教过自己的孩子吗？回忆一下管教孩子的一个场景。我来说说有哪些错误的却是父母常常容易采取的管教方式。

第一个错误的方式就是家长在负面情绪状态下管教孩子。

管教孩子时不可以带着怒气，这一点非常重要。首先，这样的管教无效，因为你不是在用建设性的沟通方式管教孩子，而是使用了恐惧和羞耻的力量。种什么种子结什么果，如果你在管教中给孩子幼小的心灵种下的是恐惧、羞耻，那么你的管教就会把孩子朝着越来越没有安全感、自我认知越来越低的方向推。其次，在愤怒中管教孩子会破坏你们的亲子关系。特别是当孩子越来越大，你会发现，以前你一发怒孩子很快就认错，后来你发怒不管用了，孩子会逆反，会特别不服气你的管教，认为你只是在宣泄情绪。这种对抗会让亲子关系的张力变得很大。最后，负面情绪之下的管教会让孩子很困惑。他会因此把我犯错了和别人对我生气联系在一起，也就是说，当他犯错的时候，他会认为别人应当对他生气，他犯错了，别人就要伤害他、打他、骂他。如此一来，孩子将来就不太会保护自己。他不太会自我防御，也不会说不，他会没有边界感。所以，父母如果还没处理好自己的负面情绪就来管教孩子，会对孩子造成极大的伤害。

第二个错误的方式是家里的权柄秩序混乱，谁都有自己的一套办法管教孩子。孩子成长中最怕的就是多重权威。孩子小的时候，主要听从的其实就是他的爸爸妈妈，因为爸爸妈妈是孩子的直接负责人——第一责任人。这是一个家庭正常的权柄秩序。

你可以授权给家里的老人照顾孩子，在你们夫妻双方需要工作的这个时间段。但前提是他们要知道，育儿这件事情还是你们说了算，他们需要接受按照你们的方法和理念来照顾孩子。这个道理说起来容易，做起来会有很多困难。特别是老人的养育观念和你们不一致的时候，该怎么办？我认为有几个关键点是特别需要父母注意的。

首先，我们是养育孩子的第一责任人。老人愿意来帮忙，这完全是他们出于爱和奉献所做的决定。那么，作为他们的儿女，我们的第一反应应该是感激，因为他们本没有义务来帮我们带孩子。这个感激不但是口头上的，也要有物质上的。比如，定期给老人放假去做点自己喜欢的事，带他们出去旅游。千万别把老人对孩子的照顾视为理所当然。另外，和老人的关系处理不好，也会对孩子的成长有不好的影响。

其次，一定要放下我们的高姿态，不要处处挑毛病。我们的父母可能很多都是出身农村，也没有太多文化，而我们接受了高等教育，在城市找了一份还不错的工作，似乎比父母强。

但是，我们要认识到，我们的父母能把我们培养得还不错，就有他们不可替代的智慧，虽然有的时候他们可能不太懂那些所谓先进的教育理念。我拿我公公婆婆举个例子。我跟婆婆说，带孩子唯一的要求就是不可以随便给孩子看手机，哪怕孩子在楼下满地打滚玩沙子都无所谓。婆婆是农村人，种地是一把好手。所以，她就带着孩子下楼铲土，然后买种子回来种花草。这事儿她很擅长，而且还能陪孩子玩，因此她很有成就感。我公公呢，身体特别好，在家的时候就负责带着孩子疯跑，满地打滚。所以不要小看老人的智慧，你感激他们、信任他们，在大原则一致的前提下，他们会有很多智慧发挥出来。

最后，面对一些原则性的问题，我们要及时出面进行处理。我们家其实有一个比较大的问题，就是老人不太会管孩子。他们想让孩子听话，但是孩子就是不听，他们在没办法的情况下常乱说话。比如说，孩子一旦犯错误了，我爸就老跟孩子说："别弄，妈妈看见了就会骂你、打你。"我特别理解，老人也实在是没啥法子去制止孩子的一些不良行为了，他就把我搬出来，企图用这种方式吓唬住孩子，让孩子住手。还有的老人经常会说："不听话妈妈就不喜欢你了，不要你了。"或者，家里有两个孩子的，其中一个不听话，就会说："你再这样，妈妈以后就只喜欢妹妹，不喜欢你了，你闹吧。"这些话伤害性是很强的。我只要听到，都会第一时间告诉孩子老人说得不对，妈妈非常爱你，然后让孩子说说到底发生了什么事。处理完孩子的情绪，我还会把老人叫到一边，跟他们讲明白这么说对孩子的影响是什么，这样的话一定要控制住不说。还有一个办法是，告诉老人，如果以后孩子遇到什么问题，他没办法处理，那就先别处理，可以马上给我打电话，或者等我回来再处理。

如果你遇上特别强势的老人，凡事都得听他的，完全不尊重你对教育孩子的想法，这种情况下最好的办法就是不要让这个老人来带孩子。可以请保姆来帮忙带孩子。这比每天跟老人内耗强得多。如果经济条件不允许，可能夫妻双方要认真商量一下，是不是一方辞职来带孩子。

第三个错误的方式是孩子犯任何错都管教。简单来说，管教是管心不管错。管教是管孩子的心，管他的态度、品格、心灵，而不是管教他犯了什么错误，更不是什么事没按你的要求来做因而搞砸了。这些事其实是可以不管的，我给大家解释一下为什么。

孩子在成长中一定会犯各种各样的错误。他学钢琴时，会弹错；他做家务时，可能会把盘子打碎；他学习时，经常会做错题……这些都是错，但不要也不应该被列入管教范围内，否则孩子会变得谨小慎微，会变得没有自信、没有勇气，他的自主性会被剥夺，他跃跃欲试想去发掘与探索这个世界的能力和欲望会被剥夺。他会产生一种想法：我不能犯错。那么，怎么能确保自己不犯错呢？就是什么都不做。

怎样才是正确的管教

首先，正确的管教一定是有言在先的。也就是说，提前制定规则非常重要。我们之前也说过如何给孩子立规矩。规则是一个栅栏，把孩子圈在一个安全的范围内。在这个栅栏之内，他是可以进行各种探险、各种尝试的。这就是有界限的自由。孩子只有在边界之内，才能享受到真正的自由。

其次，管教应该是有步骤的。

第一步，父母和孩子要反复确认这是彼此之间定的规则。

第二步，如果孩子还没有及时调整，还在犯同样的错误，我们要重申规则并且清楚地告诉他：如果违反规则，后果是什么，父母会实施怎样的管教措施。要用温和而坚定的眼神与语气跟孩子讲，保持情绪稳定，不要还没有说清楚孩子破坏了什么规则就开始吼，口无遮拦。

第三步，态度坚定，坚决执行管教。执行的力度家长要把握好。如果第一次管教执行得坚决、彻底，父母的权威会更好地树立起来。孩子也会更清楚地知道规则是认真的，我得敬畏、得怕，不然我真的要付出代价。

第四步，管教结束后，一定要有一个和好的动作。无论是什么方式的管教，它一定伴随着一些负面情绪的体验。和好的这个动作其实也是帮助孩子疏导负面情绪，而且再一次树立他对规则的认知。我们需要跟孩子说明白："第一，妈妈是在管教你，妈妈心里也痛，但是我们规则写得非常清楚，在两次提醒之后还没有改正，按照我们的约定必须执行管教。第二，管教实行了，你为你犯的错误付出了代价，也接受了管教。妈妈原谅你，你也原谅自己好吗？第三，虽然你犯错了，妈妈还是爱你。这一点永远不会变。"最后要拥抱一下孩子。

这样的管教不仅不会伤害亲子关系，而且会很有效。

孩子渴望被正确地管教，因为管教可以去除他内心的愧疚、自责、恐惧和羞耻。当他知道他已经付出了代价，这件事已经结束了，他的内心其实是愉快的、没有负担的。最可怜的就是从来没有被正确管教过的孩子。他想怎么样就怎么样，看上去毫无约束，但他内心没有安全感。他好像生活在一间没有门、没有窗的房子里面，没有边界，什么都可以做，什么都被允许，却并不安全。这也是被溺爱的孩子反而会特别缺安全感的原因。

最后提醒一点，孩子做错事的时候，他自己也是很难过的。所以我们管教一定要及时，不要吓唬孩子，不要一直拖着。比如说他早晨犯了错，你非要告诉他等晚上回来再处理，那么孩子这一天都会担心，活在恐惧之中。孩子犯了错，要当场解决。这样你管教完之后，他内心就放松了，他已经付出了代价，也又一次知道了界限在哪里，这件事就结束了。他就可以继续开开心心地去玩了。

案例示范：给手机成瘾的孩子立规矩

来访者基本信息：D女士，一位13岁男孩的母亲，孩子就读于二线城市一所重点中学，初一。来访者自述，孩子自本学期以来，手机使用问题严重，每天晚上回来要玩2～3个小时。父母多次劝阻，软硬兼施均无效，甚至有一次藏起手机还遭到了孩子不给玩就跳楼的威胁。父母不知如何是好，故寻求咨询师帮助。本次为第二次心理咨询。

咨询师Z：第一次咨询过去一周时间了，有什么改善的地方吗？

来访者D：我按照您说的，回去认真梳理了一下自己在养孩子方面的做法，确实发现了很多问题。

咨询师Z：可以具体讲讲你的发现吗？

来访者D：我一直觉得自己很尊重孩子的想法，凡事都商量，但现在看来有点放纵他，没有给孩子立好规矩。

咨询师Z：你是通过什么事情发现自己的这个问题的？

来访者D：就还是孩子玩手机这个事情。之前是觉得孩子上了一天课，回来累，想玩手机很正常。我也是体谅孩子，就让他玩。但说好玩半个小时就写作业，半小时到了他还是会找各种理由要多玩一会儿。我也是想坚持原则的，可是孩子一会儿哭一会儿闹，还威胁我们不让玩就要离家出走啥的，我既害怕又担心，于是一次次心软。

咨询师 Z：嗯，是。记得上次你说到这儿的时候哭了，也很着急。我上次提到的立规矩的办法，你回去有没有用到？

来访者 D：我有尝试去用，但出现了另外的问题，我都不知道该怎么办了。

咨询师 Z：可以具体说说你是怎么做的吗？

来访者 D：您上次跟我说完，我回去就梳理了一下该怎么跟孩子说，还练习了两遍。第二天他放学回来，坐到沙发上就准备玩手机，我就说咱们先休息会儿吃点儿东西，就玩手机这事聊聊。他其实不太愿意，可能以前也经常和他聊这个事，他就有点抵触。但我坚持了一下，我说这次和以前不一样，咱们达成共识了才可以玩。

咨询师 Z：特别好，你坚定地申明了你的立场。那之后呢？

来访者 D：孩子一看我挺坚持，就坐那儿漫不经心的。我就说了我对他使用手机的一些想法和原则。我还告诉他，如果不遵守的话会有什么样的后果。我问他同不同意，有没有什么别的想法，觉得不合理的可以提出来。他也没提，表示认同。那我就说我们按照这个方案执行，如果不合理再调整。

咨询师 Z：那结果如何呢？有执行你们的约定吗？

来访者 D：问题就在这儿。我们都认可了的方案，结果到时间了孩子又想反悔。我就很生气，约定好的原则这孩子怎么就不愿意遵守。几个来回的拉扯之后，我真是崩溃了，第一次冲他大吼。我以前都是百般耐心地劝，这次这么严厉，他还是有点吓到了。后来也没玩，那一晚就过去了。

咨询师 Z：先不谈方法，听上去孩子还是遵守了约定。

来访者 D：是，可是那是在我那么愤怒地发火之后他才收敛的。我特别难受的地方就在于，他为什么就不能好好地遵守约定呢，这是起码的道德品质问题。我就不知道孩子为什么会变成这样，我也不想以后每次都是吼一顿，发这么大火。我自己也受不了。

咨询师 Z：是，我很认同你说的。这一次你的怒气起了一定作用，孩子没经历过，他被震慑住了。但如果每次都得这样发火，你自己也受不了。

来访者 D：是啊，我发完火，感觉自己都被掏空了一样，耗元气。而且我还担心这么一两次之后，孩子以后更是啥也不说了，都背着我干，那更麻烦。

咨询师 Z：我很欣赏你有这样的觉察。孩子已经到了青春期，你说的这个问题也确实容易发生。

来访者 D：所以我现在就是陷入矛盾里面，不知道该咋办。您说问题出在哪儿了？我都感觉自己特失败，养不好自己的孩子。

咨询师 Z：特别能理解你的心情。孩子的状态一定会特别影响我们。你刚才说，孩子回来以后你主动提出要聊一下用手机的事，这个非常好。不过有一个重要的问题，后果是你自己想的，这个后果孩子真的认同吗？可能未必。

来访者 D：那我问他，让他说自己的想法，他什么也没说呀。

咨询师 Z：是的，因为这场对话并不在他的计划范围内，所以在他的认知中这是你的“批斗会”，他是被批评的对象。

来访者 D：那该怎么做呢？

咨询师 Z：你可以跟孩子提前预约，告知他你想就手机的问题聊一聊。你可以问问孩子，他觉得什么时间可以来聊这个话题。

来访者 D：嗯，这个我确实没考虑到。

咨询师 Z：因为我们要和孩子传递一个想法：这个问题是一个比较重要的问题，我们需要认真对待；我尊重你的时间，我们提前约定一下，大家有个心理预期。

来访者 D：嗯，好的，这个应该要做。

咨询师 Z：在提出时间预约的时候，也可以告诉孩子你希望聊到的话题，鼓励孩子多想一想如何调整自己手机使用的规则。

来访者 D：是的。其实，我感觉孩子也挺想改变的。我想起来有一次，他跟我说他也想控制自己玩手机，但一想到学习那么困难，就提不起劲儿来。

咨询师 Z：特别好，孩子能这么真实地向你表达他自己的想法，说明他还是信任你的。只是他暂时遇到了困难，他自己也比较无力。

来访者 D：是，我也想帮孩子一把。但我自己现在有心无力。

咨询师 Z：没关系，我们按照原则办事，一定可以帮到孩子。你也会在养孩子上越来越有信心。孩子最可贵的地方是他其实内心里希望自己变好。我们从立规矩开始，认真对待这一次机会。信心是由一次次的小小成功累积的，坚持住。

来访者 D：谢谢。我回去再好好构思一下怎么跟孩子说。按您说的跟孩子提前预约，让孩子把自己的想法充分表达出来，争取有个一致认同的规则。

咨询师 Z：是的，双方都认同是非常重要的第一步。接下来就是，立的规矩不要只给孩子立，我们大人也要遵守。和孩子一起努力，也是对孩子的陪伴和鼓励。

来访者 D：好的，我们也得改变。不要说孩子了，我拿起手机也放不下。

咨询师 Z：嗯，这种一起成长的陪伴对孩子而言是非常珍贵的。最后，如果没遵守规矩，执行惩罚的时候一定要坚决，好吗？不要打折扣。

来访者 D：这个是我最需要坚持的，我也担心自己耳根子软，孩子一软磨硬泡我就又妥协了。

咨询师 Z：我们一步一步来，一次谈话也不一定能达成一致。但我们只要开始去做正确的沟通，情况就会不一样。下次来我们接着复盘，把问题一个个解决就好了。

本章练习

1. 回想一下自己上一次管教孩子的场景，并做评估。评估上一次的管教流程是什么样的、管教效果如何。对照本章内容，想一想，假如再让你回到上一次的场景当中，你会如何调整自己的管教流程和方式，并记录下来。

第九章

父母一开口，孩子就厌烦对抗

如何在爱中有效沟通？

语言的力量：影响孩子的大脑发育

语言的力量是巨大的。有研究者花了 11 年的时间专门研究父母的言语攻击对孩子的伤害，结果发现：孩子如果长期受到父母的语言暴力，大脑里用来学习和记忆的区域就会发生萎缩，直接导致孩子的智力受损，记忆力下降，注意力不集中。而且，这些伤害是永久性的。可见语言环境对大脑的塑造有多么重要的影响。

0 ～ 6 岁是大脑发育最重要的一个阶段。在这个阶段，对大脑发育影响最大的因素之一就是语言。孩子如果从小在一个语言环境非常恶劣、充满语言暴力的环境中长大的话，可能发育会受影响。父母和孩子说话的方式至关重要，可以说育儿的关键就在于我们怎么跟孩子说话。

既然语言有这么大的威力，会影响到孩子大脑的发育，那怎么和孩子沟通才能促进而不是损害孩子的大脑发育，而且还有效呢？

刚出生的孩子几乎完全依赖父母的照料。但千万别觉得这个时候孩子不会说话，啥也不懂，而忽略了跟他说话。语言是开发大脑的第一工具，语言的刺激会让孩子的大脑充分活跃起来。家长可以和孩子充分互动，多跟他说话，用温柔的声音，说你多么爱他、多么喜欢他，说你是多么幸运能生出他这么好的宝宝。这种做法其实就是在建立他的安全感。

随着孩子长大，他活动的范围越来越大，可以爬了，能站起来走了。他对这个世界天然的好奇心会驱使他去探索这个世界。他通过一次次的探索不仅增加了自己对世界的认知，也增加了自己的自信心。随着他探索的范围越来越广，深度越来越大，他的认知不断地提升和发展，到了青春期，他头脑中已经拥有了大量关于世界的知识和看法。他会开始探寻：究竟我可以做些什么？我未来要在什么领域继续我的探索和工作？在这样一个成长的路径之下，父母要与孩子有效沟通，需注意两个要点：

第一，不说限制的话。在安全的范围内尽量满足孩子的探索需求，不要给孩子那么多的限制。孩子是个崭新的生命，有无限的可能，不应该限制太多。如果我们特别不希望孩子做什么，比如特别不希望孩子多吃糖，那么不让糖出现是一个特别好用的办法。假如糖果、小吃都堆在桌上，但又要求孩子不去碰，这显然不太合理。

第二，要说引导性的话。孩子是新手，他刚来到地球不久。你是老手，可以给他传递一些经验。你可以像一个教练一样，在他身边带着他认知这个世界，给他一些正向的指导，提供支持和帮助。比如，小孩子有时候是不愿意分享自己的玩具的。这在 2 ～ 3 岁的孩子中特别常见。这是因为孩子正处在自我意识的敏感期，他对物权开始有了概念，他会有很强的“我”的概念。这其实是好事。但有些家长觉得孩子不分享不好，自己也没面子，就会对孩子说：“不分享不是好孩子。”“妈妈喜欢分享的孩子。”这类语言就不是引导性的语言，而是标签化的语言，说出来只会增加孩子的恐惧，并不能让孩子感受分享本身。正向的引导应该指向对分享这件事的促进和理解，比如说：“妈妈知道这是你的东西，你很喜欢。看来小朋友也很喜欢你的玩具。如果你愿意分享，你们可以一起享受乐趣，有双倍的快乐。但如果你确实不愿意分享，也没关系。你的东西你来决定。”这才是引导性的话。我们希望孩子有好的行为、好的品格，但不能靠威胁来达到目的。我们需要让孩子看到为什么要这么做，这么做有什么意义、有哪些好处。这就是家长智慧的体现。

跟孩子有效沟通的法宝

那些能够很好地与孩子沟通的父母，往往都掌握了一个逻辑：不在情绪中和孩子说话，遇到事情先处理情绪，再处理事情。因为当孩子有情绪的时候，大脑中掌管情绪的组织杏仁核就会充血。它一充血，大脑皮层就会缺血。这时候有个 6 ～ 7 秒钟的关键期，如果这几秒钟没办法让自己冷静，那么大脑就会进入下一个阶段。什么样的阶段呢？就是大脑皮质锁死，暂时没法工作，没法正常运转了。

举个例子：我们在商场可能遇到过 2 ～ 3 岁的孩子看见特别喜欢的玩具，说什么也要买，妈妈说不给买，孩子就开始崩溃大哭。这个时候跟他讲道理，“那天刚买了，家里有一样的”“这个不好玩，我们再看看别的”，好像说什么都没用，他还是会哭，甚至满地打滚。

再举一个例子：上小学的孩子，回到家后情绪低落，跟你说是因为和朋友闹别扭了。你觉得这就是小事一桩，劝孩子想开点，不要计较，开始帮他分析这个事情。结果孩子不领情，更生气了，还说你不理解他。

生活中有好多这样的例子。你看到孩子的情绪不好，很着急，就想赶快让他情绪好起来，所以就帮着分析，开导他，讲道理，但收效甚微。原因就在于处于情绪中的大脑，理性中枢是锁死的。孩子真的不明白这些道理吗？不是的，是他情绪还没调整过来，还不能接受。因为在情绪中大脑主导理性思考的那部分脑区基本是休眠的，不工作，孩子根本没法冷静思考你说的那些道理。而我们家长这个时候往往气不过，非要跟孩子说出个一二三来，“你看，让你好好学习都是为你好，不好好学习以后上不了重点中学可怎么办”。转眼一看，孩子根本没回应，就像没听见一样，不搭理你，结果你更生气了，恶性循环由此开始。在这里大家一定要记住跟孩子沟通的一个黄金密码：先处理情绪，再处理事情！

这一点不仅适用于孩子，对我们自己也是适用的。很多时候并不是你想要说出一些难听的话，而是没有处理好情绪就直接面对事情，那些不好的话在情绪的裹挟下脱口而出，事后冷静下来你可能非常后悔。

孩子的情绪在每个发展阶段有不同的特点。我们要想更好地理解孩子的情绪，需要先来梳理一下孩子成长过程中情绪发展的特点。

刚出生的宝宝就已经有情绪了，但他的情绪还比较基础。

在这个时候，喜欢的东西他就会盯着看，不喜欢的他就会转过头去，难受了就哭，开心了就笑，还没有那么复杂的情绪体验。这个阶段和孩子互动最主要的任务就是，给予孩子温暖的注视和温柔的话语，及时回应他们的需要。这些都可以帮助孩子获得更多的愉悦情绪，为后面的情绪发展打下良好基础。

等孩子再大一些，随着情绪识别能力的提升，他们会发展出社会参照。他们会根据妈妈或者主要照料者的表情和反应来判断一件事是否安全。比如当孩子想要翻过一个障碍物，如果我们在对面鼓励他们，面露微笑，他们会鼓起勇气翻过去。如果孩子想干什么我们都阻止，总是很焦虑、很担心，这份焦虑和担心也会传递给孩子，他们慢慢会不再有那么强烈的探索欲望，而且遇到困难时会明显不安，缺乏信心。

孩子 1 岁多开始发展出自我意识。孩子是否自信，也要追溯到这个时期。自我意识在 18 ～ 24 个月达到高峰，即所谓的可怕的两岁。自我意识是指知道我是谁，这其实是非常复杂的心理发展。从情绪层面来讲，自豪、尴尬、羞愧、内疚、害羞等复杂情绪开始出现，这些也都是与自我意识相关的情感。比如孩子可能会突然开始害羞，我女儿有段时间就是这样。我会告诉她现在的感受叫作害羞，是宝贝长大的表现。这个时候家长要帮助孩子命名他的情绪，也就是帮助孩子认识情绪、识别情绪。

孩子对情绪的理解和掌控，最开始都是从父母那里学来的。孩子在 6 岁前很难有理解复杂情绪的能力，所以对孩子真诚很重要。如果他感觉到你在生气，但你就是说自己没有生气，孩子就会非常困惑，这对他的情绪发展非常不利。作为成人，我们需要直接表达真实情绪，帮助孩子知道自己的某个行为会让父母难过或者生气等，真诚的表达会促进孩子的情绪发展。

当然，这并不是指要把愤怒等毫无遮掩地发泄到孩子身上，以让他明白你生气了。记住我们刚才提到的原则：如果你愤怒了，你需要先处理自己的愤怒，让自己冷静一下或者换个环境透透气。等处理好自己的情绪，可以冷静下来说话的时候，你可以告诉孩子刚才你的情绪是什么，也告诉他原因，是什么让你感到愤怒。切忌把孩子当作出气筒。这会严重伤害孩子的心，也影响他健康的情绪发展。对于 0 ～ 6 岁的孩子来讲，父母的情绪稳定是非常重要的。这也是孩子能够发展出情绪处理能力的前提。这意味着父母在与孩子的沟通中需要做到三点：

（1）做“没脾气”的父母，孩子越生气，父母越要冷静。这是对父母的考验，虽不容易，但非常值得去做。如果孩子的行为让你生气，首先要抓住情绪汹涌而来的关键时间，也就是杏仁核启动的 6 ～ 7 秒，迅速让它冷却下来。有三个方法可以参考：

第一，深呼吸。这也是我们常用的情绪调节小技巧。深呼吸会让我们的身体先一步放松下来，进而让情绪降温、放缓。深呼吸的时候可以闭上眼睛，感受吸气时胸腔的扩张，到达极限时再慢慢吐气。吐气时也可以给自己一些暗示：我的坏情绪随着呼气都呼出我的体外了。

第二，暂停法。我常用这个方法。如果我发现我快要生气了，我的坏情绪马上就要来了，我会及时喊停，我会告诉孩子马上停止，也告诉自己马上离开这个让我生气的环境调整一下。这个方法很好用。我会把坏情绪扼杀在摇篮里。它还没有长成的时候力量没有那么强，我及时察觉到它的出现并且干预，可以很快调节好自己的情绪。

第三，把情绪命名出来，这和第二个方法可以互相呼应。识别是一个特别重要的过程，需要花一些时间来学习和练习。通常一说到情绪，无非就是高兴和不高兴，我们习惯于把非常复杂的问题最后都简化为这两种情绪，为此我们很多时候承受了很多无名之苦。我们需要重新学习，好好对待我们自己的情绪。我们可以先学习有哪些情绪，都有什么意义。当在生活中遇到情绪爆发的时候，我们可以按照“事实—想法—情感”的方式来分析一下在这个事件中我们到底体验到了什么情绪，而不是把情绪和其他混为一谈，也不只是用高兴或不高兴来概括。

（2）对孩子的行为进行客观描述，而不是立刻做价值判断。客观描述指的是对孩子的行为做出客观解读；价值判断是指父母对孩子的行为进行是非对错的判断，贴标签。说得直白些，就是事实和想法不要混淆在一起。孩子不愿意穿你给他拿的外套，你说他不听话；孩子活蹦乱跳不想安静地坐在椅子上，你说他不乖。这也是很多中国父母爱犯的毛病，把孩子的一切行为都归为听不听话、乖不乖。但其实这不是对事实的描述，而是你的想法。

往往就是因为父母不就事论事，总是夹杂着自己的想法、自己的价值判断在里面，所以孩子总感觉到父母的不认可、不接纳，亲子沟通也总是难以有效进行。这也是需要父母有意识地区分和练习的。我们很可能也没意识到这个问题，自己的父母就是这么说自己的，所以这种模式也非常自然地成为自己的语言系统，也用到了自己孩子身上。我们需要知道客观描述，也就是事实部分，需要清楚地描述孩子在什么时间什么地点做了什么，描述所看到的客观情况。这才是有理有据的沟通，才会让孩子真正明白到底是什么让父母不高兴了，为什么会批评自己。这样的沟通才是有效的沟通。

（3）成为孩子的情商教练，帮助孩子处理他的情绪。这里有三个原则：

第一，接纳孩子的情绪。任何情绪都值得被看见。我经常听到一句话："你还委屈？你有什么可委屈的？我才委屈。"这种沟通方式其实是很伤人的，特别是用在孩子身上时。孩子没考好，他其实心里很难过。如果这时候家长还批评他，"你哭啥？有什么好哭的？哭能解决问题吗？"，孩子的难过无处安放，会有一种无助感——没有人能理解他。而且他对自己的认知会更低，觉得自己产生的情绪是不对的。他只好将其压抑在心里，而且开始厌恶自己的情绪。但情绪真的消失了吗？没有，它只是被积压在了身体里。

如果情绪一直不被接纳，没有疏导途径，一直积攒着，孩子会生病的。所以接纳情绪是非常重要的第一步。孩子的情绪有父母这个容器来接住它，它就有了很好的出口。

第二，帮助孩子识别自己的情绪。就跟刚才讲的我们家长要更认真地对待自己的情绪一样，孩子也需要认识这些情绪都是什么。未知是焦虑和恐惧的来源。我们很多时候会爆发出情绪，会陷入情绪，但其实我们是无助的。我们想自己快点好起来，却不知道自己怎么了。如果我们清楚地知道自己怎么了，就可以大大缓解自己的情绪。这是孩子需要学习的功课，也是父母需要教导孩子的。我们可以利用同样的方法，使用情绪卡片先来教孩子情绪是什么、都有哪些情绪，再来帮助孩子用"事实—想法—情感"的视角分析发生的事情。

第三，鼓励孩子找到让心情变好的办法，也就是情绪调节。情绪不是走了就不会再来。我们需要教给孩子的不是怎么不生气，而是如果生气了该怎么更快速地回到让自己舒适的情绪状态当中。情绪调节的方法有很多，我们需要花些时间和孩子一起来寻找对他真正有效的办法。可以引导孩子转移一下注意力，做一些自己喜欢的事情；也可以引导孩子从不同的角度思考，一件看上去不好的事有没有什么潜在的收获和好处；还可以引导孩子想一想，怎么才能调整自己的情绪和状态。

跟青春期的孩子如何说话

谈到青春期，很多父母最头疼的一个问题就是怎么才能和孩子好好说一次话。我的来访者里，太多父母遇到过这个问题，不知道该怎么和孩子说话，说多了孩子根本不听，但又觉得不说还不行，因而十分苦恼。青春期是孩子成长当中又一个飞跃的时期，生理和心理都发生着巨大的变化。这一点我们在前面的章节中也详细地讲述过。青春期比较特殊，孩子明显会比以前长大很多，各个方面也都在成熟，但是他又还没有成为大人，很多时候还不成熟甚至稚嫩。这个时期的孩子有三大诉求：被尊重、被关注和需要个人空间。

首先，孩子不希望自己再被当作什么都不懂的小孩来对待。他越发重视自己的独立性和人格。他们需要被尊重，希望被父母和他人平等地对待。所以父母不能再用对待小孩的方式来跟孩子沟通，期待发出一个指令孩子就马上行动。

其次，他们需要被关注。没有人希望自己是不重要的。他们还没有和父母分离，依然期待着父母关注他们。但不仅仅是关注他们的学业、人际关系等这些身外之物，他们希望得到的是父母对他们本身的关注，包括他们的情绪、感受、想法、喜好等和他们个人相关的这些东西。

最后，他们需要空间，包括物理空间和心理空间。青春期的孩子很注重自己的隐私。他们和父母之间的界限感会更强烈一些，需要一些独立的属于自己的空间。身体接触上也会有更多界限，不会像小时候一样和父母亲密无间。心理空间也是他们所需要的。他们会有自己的秘密，父母不再能了解他们的全部内心。

这些其实都是健康而正常的发展历程。所谓养育，就是让孩子和父母逐渐分离的过程。无论何时，父母提前准备和学习都是非常重要的。和青春期孩子的沟通有四个技巧：

（1）沟通前热身。沟通和锻炼一样需要热身。比如孩子放学回来，一进门，你就问考得怎么样、考了多少分，估计孩子立马逃也似的理都不理你直接关门进房间了。那你该怎么办？热身。还以此为例。孩子一进门，虽然你心里特别想问考试成绩怎么样，但请你忍住，并对孩子说：“回来啦，欢迎回家！”然后你该干吗干吗，也给孩子一点儿休息的空间。之后你可以跟孩子话话家常，聊聊你自己有没有遇到什么好玩的事、新奇的事，也可以问问孩子最近累不累、感觉怎么样、有什么想做的事情。这整个过程都在传递一个信号：我关心的是你这个人而不是只有你的学习。当家里的氛围变得轻松愉悦，你可以再跟孩子聊聊考试的事。要先跟孩子建立关系，再沟通你想要了解的信息。

（2）真诚倾听，不做价值判断。为什么孩子不愿意跟你说？因为他一开口就挨批评。比如孩子回来说考试不理想，你上来就说“你看，还不是因为你没好好复习？我跟你说了多看看书，就是不听”。想一想，孩子跟你说点什么，你的第一反应就是批评指责，他以后会愿意再跟你分享什么吗？

（3）时常感谢孩子的分享。孩子说不说其实是他的决定。如果孩子主动跟你分享一些事情，说明他把你当作可以信任的人、可以依靠的人，他或许想从你这里得到安慰或是帮助。这份信任是值得你感谢的。不要认为什么都是理所当然的。如果孩子说了，你需要感谢他的分享，也感谢他的信任。这不仅是你尊重他的表现，孩子也会因此得到鼓励，他会越来越乐意分享。

（4）多采取合作商量的视角。青春期的孩子其实已经有很多自己的想法了，这时候应该给孩子提供更多的机会让他表达自己的意见。特别是在家庭事务上，我们需要让孩子参与家庭事务的处理，让他知道自己对家庭的责任。很多中国父母的问题是认为孩子的任务就是学习，其他的事情一概不要管。但一个人的生活里并不是只有学习一个部分，生活是一个立体的完整的统一体。我们要像一个团队一样，有不同的分工，有不同的职责，目标都是把家治理得更好。

案例示范：总想出手打人的男孩

来访者基本信息：M女士，一位10岁男孩的母亲。来访者自述近来儿子的情绪发生比较大的变化，以前可以较快地调整自己的情绪，但最近孩子反馈自己有时候面对一些情况完全无法忍耐，特别想动手打人，并且在一次冲突中出重拳打伤了一个同学。来访者非常担心孩子的情况，担心孩子不能控制自己的情绪会带来更大的问题，故来咨询。

来访者M：我孩子前两天和一个同学起冲突了，本来不是啥大事，但他被激怒了，动手打了人家。我孩子以前不这样的，他情绪一直都挺平和的，最近也不知道怎么了。

咨询师Z：这个事情发生之后，你问过孩子当时他是怎么了吗？

来访者M：我问了。孩子跟我说："妈妈，我也不知道怎么回事。以前我可能就不理他了，但那天我就觉得有一团火在胸口这儿，我控制不住。"

咨询师Z：孩子现在多大了？

来访者M：马上11周岁了，还差一个月。

咨询师Z：他生理上、心理上有什么其他变化吗？

来访者M：前段时间，有一次他跟我说："妈妈，我这么大了，你不用每天照顾我那么多，你应该多做一点自己的事情。”听到这个，我还真是挺震惊的，就感觉他一下子长大了。

咨询师 Z：嗯，好的。根据你刚才描述的孩子的情况，加上孩子的表达，可以判断孩子已经有了青春期的一些迹象。他的情绪的变化、他的思想突然成熟的变化，都表明他在生理上、心理上正在往青春期迈进。

来访者 M：还没到 11 岁就青春期了？太早了吧？

咨询师 Z：其实不一定要到 12 岁才开始进入青春期。根据我们咨询的实践经验，10 岁开始就要关注孩子的一些生理和心理的变化了。很多孩子 10 岁开始就有迹象。

来访者 M：哦，是吧？青春期孩子都这样吗？我想想都有点害怕，情绪控制不住就打人，挺吓人的。

咨询师 Z：青春期确实是一个非常特殊的时期。人生发展变化最快的两个阶段，一个是出生头三年，再一个就是青春期。青春期孩子的生理变化非常大，他们的身体就像一个化学工厂，各个机能的运作都达到高峰，但前额叶也就是理性脑还没发育完善，所以特别容易冲动、情绪化。

来访者 M：那咋办呢？我跟孩子说我们要做自己情绪的主人，要控制自己的情绪。但该有情绪的时候他也根本控制不了。

咨询师 Z：是的，你说的话没错。道理孩子也懂，但遇到实际状况还是没用。我们现在要引导孩子的，不是控制自己的情绪——其实他也想控制，关键是由不得他，根本控制不了。我们应该告诉孩子，想一想什么时候自己容易发怒，让他感受和识别自己的情绪。识别好了之后不是要控制它，而是知道我的怒气要来了，我要找一找能让我自己纾解的方法。让这个情绪能有渠道比较快速地排解掉，不要影响到自己。

来访者 M：哦，就是说不是控制不让情绪出现，而是出现后怎么快速调整。

咨询师 Z：是的，这才是重点。因为，如果我们一直让孩子控制情绪，不发出来，被压抑久了的情绪对身体会有损害。而且，一旦控制不住，孩子会有挫败感，觉得自己不够好。我们不要让孩子有愧疚感。要拥抱和接纳这个愤怒，学会用更好的方式把它纾解掉，不让愤怒伤害到自己和其他人。

来访者 M：嗯，是。这么说我就理解了。之前确实一让孩子学会控制情绪，他就不愿意多听我说。那纾解情绪，有什么方法呢？

咨询师 Z：一个很重要的建议就是平时一定要加大孩子的运动量，让他通过运动把身体多余的能量和精力释放掉。而且运动可以有效激发内啡肽，让孩子产生愉悦感、成就感。面对冲突时，如果孩子意识到自己快控制不住了，那及时叫停，离开那个冲突的环境也是一个办法。你可以和孩子多探讨这个问题，看孩子有没有什么想法。家里也可以买一些解压沙袋、抱枕、玩具之类的，可以帮助孩子释放掉一些堆积的情绪压力。

来访者 M：好的，我回去和孩子讨论讨论这个事情，看看他有什么想法，尝试一下。

咨询师 Z：是的，我们要相信孩子。特别是到了青春期，孩子有自己的想法，我们应该更多地倾听他们的声音。就像你之前讲的孩子说的让你震惊的那些话，其实每个孩子都在思考很多问题。我们不用那么担忧，总觉得孩子出点错可就完蛋了，我们多和孩子进行互相尊重的彼此开放的沟通，相信孩子也可以找到更好的自己。

来访者 M：谢谢您，我明白了。

本章练习：

1. 回想一个自己在生活中容易产生不良情绪的场景，根据当时的情况写下发生的事实、自己的想法和自己的情绪。并写一写，如果自己再遇到类似场景，会有什么办法帮助自己快速处理情绪。

2. 列出自己在跟孩子沟通过程中的问题。根据这一章的内容，写出可以提升沟通质量的办法。

第十章

贪玩、拖延、不务正业

找到切入点，让孩子爱上学习

孩子是天生的学习者

想问家长们一个问题，你认为孩子的学习是从什么时候开始的呢？是从幼儿园开始的还是上小学以后？或者是，孩子出生后就开始学习了吗？

在 20 世纪的大部分时间里，很多心理学家都觉得新生儿就是一块白板，随着他不断地长大，关于世界的经验被一点一点刻画在了这块白板之上。由于婴儿大部分时间都在睡觉，所以那时候科学家认为婴儿是不会主动学习的，他们是被动的、无知的。

科学的魅力就在于不断被质疑又不断纠错。科学家很快设计出了非常精巧的实验，证明了婴儿具有非凡的能力。他们不是无知和被动的，而是这个世界的主动学习者和探索者，而且他们拥有自己的一套学习方式，并不是漫无目的的、毫无策略的，婴儿的学习具有我们成年人未知的策略性能力。

随着孩子的成长，他们逐渐形成了一些关于学习和理解的看法。而且，并非所有的孩子都用完全一致的方法学习。学习的方法不止一种，通往聪明的途径也不是单一的。多元智能的提出，更是表明了儿童多种学习方式的存在，每个人都有自己具有优势的学习方式。这让每个孩子都拥有了更适合自己的学习方式和方法。这一点我们会在后面的内容中详细论述。

刚才提到孩子是天生的学习者，为什么在后来的学业中，有的孩子表现得不那么爱学习了呢？到底是什么样的原因让孩子总是拖拖拉拉又磨磨蹭蹭的呢？有以下几个原因。

（1）父母有局限性，对学习这个问题的认知有些片面。这种局限表现在两个方面：一是对学习的概念不明确。很多父母只把和学业成绩相关的才视作学习，其他的方面会直接忽略，比如品格的培养、生活技能的学习、对金钱的概念、好性格的形成、与人交往的方法等。孩子的生活不是只有学业这一件事，而应该是完整的全面的。如果你只关注孩子的学业，那么你很容易得到一个片面的结论：孩子不爱学习或者不擅长学习。但实际真是这样吗？很可能孩子非常喜欢某一方面的学习，但是你却忽略掉了。二是你不了解孩子擅长哪种学习方式。在后面的内容中我们会讲到五种先天的学习方式。每个孩子都有，但是排序不同、优劣不同，会导致他们在学习这件事上的表现不一样。如果你不了解你的孩子，觉得孩子就应该安安静静坐在那里才叫学习，动起来跑起来参与体验不叫学习，那这些其实都是片面的理解。知晓孩子的先天学习方式，给予他们更多优势方式的刺激，孩子的学习效果才会更好。

（2）拖延很可能是由任务太难、超出自身能力导致的。任务对孩子而言太难，要付出的代价太多，孩子面对这种情况时会心生畏惧，迟迟难以行动。如果是因为孩子产生畏难心理，所以做作业慢、拖沓，那么我们要有智慧地去帮助孩子。如果我们不假思索地就指责孩子，认定孩子就是不想做、就想玩，所以才拖拖拉拉，这不仅会让孩子特别委屈，还很可能让他在情绪上对抗父母，反而把问题复杂化。

如果你看到孩子在写作业的时候迟迟下不了笔，不要着急，平复一下情绪，适当的时候打断孩子一下，问一下孩子需不需要帮助。如果他说不需要，没关系，给孩子一些空间，告诉孩子，如果需要帮助，爸爸妈妈随时都在。当你这样体贴、关切地询问的时候，孩子的感受是什么？是爸爸妈妈真的关心我、理解我，想帮助我。孩子感知到这一点，就可能会把面临的困难跟父母讲出来，这个时候我们要做的就是引导孩子，看看有没有什么解决办法。最好让孩子自己思考，他可以怎么面对这个问题，让孩子能够重新建立起信心。

回到刚才的场景，如果你带着情绪，不分青红皂白地冲着孩子就是一顿说，“你怎么这么半天才写这么点儿？天天在学校干啥了？啥也不会，想干吗呀？”，孩子的情绪可能立马就起来了，引起情绪对抗式的拖延：你让我往东，我偏往西，你越催我，我越慢，逼急了我就撂挑子不干了。特别是到了青春期，如果孩子跟你情绪对抗，那股张力是非常大的，你说得再多，都只会起反作用。面对孩子这种情绪对抗的拖延时，最重要的就是用好我们上一章讲的情绪处理的原则和方法，先来处理情绪，再来处理事情，而不是紧盯着拖延的问题。

（3）注意力不集中导致的拖延。咨询中，总有家长跟我反映，孩子写个作业动动这儿动动那儿，总是不能集中注意力高效完成。这个确实是很多家长都发现的孩子拖延的一个表现，但你光说“集中注意力，快写，别玩了”，孩子不听就威胁他，这样做的效果其实不好。

从心理发展的角度来看，注意力其实是和大脑的发育息息相关的，你会发现小宝宝的注意力比较短暂，而年龄越大，孩子可以专注的时间会越来越长。注意力是和大脑额叶的一些区域密切相关的，而额叶的功能是非常多的，它可以让人集中注意力，理性地思考问题、控制情绪。我们要保护好孩子天然的专注力并且助力他发展和提升专注力。首先，减少对孩子的干扰，为孩子提供一个合适的环境。保护孩子天然的专注力应该从他小时候做起。你会发现，即使是小宝宝，当他遇到自己感兴趣的东西，也会认真探索。我的孩子特别喜欢玩土，我带她下楼玩土，她可以一把土倒来倒去地玩好久。不去打扰就是对孩子专注力最大的保护。其次，给孩子合理的任务目标，及时反馈，增强孩子的体验感，以提升孩子的专注力。你会发现，对学的东西不感兴趣或者学得太简单让孩子感觉无聊，太难则会让孩子听都听不懂，这两种情况下孩子很难专注。及时的反馈很重要。我们在给孩子设定一些目标和报名参加一些活动的时候，不要一厢情愿，要充分和孩子沟通，让他也参与到计划的过程当中。只有是他想要做的事情，他才会愿意投入极大的热情和专注力去做。

（4）拖延其实是内驱力不足造成的。这一点和父母的养育模式有很大的关系。如果孩子从小自主性就被剥夺，他该做的都有人替他做，他想做的都被阻止、被限制，那么孩子就会越来越没有动力做任何事情。这个模式会影响到他的方方面面，而不仅仅是学习。可能他会表现为对几乎所有事情都没有兴趣，整个人的状态是没有动力的，甚至连自己喜欢什么、不喜欢什么都没有动力去探索。这也是很多孩子早早就躺平的原因。面对这种情况下的拖沓，父母一定要学会授权和放手，让孩子为自己力所能及的事情负责，让孩子体验到做事情的意义。

发掘孩子先天的学习方式，助力孩子爱上学习

孩子每一天都接受相当数量来自外界的各种信息和刺激，而这些信息和刺激都通过我们的视觉、听觉、触觉、嗅觉、味觉的感官神经元传递给大脑。但是每个感官接收的信息其实是有个体差异的。你是不是也听说过绝对音感？有的人天生具有绝对音感，他们可以在没有任何参照物的情况下，仍然能够辨认出乐器或者周围环境发出的高音。有的人对视觉图像有非常强的辨识能力，对颜色极其敏感。对于普通人而言，每个人的感官感受性也是有差异的。有的感知神经元比较有优势，而有的感知神经元弱势一些。了解自己天生属于哪种方式的学习者，可以帮助我们在学习这条道路上事半功倍。

人的学习是通过人独具的五种感官进行的，学习方式也相应表现为心到、口到、手到、耳到、眼到。科学家经过多年的研究发现：人的学习成绩的好坏与是否选择适合自己的学习方式有着直接的关系。那我们一一来看每种学习方式有哪些方面的表现，父母应该做出哪些正确的回应。

心到型的孩子非常爱动脑筋，做事情之前喜欢先想一想，自学的能力比较强，比较有主见和想法，个性也会比较独立、稳重，喜欢在安静的地方学习，不喜欢被打扰。心到型的孩子有时候不会及时通过行动来回应。比如父母问这套题为什么会错、当时是怎么想的，心到型的孩子有时不会马上说出来，并不是他们不说，而是他们在思考、在想。有时候思考得太多，孩子也容易钻牛角尖，陷在自己的情绪和思维里。所以，面对心到型的孩子，父母需要耐心一些，多给孩子一些空间，让他自己理清想法。不要催他，不要逼他说。也需要关注孩子的状态，如果他陷入自己的想法里不能自拔，父母需要用智慧，多引导孩子从不同的角度思考如何看待和解决问题。

口到型的孩子有比较强的表达意愿，上课喜欢积极发言，比较喜欢朗读、演说。遇到他会的知识，可以滔滔不绝地讲给别人听。学习的时候，背诵、朗读都会比较喜欢，也比较在行。口到型的孩子特别喜欢说，对此，父母需要学会做一个倾听者，认真听孩子说，并且用眼神、表情、语言积极回应。可以鼓励孩子把每天学习的东西讲给父母听，不管他们说得如何，都不加评判地认可他们表达的意愿。这是对孩子最大的鼓励。

手到型的孩子是以触摸和运动的方式来学习和思考的。他们动手能力很强，做事很有执行力，比较好动，有时候坐不住，喜欢在活动中体验式地学习。手到型的孩子因为比较好动，有时候会招致父母的误解，觉得孩子就是淘气，注意力不集中。其实不是这样的。我们目前上课的模式对手到型的孩子有些不友好。课堂模式多是老师讲、学生听，而且不让乱动。如果你的孩子听课效率很差，并不代表他不是学习的料——这其实是一个非常负面的标签化的评价，就像我们之前讲的，每个孩子都是天生的学习者——而只能说现行的学习方式不是孩子的优势项。如果发现孩子特别喜欢动手的活动，总是比较活跃、坐不住，父母可以多给孩子创造一些机会和平台，让他们在动手的体验中来学习。更多的活动、更丰富的体验素材、参与度更高的项目，会让孩子收获更好的学习效果。

耳到型的孩子对声音非常敏感。他们喜欢听各种类型的音频材料，比如故事、音乐、戏剧、演讲等。除此以外，耳到型的孩子由于听觉敏感，对人说话的语音、语调也很敏感。如果老师说话压迫感比较强，声音比较尖，也比较急，听觉敏感的孩子是非常不喜欢的。他们可能会因为不喜欢这样的声音而不喜欢这门课、不听这门课，自然学得就不好。所以，当孩子有类似这样的反馈时，我们就知道孩子对声音敏感，偏向耳到型的学习方式。这也提醒我们，不要用粗暴的、刺耳尖锐的、急促紧张的声音来跟孩子说话，这会让孩子非常难受。温和而坚定是与孩子沟通的不二法宝。

眼到型的孩子喜欢用眼睛观察世界，对文字或者图像比较敏感。有的孩子看书可以一目十行，而且看一遍就记住了，这是典型眼到型比较优势的特征。有的孩子非常喜欢看电影、看视频素材，这也是眼到型比较优势的一个表现。这里需要留意视觉素材的选择问题，这是家长需要在孩子小时候去做的一个功课。视觉的素材太丰富了，而且冲击力比较强，特别是对于眼到型的孩子来说，他们会对视觉素材更加敏感。那么，依据不同的年龄段，帮助孩子选择相应的合适的动画片、绘本、书籍就非常重要。此外，电子产品的使用也要立好规矩，防止孩子沉迷于电子产品。

爱思考的家长可能已经发现，对于我们每个人来讲，五种感官的学习方式都有，只不过有优势和劣势的区别而已。通常一个人也不止擅长一种优势的学习方式，或许 2 ～ 3 种都是比较有优势的。因此，我们可以根据孩子的特点，从多感官的学习入手，依据孩子的优势找到切入点，帮助孩子用自己喜欢和擅长的方式学习，爱上学习。

案例示范：被视为多动的手到型学习者

来访者基本信息：Y女士，一位7岁孩子的母亲。孩子刚上一年级，但老师反馈上课多动，注意力不集中，爱说话，总是影响其他的孩子。家长为此很苦恼。家长为孩子做了天赋基因检测，期望更多地了解孩子，以更好地引导孩子。此次为天赋基因报告先天学习方式部分的解读。

咨询师Z：下面我们来看一下孩子的先天学习方式部分。我们知道人的学习通常有五种方式：口到、耳到、眼到、心到和手到。这也就表明，每个人其实先天就有更适合他的学习方式，用适合的学习方式进行学习会大大提升学习效率和学习效果。并不是所有人都适用于一种学习方式，所以我们还是要认真看一下自己孩子的先天学习方式是什么。

来访者Y：我看得分最高的是手到。

咨询师Z：是的，你看得非常准确。我们通常会根据“五到”的得分进行排序，来看孩子最优的学习方式。你看孩子手到的得分最高，71分多。口到第二，69分多，分数也很高。剩下三个相对而言分数就拉开了一些差距。所以我们可以说孩子最优的学习方式是手到和口到。这也让孩子有了上课爱说话、动来动去的表现。坐在那里安静地听课，他确实不太擅长。

来访者 Y：那这咋办呢？他这个特点特别影响他在学校的学习。上课就得坐着，老师也不喜欢上课爱说话的孩子。

咨询师 Z：确实，在传统的观念里，孩子这样特别容易被误解，被认为淘气、不爱学习。但其实不是的，这样的孩子反而是非常聪明且做事有行动力的。

来访者 Y：确实，他一点儿也不懒。你让他干啥，动作可快了。

咨询师 Z：是，所以作为家长，我们首先要成为那个了解孩子、理解孩子、支持孩子的人。其次，我们要让孩子的这个特点成为他的优势，而不是阻碍。手到型的孩子特别喜欢动手操作，他们需要在体验中完成学习的过程。因此，在家的时候，我们可以给孩子创造更多的环境。我之前建议过一个孩子一边跑步一边听英语，他反馈感觉好多了，英文单词也能记住了。更多的互动、更多的体验、更多的操作是必不可少的。至于在学校，不太允许一边动一边上课，你可以让孩子多动笔。可以允许他把听到的内容多写一写、画一画，帮助他增强记忆。回到家可以先来 20 分钟的亲子运动，一起下楼跳绳、跑步或者打打羽毛球，再回来写作业，效率反而会提升。

来访者 Y：哦，我回去就试试。我就感觉这孩子闲不住，精神头大。

咨询师 Z：是，这也是手到型孩子的特点。他们精力旺盛，且行动力强。与其把他按在桌子前，不如让他用自己的方式表达、释放，反而会提升他的注意力。至于口到，这种类型的孩子爱说，说起一个话题来滔滔不绝。可以让孩子在开始写作业前，先来说说他今天学了什么，有没有什么新鲜事要分享。父母做一个好的倾听者，给予孩子积极的反馈，他会在表达中获得更多的成就感。朗读对于口到型孩子来说很有用。让他们多说出来，比如多朗诵诗歌、多回答问题、背诵的时候出声，都会让他加快记忆。

来访者 Y：好的，谢谢您。

本章练习

1. 根据五种先天的学习方式，对照自己的孩子，通过观察分析，试着列出孩子五种学习方式的优势排序。排在第一位的是最优的学习方式，排在最后的是最为劣势的学习方式。然后想想如何根据孩子的特点找到切入口，帮助孩子提升学习兴趣和效率。

第十一章

电子产品成瘾

帮助孩子回到现实世界

瘾症背后的深层原因

瘾症是一个非常复杂的问题。心理咨询行业公认的辅导难度最大、成功率最低的就是瘾症问题。因为它不是一个单纯的心理问题，背后有非常复杂的机制，涉及大脑神经科学。成瘾的发生，一定是生理和心理两个方面的因素共同作用的结果，它有可能涉及先天遗传基因的部分，也涉及后天的成长环境、父母的影响等。若孩子电子产品成瘾，我们要怎么做呢？我们要去看这个现象背后的深层原因到底是什么，然后去改变这个深层原因，改变长出这样果实的土壤。而这个土壤往往就是家庭环境，是父母给孩子的心理营养。这个部分是我们家长可控的、能够改变的。

那么，成瘾背后的深层原因到底是什么呢？人的本性里面都有对美好事物的追求。比如说贪食症，贪恋的食物本身是好的。再比如说打游戏上瘾，追求的到底是什么呢？快速的成就感、轻易获得的价值感和掌控感，这些其实都是好东西。电子游戏就是通过心理学的反馈机制和设置，让人几秒钟就获得一个成就感，几秒钟就获得一个正向反馈，所以，这背后真正的需求是什么？是正向反馈、是认可鼓励。比如说性瘾，有一些青春期的孩子，开始面对性瘾的困扰，他们想要的是什么呢？性瘾背后真正的需求其实是亲密、是爱，这些都是好东西。只是越好的东西、越宝贵的东西，要在现实中去获取它，就越需要投入和付出。但是我们人性中又有贪心的部分，不想付出什么代价，不想花那么多时间去经营、陪伴和努力，所以就去找替代品，去找那些让人成瘾的东西。酒瘾、烟瘾、性瘾、电子产品成瘾，其实这些都是对现实中美好事物的替代性体验，让人用这些看上去最容易的方式去获得替代品。

那到什么程度就被认为是成瘾了呢？有两个重要的标准：一个是这件事已经严重影响了一个人正常的生活和工作；另一个是这件事已经失控，不在他的控制范围内了，让他成瘾的东西反过来在控制他。这两个标准往往伴随着很明显的一个特征，就是他会拼命维护这个让他成瘾的东西。

成瘾一旦发生，用正常的理性开导、亲情感化、说教这些方法，很难起到效果，因为成瘾者的大脑皮层已经发生了一些改变。科学家研究发现，长期使用电子产品并产生依赖和成瘾的青少年，他们的大脑皮层比普通人薄，同时会伴随情绪控制力的降低，与人发生真实的联结关系的能力会大大退步。成瘾背后的一个深层原因，是成瘾者在寻求一种美好的体验感，这些替代品是他的一个逃避机制。因为现实中他接触到的、体验到的是压力和挫折，他很难跟真实世界建立深度联结，在现实世界中没有存在感，没有价值感，不被肯定，不被认可。而网络世界里面的这些游戏设置，会使用一些心理学的办法让人快速上瘾、快速产生依赖。很多成年人一旦玩上的话都很难从里边摆脱出来，何况是青春期的孩子。他们的大脑还在发育，还处在没有成形的阶段，一旦被这个东西攫住的话，很难靠自己的力量、靠自己的意志力脱离出来。

关于孩子使用电子产品的三点建议

尽量不要亡羊补牢，最好的办法是很小就给孩子制定电子产品的使用规则，不给成瘾留下机会。科技发展到现在，完全离开电子产品几乎是不可能的。但是我们做父母的在孩子使用电子产品时，要有一定的智慧，要立规矩。

我对电子产品的使用有三点建议：

一是要限定场景。我外出的时候经常会看到这样一些场景：在餐厅吃饭，小孩子用手机看动画片，家长在一旁吃饭聊天；大点的孩子，自己看自己的手机，家长看家长的手机，彼此相安无事。这样孩子虽然可以保持安静，但确实不是一个好的办法。首先孩子不会好好吃饭，他的心思就没有在吃饭上，食物的味道可能都没有用心去体会；其次养成了不良的用餐习惯，以后他不看动画片就不吃饭了，家长也会更难处理。还有两个场景也是不允许的：一个是在车里，一个是睡觉前。有的孩子坐车的时候爱哭闹，家长就拿出手机来哄孩子。车里本身就很颠簸，我们大人在车里看屏幕时间长了都会有点头晕，对孩子视力的影响则会更大。睡觉前电子屏幕发出的光和自然的光是不一样的，它会抑制我们体内的褪黑素的分泌，而褪黑素是用来帮助人睡眠的。所以，如果你的孩子在入睡之前还在看电子产品，那一定是会影响到他的睡眠的。在这个时间段，我是绝对不会允许我的孩子看任何屏幕的。

二是要限定时间。美国儿科学会 2016 年的时候修改了对儿童屏幕时间的指导意见。他们建议 2 ～ 5 岁的孩子，每一天的屏幕时间不要超过 1 个小时，儿童使用电子设备的最小年龄放宽到了 1.5 岁。家长可以根据自己家的情况确定一个合适的使用时间。

三是要有替代方案。你有没有发现？当你在刷手机，而孩子在一边玩的时候，他没一会儿就会来找你，想看你手机上的东西，但是，如果你说爸爸带你踢球去，他可能会立马放下手里的电子产品和你出去玩。所以，并不是说电子产品有多么神奇的魔力和吸引力，而是你在孩子生活当中有没有为他提供更有吸引力的、更好玩的活动。我们做家长的要有意识地和电子产品去争夺孩子的时间，让我们和孩子在一起的时间变得更有效、更好玩，那电子产品可能就真的成为一个无足轻重的东西了。最好的方法其实就是运动，特别是到大自然里进行户外运动。运动可以刺激体内分泌多巴胺，多巴胺俗称快乐因子，它会让我们的身心感到畅快和愉悦。对孩子来讲，有一段路能让他疯跑，他就会非常开心，其实就是这个道理。

有很多家长回忆自己的孩子是怎么开始成瘾的。几乎都是因为家长太忙，没有时间陪伴，没有办法给孩子在现实生活中安排丰富精彩的活动，只好把孩子丢给电子产品。这样就给孩子创造了成瘾的机会。如果孩子成瘾之后家长还没有给予正确的回应，而是打压、强力制止，甚至去指责、羞辱、吓唬孩子，这样又会增加孩子的心理压力和负担。人在感受到压力和负担的时候，会想要逃避，于是就进入了一个恶性循环。尤其是使用羞辱的语言责骂孩子，比如“你真是废了”“白养你了”

之类的话，对于电子产品成瘾的孩子，如果他在心理上认同了家长对他下的论断、贴的标签，他就会接受这些看法，认为我就是个没用的人，我就是烂泥扶不上墙，我就是垃圾、废物。对于成瘾的孩子，如果家长总是这样羞辱他、否定他，他也就认了，躺平了，甚至自生自灭。这时孩子的价值感低到了尘埃里。他已经绝望了、麻木了，只能不断地用电子产品来麻痹自己，甚至走向自我毁灭。

我问过一些电子产品成瘾的青少年来访者对未来是怎么打算的，有人说我就能玩一天是一天，哪天他们真不让我玩了，我就去死。很多孩子躲在网络的虚拟世界里面，因为他没有尝过现实世界的那一份美好、那一份温暖、那一份人和人之间真实的联结。他一旦尝到，就会发现原来真实是胜于完美的。他在虚拟世界里面的体验再完美，也是假的。对已经成瘾的孩子，我们要想方设法去增加他在现实世界中的美好体验，而不是他一回到现实世界，等待他的就是一顿臭骂、一通压力和一顿哭诉。

很多孩子的头脑内部其实也有一个暴君，有一个完美人设。他要求自我是完美的，所以他不能面对现实世界中自己的不完美。这种完美主义头脑暴君的孩子，往往是内化了他头脑暴君的父母的力量。要想破除这种完美主义，就需要从家长开始。不要事事都对孩子有那么高的要求，这样会给孩子增加巨大的压力，我们要从他已有的力量点出发去扶持他，让他的力量成长起来。

哪怕现在你眼中的孩子有 99 个毛病，只有一个优点，那么，先忽略掉这 99 个毛病，不要去强化，去刺激孩子，而是先看到他那一个优点。你先成为那一个跟孩子建立真实关系和联结的人。很多孩子到了青春期，跟父母就不怎么说话了，即使说话，也都是一些很表层的、很肤浅的话题，因为他感受到跟父母的关系不是一种真实的关系。

如果父母中能有一个人跟孩子发展出真实的深度的关系，不妨表现出真实的自己，而不是端着家长架子。因为一旦你去批评他、指责他，你们这个关系就是假的。如果家长放下批评和指责，用体验、用心去联结孩子，哪怕只有一方家长跟孩子发展出这种真实的关系，这个孩子也能重新振作起来。他在现实世界中，至少有了一个家人，他是能够敞开心门的，他是能够感受到人和人之间那种最真实、最原始、最本初的爱和情感流动的。那么，这会带来什么呢？蝴蝶效应。尽管现在仍处于瘾症的困境之中，但哪怕只有一个突破口，不管他是和一个人建立了真实联结，还是顺利做成了一件小事，都会成为蝴蝶效应的一个开始。也就是说，这个小小的提升和改变可能会带来一连串的正向连锁反应。所以，鼓励这些处于瘾症中的孩子在现实中做一件小事，比如给家里换灯泡、倒垃圾、吃完饭刷碗……假如他做到了，他在现实中的一个小目标实现了，家长就赶紧顺着说：我看到你做成了这件事，我看到在这件事当中你愿意负责任，愿意尝试，愿意坚持。去鼓励他这些品格里面的美好的部分、有力量的部分，孩子就会慢慢成为你所说的那个人。如果你天天说他这不行那不行、打游戏上瘾、荒废学业，他就会越来越朝着你所说的那个方向蜕变，他对自己的自我认知和信心会越来越低。做家长特别需要有耐心。不要那么气急败坏地让孩子马上去改，我们可以陪着他一起慢下来，一起用心体验我们这个真实的世界，体验现实生活中一点一滴的美好。哪怕是简单地吃一个草莓，你都可以陪着孩子一起慢下来，用心去感受一下，看着这个草莓，就像第一次见到它一样。

还可以带着孩子到大自然里面去。大自然本身就是一种疗愈的力量。它永远像母亲一样张开怀抱，准备去拥抱那些心灵破碎的痛苦的孩子。花、草、大地、树、动物……这些都会带来一种疗愈的力量。可以让孩子去闻大自然的味道，去听大自然的声音，去尝天然的食物，去行走在自然之间，爬爬山或者骑行……这些都能够让孩子重新找回那个质朴的真实的自己，重新去看这个真实的世界。

打破瘾症的恶性循环

我们如何去打破瘾症的恶性循环，重新建立起一个更有建设性的闭环呢？我们先来分析一下成瘾的闭环。一个人感受到压力或者痛苦，没有直接去面对和解决，而是选择了一种方式去逃避。不管是电子游戏、网络社交还是其他，他沉溺在这个逃避方式里，就会带来更多的自责，看不起自己，否定自己，自我攻击，等等。然后，他也需要承担伴随而来的后果，比方说他打了一宿游戏，第二天起不来，上不了学，那学校和家长会给他压力，对吧？内部的自我攻击和自我否定，加上外部给他的压力和痛苦，使他的压力升级，痛苦又被唤起，他就又陷入这个逃避方式里面。这就形成了一个完整的闭环。要打破这个闭环，我们就要看到孩子成瘾背后深沉的渴望和恐惧到底是什么。

对于成瘾的人，我们往往看到的是他的负面形象，就是他没有自控力、没有目标等。但我们忘记了他的另一面，他能够对一个东西如此执着、如此成瘾，投入如此多的时间，恰恰说明他是一个生命能量很强的人。这些成瘾的孩子，一旦从瘾症循环里面走出来，把同样的热情投入另一个领域，往往是能够在这个领域非常有建树的，因为他可以为了自己的热爱不顾一切。最关键的就是我们要帮他找到现实中的替代物。他真正想要的是什么呢？是认可吗？是自信吗？是接纳吗？还是自我的价值感、成就感？他内心真正渴望的是什么？他害怕失去的是什么？我们要在现实中给他创造机遇，让他把这些能量和精力投入现实中。

陪伴成瘾的孩子走出来，会是一个很漫长、挑战也非常大的痛苦的过程。我们需要在一定的时间段内接纳他、陪伴他，允许他内心的这些痛苦流淌出来。我们要做他的情绪容器。我们需要引导他去发现自己的热爱和想要实现的目标，然后给他赋能。但是我也明确地说，破除瘾症这件事超出了普通人的能力范围，需要专业人士的介入。如果孩子已经发展成为瘾症的话，家长能做什么呢？就是按我刚才说的去增加孩子现实世界的美好体验，看到瘾症背后的深层原因。剩下的需要寻求专业的帮助，通过专业人士的介入来打破这个恶性循环，重建新模式。

案例示范：用“外化”技能帮助电子游戏成瘾的青少年

来访者基本信息：Z，一位17岁的男生，就读于北京某重点高中，三年前确诊双相情感障碍。本次为第10次心理咨询。

咨询师S：我们上次咨询时你自己主动说想要解决你打游戏上瘾的问题，你也学习了一些具体的时间管理的方法，不知道本周你执行得怎么样？

来访者Z：上次咨询完我还挺有信心的，前两天也坚持得不错，第三天在家和父母又大吵一架，我心理压力很大，想放松一下，就又玩起来了，而且玩得比以前还凶了，玩到夜里3点多。

咨询师S：那你玩到夜里3点多的时候快乐吗？玩得很爽吗？

来访者Z：也没有，我以为我放纵一把应该会很快乐，其实是越玩越焦虑，玩完之后又感觉很空虚、很没意义，然后又自责，觉得怎么又管不住自己了，有点自暴自弃。

咨询师S：那接下来的几天呢？

来访者Z：接下来三天我的状态就更不好了，一有压力就想玩游戏，玩完了又自责、难受，感觉像一个旋涡，恶性循环。这个过程中完全学不进去，觉也睡不好，跟父母关系更紧张了，他们对我也很失望。我也有想好的时候，但每次想要重新开始，就有一个声音跟我说：算了吧，你都已经这么失败了，彻底躺平得了，你就不是学习那块料。

咨询师 S：上上周咨询的时候，我请你打个比方，游戏对你来说像什么？你说电子游戏像你最好的朋友，在你孤独的时候陪伴你，沮丧的时候给你一些快乐。那么结合上一周的经历，你现在认为电子游戏像什么呢？

来访者 Z：我现在觉得它像一个诈骗犯！

咨询师 S：哈哈，这个比喻有意思。那这个诈骗犯对你有什么动机呢？

来访者 Z：它先是扮演一个好人，让我喜欢它、信任它，给我一些快乐；现在我感觉它就是想控制我，骗我一些最宝贵的东西。

咨询师 S：什么宝贵的东西呢？

来访者 Z：最主要的就是我的时间和精力，它想让我把时间和精力都给它，不让我干别的事情。它也离间我和亲近的人的关系，骗我说这些人都不爱我、不理解我，只有它能给我满足和快乐，别人都是坏的。但我心里知道不是这样的，我爸妈管我玩游戏也是关心我，但是它会教唆我去恨我爸妈，跟他们吼、吵架。

咨询师 S：它真是把你骗得挺惨！不只时间、精力和爱的关系，还有你的健康和睡眠也被它骗走了！那么它承诺给你的快乐和满足，它给了吗？

来访者 Z：有一点吧！就是玩的过程还是有一点快乐和满足感的，但是非常短暂，只能通过不断的玩来维持，而且越玩越没意思了。最难受的是玩完之后心里那种空虚和自责。我也在想，为了这么短暂又不真实的快乐和满足，我值得付出这么大代价吗？时间与精力没了，学业毁了，人际关系也搞砸了。但是又出不来，每次总是不知不觉被拉回去。

咨询师 S：是啊！这个诈骗犯背后是有很大的势力的，好不容易把你拉下水了，肯定不会让你轻易逃走。如果你自己真心想从它手心里逃脱，我可以帮你，但我要确认：你是不是下定决心和这个诈骗犯一刀两断了？还是说，你现在还有点不舍得？

来访者 Z：我头脑里很想和它一刀两断，但是我心里还是有一些留恋的，主要是习惯了，我怕我一有压力就又控制不住去打游戏，就像一种逃避和自我安慰一样。

咨询师 S：你能有这么清晰的自我认知非常好！我们就从这里开始吧，我会教你一些具体方法一步步摆脱它对你的控制。

本章练习

1. 请你设计一个增强孩子在现实世界中的美好体验的活动并加以执行。无论是带孩子户外出游，还是一起做手工，或是坐下来和孩子一起聊聊他喜欢的话题，请注意，是增加孩子的美好体验。所以，不是你觉得孩子应该喜欢什么，而是孩子自己对什么有兴趣，做什么会让他觉得快乐和感受到被爱。

第十二章

出轨、家暴、离婚

直面现实，增强心理弹性

不要回避，真实面对是渡劫的开始

父母出轨、家暴、离婚这三类问题，任何一个孩子遇到都会是他人生中的一劫。我们不可能当作这件事情没有发生一样希望不留给孩子一点伤害，只能说怎样用正确的方法帮助孩子把心理创伤降到最小。在探讨减少伤害这个话题之前，我很想先对父母们说一句：既然你们选择了婚姻，选择了生孩子，你们就一定要知道，婚姻是需要双方共同去维护和经营的，请你们尽自己最大的努力先在婚姻中解决问题，不要轻易牵手，也不要轻易放手。因为无论面对的是哪类问题，孩子都是无辜的，他在这个过程之中经历的创伤对他来说太大了。另外，我看到很多中国家庭的一个悲剧，也是很多婚姻最后走向分裂的一个隐患，就是整个家庭以孩子为中心。大人尤其是妈妈这一方，很容易把关注点放在孩子身上，忽略了经营婚姻。这为婚姻埋下了隐患。所以，我也一直鼓励女性，如果我们选择了结婚，就要把很大一部分精力放在经营婚姻上。甚至对婚姻、对丈夫投入的时间、精力、心思，应该要比对孩子还要多，因为夫妻才是一个家庭的核心。但是，当下很多家庭的核心是孩子，爸爸妈妈、姥姥姥爷、爷爷奶奶，六个大人围着一个孩子转。

想说明的一点是，如果我们的家庭遇到了这三类问题，我们不要去回避，也不要不跟孩子沟通。我们不要认为，这是我们大人的事，我们自己解决就行了。对孩子来说，爸爸妈妈就是他的天和地，这个事情他不是局外人。父母的婚姻经历重大的危机和创伤，孩子会成为那个最先受到影响的人。我们不能自欺欺人，明明家庭经历了很大的变化，却对孩子装作若无其事的样子，把孩子置于这种变化之外。有的孩子不说，闷在心里，其实他都知道。而且恐惧不安和羞耻感已经慢慢进入他的心里，他不表达只是因为没有足够的安全感去把它表达出来。那么，父母如何处理才会让这三类问题对孩子的影响降到最小，从而让孩子可以更顺利地度过这一场危机呢？接下来我们逐一来看处理这三类问题的明智的方式是什么。

帮助孩子面对父母出轨、家暴、离婚

先说出轨的事情。我前两年做了大量的与出轨相关的心理辅导。出轨绝对是对一个家庭非常重大的创伤和打击。如果一方已经出现明确的出轨行为，另一方也知道的话，一定要及时去处理。处理不及时或者不正确，可能会给孩子带来一辈子的心理影响。如果我们大人能够自己把这件事情处理了，就不要让孩子知道爸爸或者妈妈出轨了。但如果孩子已经知道了，那大人能做的就是让他只知道这个信息就好，不要让他暴露在双方的情绪冲突之中，因为情绪带来的伤害可能比他知道了这个信息带来的创伤更大。不要让孩子目睹父母双方因为这件事情争吵甚至打架。这些都会成为孩子挥之不去的噩梦。而且他可能会站在一方去敌对另一方，这会对孩子的内在形成一种撕裂。因为孩子爱爸爸也爱妈妈，他看到一方在遭受痛苦，可能会把自己分裂成两个部分：一个部分去支持爸爸或妈妈，另一个部分去爱另一方。这样的话，他自己内心就混乱了，就产生了分裂。孩子可能需要很长一段时间，甚至余生去排掉这些情绪的毒素。这是很残忍的一件事情。如果到了要离婚的地步，可以走法律途径，但是不要让孩子直接暴露在父母的冲突和负面情绪之中，这一点非常重要。

如果发现配偶有出轨行为，应该怎么做？首先是第一时间稳住自己的情绪，千万不要马上情绪崩溃，大哭大闹。有的家长甚至会直接跟孩子说：“你爸爸（妈妈）出轨了。”这是非常没有智慧的。其次是确认目标。你需要快速确认接下来你要的是什么。你要的是这个家庭继续往下走还是跟他/她彻底分开？你要尽快确认这个目标，然后去寻求支持系统。围绕你的目标，你需要哪些人来帮助你？支持系统除了自己的亲友之外，还有一个很重要的方面就是专业人士。这时需要两类专业人士：一类是心理方面的，另一类是法律方面的。专业的事交给专业的人办，然后根据专业的方案采取行动。最后是当这个危机过去之后，一定要让自己和孩子的心理有一个重建的过程。我们大人很希望坏的事情处理完了就赶紧结束，最好不要再提。但对孩子而言，这件事不会自然而然地过去。我们需要一些专业的帮助和孩子一起经历一个重建的过程。所以父母需要建立这样一种认知：人生中很多重大的挑战来临的时候，我们光靠自己的知识水平是很难去面对的，这个时候我们需要寻求专业的帮助。而愿意寻求帮助，就是最勇敢的一个表现。

如果发生家暴，我们如何保护好孩子？有一点我想先说明一下。有一些家暴发生了，施暴者并没有家暴孩子，只是家暴配偶——一般是男性家暴女性。妈妈可能会错误地认为：“他没有打孩子，我保护好了孩子，所以孩子没有受影响。”心理学家研究发现：目睹家暴比自己被家暴所造成的心理创伤更大。这种创伤记忆可能会影响孩子一辈子。统计数据表明，目睹过家暴或者经历过家暴的孩子，他们日后被家暴或者成为施暴者的可能性比没有目睹家暴或者被家暴的孩子要多五倍。家暴是不能容忍的。生命权大于一切，当你和孩子的生命受到威胁，这件事情是绝对不能容忍、不能姑息纵容的。家暴有且只有一次是可以原谅的，而且是有条件的。如果第一次发生的话，一定要及时声明你的原则和底线，并且告诉对方：“这件事我只会原谅一次，如果再有的话，我会马上带着孩子离开你，我不允许我和孩子生活在充满暴力、威胁、恐怖的家庭氛围之中。”请你看着对方的眼睛，一字一句地说清楚。必要的时候报警，引入第三方。而且要告知双方的父母，让他们也知晓你对这件事的态度，让他们起到监督的作用。还要针对婚内财产写好协议，双方签字，这是对恶的一个基本约束。如果家暴发生不止一次，甚至成了一种习惯，真的不要再做受害者。不要让自己做受害者，也不要让孩子做受害者，一定要离开施暴的人。如果经历了家暴，而且孩子目睹了家暴或者是被家暴过，那么孩子的心理重建刻不容缓。我们不要有羞耻感，觉得是我自己没本事、我没保护好孩子。不是的，这是施暴者的错。如果事情已经发生了，那么第一时间一定要寻求专业的心理援助，在 48 小时之内为孩子进行心理重建。如果 48 小时之内可以做一次心理咨询的话，孩子一般不会得创伤性应激障碍（PTSD），或者说他得 PTSD 的概率会大幅降低。

最后来说说离婚这个话题。面对离婚，我们怎么去跟孩子沟通这件事情？如果没有用正确的方法去处理，就会给孩子造成很大的创伤。经常会出现这样一些情况：夫妻之间因为离婚了，就互相撕破脸，当着孩子的面诋毁对方，揭对方的老底；有的离婚之后，会去挑剔孩子怎么跟对方一个样，甚至想把孩子身上像配偶的那部分性格都扭过来；有的离婚之后不让另一方见孩子，剥夺其和孩子见面的权利；有的逼着孩子跟对方要钱；还有的对孩子过于愧疚，觉得没有给孩子一个完整的家，所以拼命用物质或是其他方面去补偿，给孩子很多钱，不停地买玩具，孩子想要什么就买什么……这些都不是处理离婚这件事的正确方法，而且会对孩子造成再次伤害。没有智慧的处理过程会让孩子卷入太多，甚至会成为筹码。两个人过不下去了，选择分开，但是孩子的爸爸还是爸爸，妈妈还是妈妈，这个身份还是在的。我们都想让孩子成长得更好，所以千万不要把孩子作为赌气的筹码。如果我们用尽各种办法都不能在一起了，那么这个时候也不要故作轻松、轻描淡写或者骗孩子，一定要真诚地跟孩子进行一次关键对话。这个关键对话包含几个部分：首先要感谢孩子，要谢谢孩子陪伴爸爸妈妈度过了这个危机，描述你在这个过程里看到孩子做了什么，并列出你欣赏孩子的一些品质。其次要告诉孩子父母最后的一致决定：我们都已经商议好了，这件事要怎么样去处理。最后要有道歉的部分，真诚地对孩子说抱歉，承认这件事对孩子会造成不小的影响，也非常抱歉需要让孩子来承担父母分开的后果。最重要的是要告诉孩子：虽然爸爸妈妈分开了，但爸爸还是你的爸爸，妈妈还是你的妈妈，我们已经协议好了，比方说周一到周五你和妈妈在一起，周末你和爸爸在一起，我们都会陪伴你长大，我们仍然爱你。

这些内容要跟孩子用最真诚的态度去表达。我们需要告诉孩子：爸爸妈妈永远和你站在一起，你有什么感受，或者有什么要求，都可以说出来；这件事会让你很难受，可能需要一段时间去适应，我们愿意陪你度过这个阶段；如果你需要的话，我们可以带你去旅行，散散心。然后也可以问问孩子有没有什么担心的地方，让孩子表达出来他的担忧、恐惧或羞耻感。允许他说出来，给他一个安全的接纳的氛围。在以后的生活中，不管孩子判给了谁、跟谁一起生活，抚养他的这一方要不断给孩子更多的心理营养，有意识地去弥补另一方的缺失。假如孩子跟着爸爸的话，爸爸就要多跟孩子有亲密的互动，来弥补从妈妈那里获得的亲密感的缺失。如果是跟着妈妈的话，孩子缺失了男性的善意权威，那么妈妈就要有意识地扮演善意权威的角色。无论哪一方带着孩子，都要多给孩子注入心理营养。而且要保持和另一方的密切沟通，尽量让陪伴孩子成长的这个过程是双方共同参与的。通过这样的方式，我们尽己所能，争取把这些创伤性事件对孩子的影响降到最低。

案例示范：帮助父母离婚的女生重建自我

来访者基本信息：T，16岁，高中女生，父亲三年前出轨女同事，近期与母亲离婚，与出轨对象组建新家庭并生育一子。来访者对父母充满愤怒，亲子关系冷漠僵持。

咨询师S：在这件事中，你爸爸妈妈最让你生气的点分别是什么呢？

来访者T：他俩简直了！没见过这么伤人的，自己的问题处理不好也就算了，不要把我夹在中间啊！我都快被他俩整疯了，离就离呗，男人变心很正常，我能理解，我妈自己脾气也不好，你俩好好离完弄利索了，别把我卷进来呀！

咨询师S：他们具体是怎么把你卷进来的呢？都说了什么把你伤得这么深？

来访者T：先说我妈吧，整天一副受害者的样子，还逼我也当受害者，自己的心理问题、情绪问题，自己不解决，天天跟我这诉苦，说我爸多坏、多不是东西，把我们害得多惨，说我爸根本不爱我，现在只爱我那个弟弟，嫌弃我是女孩，说各种话想让我和她一样恨我爸。我说这位大妈，您自己找个老公没过好，人家不跟你过了，你跑我这哭什么呀！还让我去跟我爸诉苦，管我爸要钱，我真是服了！

咨询师S：你能这么清楚地表达出来，我还挺高兴的，说明你心里很有界限感，明白婚姻失败是他们的问题，跟你没有一毛钱关系，你能保持自己的独立思考。有的孩子遇上你这种情况就废了，还会怪自己，这一点你还蛮有智慧的。

来访者 T：是，我早就把他俩看透了，就是俩巨婴！我虽然这些道理都能想明白，但架不住他俩天天这么在精神上、情绪上折磨我。我爸折磨我的方式就是每次见面跟我讲道理，证明自己做得都对，还让我好好学习努力奋斗什么的。我说这位大爷，我中考前你给我整这么一出，天天当我面你俩在那儿又哭又闹又喊的，还动不动就让我评理，还让我选跟谁，你们当我定力多好？闹得我心烦意乱天天失眠，本来学习挺好，结果中考发挥失常上了个差学校，这俩人还来劲了，团结起来数落我学习不努力。

咨询师 S：真是难为你了，我听着都觉得心疼。一般人遇上这种情况，别说你这么大的孩子了，就是成年人也未必能扛得住。你不仅没崩溃，还考上了高中，虽然不太符合你的期待，但好歹在北京还算不错，能有学上。我想知道你是怎么挺过来的？什么力量支撑着你没有被他们这么高强度的伤害给毁掉？

来访者 T：（眼里有泪水）我也想过死了算了，我自杀了让他们后悔一辈子，让他们醒悟过来自己都干了什么，给我造成多大的伤害！他们到现在还觉得自己没错，都是对方的错，我学习不好也都是我的错，他们俩全是对的。但我后来一想，我要是这么死了就太不值了，就为这么两个不值得也不爱我的人，我死了他们都不知道自己到底错在哪，还会怪我玻璃心，太脆弱。我都能想到，我跳楼了，他俩也就哭一下，然后继续互相指责，太没劲了。我就想，我一定要好好活，早日离开这个家，离他们远远的，我爸再婚了，我也不用管他，让那个阿姨照顾他一辈子吧；我妈老了，我以后每个月给她点生活费，但我再也不想跟她待在一个屋檐下了！我要找到我的人生，我可能一辈子不会结婚生小孩了，不想重复我爸妈的痛苦，但这个世界还有很多美丽的风景我没看过，还有那么多个国家的人我没接触过，那么多美食我没吃过，我还喜欢画画、摄影，我还想开摩托，想学钢管舞，想开一家宠物诊所照顾那些被遗弃的小动物。我连死都不怕，难道还不敢去勇敢实现自己的梦想吗？所以我一定要好好活，好好学习，不是为他们的期待，是为我能有一个我想要的人生，我早晚要把人生的方向盘握在自己手里，把他们甩得远远的。

咨询师 S：（眼里有泪水）听你这么说我特别感动。你是个多美好、多坚强的人啊！我看着你，感觉很幸福，好像看一朵美丽的花在静静开放。我为你骄傲，也感觉自己很荣幸能参与见证你的成长。你有非常强大的内核，有趋向幸福的本能。就朝着你看到的远方向前走吧，不要回头。不要让别人的错误和情绪干扰你，也不要给自己设限。来地球一趟是张单程票，我希望你能获得完整美好的体验感，如果在途中遇到真的爱情，也别因为父母婚姻不幸而错过啊！祝福你，我也会一直陪伴你向前走。

来访者 T：谢谢您，我也是跟您咨询之后才想明白的，我觉得大人并不都像我爸妈那样混账，也有您这样内心没有被污染的大人，所以生活还是挺有盼头的。我会好好的，我会为我想要的人生努力的，将来我有能力了也要帮助像我这样的青少年，像您一样。

本章练习

1. 你自己或者你的孩子是否经历过本章中提到的三大事件？如果经历过，请你写下一段安慰和鼓励的话给经历过的自己或者你的孩子。如果你自己和你的孩子没有经历过的话，你身边有没有对你来说比较重要的人或你爱的人经历过？你也可以把这段话送给他。

第十三章

抑郁、焦虑、自伤

如何提升孩子的抗挫折能力？

看见情绪危机背后的真实原因

青少年的抑郁、焦虑、自伤和自杀危机，是一个很沉痛的话题。我的来访者里面，很多孩子找到我的时候就已经有这样的情况了，被发现的时候已经经历了很长一段时间孤独的痛苦和挣扎。很多家长对孩子的内心世界、内在状态察觉不足，更多关注孩子的外在表现和学业，很多时候是通过外在表现才发现孩子的内在出了问题。比方说孩子开始叛逆，或者学习成绩一落千丈，或者身上开始有自残的伤疤，家长才恍然发现原来孩子的内在出了问题。其实，抑郁症、焦虑症、双相情感障碍等精神类疾病，青少年时期是一个高发期。我是心理咨询师，专门做青少年的心理工作，我都不敢拍着胸脯说我的两个孩子到了青春期，一定在心理上、精神上不会出问题。这个阶段，请家长们一定要保持高度的警惕，觉察孩子的内心状态、情绪状态。不只是看他的外在表现，而是透过外在的一些表现，去看他的内心在经历什么、他内在的状态到底是什么样的。

应对抑郁症

抑郁症其实较少是单纯的抑郁。很多被诊断的抑郁症，可能是双相情感障碍（也就是躁郁症）中偏抑郁的那个方面。但躁郁症的抑郁发作时，去医院问诊，常被给出抑郁症的诊断。而如果按照抑郁症的方法去治疗的话，很有可能会激发躁郁症里躁狂的那个方面。因此最好做一个全面的检查。另外，抑郁症一般都和生理性因素有关联。孩子经常莫名其妙地哭，对什么都提不起兴趣，慢性疲劳，感觉生活没有盼头，觉得自己是个累赘，甚至想要解脱……这些都是典型的抑郁症状，如果去精神科问诊，也很容易被诊断为抑郁症，但如果家长去深入地观察和了解，会发现孩子的生理性层面也往往会有所体现，这些症状很可能是由身体健康状况导致的，并不是单纯的心理问题。在青春期这个阶段，孩子的生理经历了巨大的变化，他体内的激素水平也在经历一个紊乱而飞速变化的过程。有一些跟情绪相关的激素，比方说血清素，它是情绪稳定剂，是一种让人平和、愉快的激素，很多青少年血清素的分泌严重不足；多巴胺分泌紊乱，甚至产生依赖成瘾现象，也是青春期常见的问题；肾上腺素和甲状腺激素分泌失调也会导致青少年的情绪问题。这些都跟激素分泌有关。所以，家长一定要有智慧，要看到那些抑郁症状表象的背后到底是什么原因。一般建议分三步走：

第一步，从最基本的生理性层面找原因，去看看孩子是不是有器质性问题，比如肝脏、肾脏、甲状腺，或者是不是缺少了什么微量元素或者维生素，做一下功能医学的全面系统的检查。先来改变这个最容易的最可控的因素。很多孩子隐藏的生理性问题被发现并调理好了之后，心情自然也跟着好了，心理状况也就提升了。有一个 18 岁的抑郁症来访者，我给他咨询两次后，经评估发现他心理问题并不大，约了相关方面的医生来给他会诊，发现他的头部供血供氧严重不足，影响睡眠质量和学习能力，另外还有肾部损伤。他的身体问题解决以后，心理问题自然也好了，不用再做心理咨询了。人就是这样，身体健康了，心里也会有力量、有阳光，之前钻牛角尖的地方便会豁然开朗。

第二步，如果孩子的确有一些心理方面的问题，比如认知障碍、情绪管理不足、人际关系障碍，那么就通过心理咨询去调整他的认知，调整他的情绪管理模式，教授他一些人际关系和表达沟通的技巧。这些都是可以通过心理咨询来实现的。

这两步都做了还是不行呢？第三步就考虑带孩子去他信任的愿意合作的精神科医生那里问诊。不过要谨慎用药。因为青春期的孩子大脑还没有发育成形，如果这时候就给他贴上一个精神疾病的标签、吃上精神类药物的话，对他未来的发展和自我认知都会产生严重的影响。而且，精神类药物往往需要较为漫长的调药适应期和稳定用药期，吃上以后就不能随便停药。所以，面对儿童和青少年来访者，我一般不建议一感觉到有心理问题就直接领到精神科去诊断、去开药。我看到太多孩子一有了问题，就直接被家长领着去精神科诊断开药，甚至有的住院接受电击治疗。我看到这些孩子普遍眼睛无神，没有光，特别心疼。其实心理方面的这些问题，比如抑郁症，更要放在关系之中、放在爱之中去看待和医治。

有一个青少年来访者，大概是 16 岁的样子，坐在那里一句话也不说，那天咨询室的氛围，我都感觉非常压抑。而他妈妈在旁边喋喋不休，说孩子有这样那样的问题和毛病，半年不和家长说话云云。我请他的妈妈先出去一下，我和孩子单独待在一起。他从头到尾低着头，我非常小声地去跟他沟通。我说：“你能听到我的声音吗？如果可以，请你点一下头。”他停了几分钟，慢慢地点了一下头。我说："你这么难受、这么痛苦，有人知道吗？有人心疼你吗？"他默默地摇头。我就用这样的方式开始了一次难忘的咨询。到一半的时候，他开始默默流眼泪，后面渐渐哭出声音，我想是因为他感受到了我的接纳、理解和无条件的爱，给他提供了一个安全的空间。当这次咨询结束的时候，他站起身和我有了第一次眼神交流，然后用微弱得几乎听不清的声音说："谢谢您。"后来他妈妈跟我反馈说，那次咨询之后孩子的状况好多了。这件事对我触动非常大。

其实青少年的内心是特别渴望被观照到的。重度抑郁状况下的孩子，就像是坐在黑暗之中。那么能够照透这个黑暗的光是什么呢？其实就是无条件的爱和接纳。但是很可惜的是，很多孩子在自己的原生家庭、在他所处的环境里，没有办法跟别人产生真实的联结，去感受无条件的爱、接纳和欣赏。他们的世界里没有光。儿童和青少年的感知力是非常强的，有的甚至比成年人强很多倍。当你真的去接纳他、爱他、给他力量、给他支持和认可的时候，他是能感受到的，他整个人的身心状态会马上做出调整和回应，这是生命的力量与本能。

另外，我也建议家长多带抑郁症的孩子到大自然中去，多在户外活动，多晒太阳。维生素 D 是让我们精神愉悦的很重要的物质，需要通过太阳照在裸露的皮肤上来合成。还有对大脑健康和情绪稳定非常重要的肠道微生物菌群，也是要通过和大自然中的泥土、动物接触来获得。别忘了我们人类也是大自然的孩子，我们的身心健康都和大自然紧密相连。这里要注意一点，玩就是玩，让玩要纯粹一些。千万不要一边带孩子玩，一边跟他说学习的事，给他施加学业上、情绪上的压力。如果现在孩子已经抑郁了，状态已经不好了，那就先集中精力去调整他的状态，让他快乐起来、健康起来，等状态好了再去说学习的事。

应对青少年焦虑

我辅导过很多焦虑状态非常严重的孩子，他们有一个很典型的表现，就是在咨询的过程中会不停地动来动去：身体扭动，抖腿，抠手，撕手皮，手里总是要转着一个东西，或者不停地吃零食。我也观察到，这种焦虑状态的青少年来访者对自己往往是不满意的，他们是目标完美主义者或者过程完美主义者。

目标完美主义者会给自己定一些很高甚至高不可及的目标，每当想到自己有可能完不成这个目标的时候，就会被焦虑、烦躁的情绪所吞没。那焦虑的背后是什么呢？焦虑的本质是恐惧，恐惧自己不够好、不够完美、不如别人，恐惧自己的一个个心愿不会实现，恐惧自己会丧失价值被人看不起，会让家长感到失望，或者会因此而不被爱。过程完美主义者不仅定的目标非常高，对实现目标的过程也要求完美。处于焦虑状态的孩子，大脑里边有很多的评判，有很多思绪乱飞，拼命地想要证明自己：我是好的，我是行的，我是对的。他的大脑非常活跃，充满了各种各样的思绪、评判与标签：对他人的、对事物的、对自己的挑剔、否定和打压。通过深入的了解，我也常常看到这样的孩子背后总会有完美主义的家长，父母一方是或者双方都是。所以，这种紧张焦虑的情绪往往不只是出现在孩子一个人的身上，而是弥漫整个家庭。在孩子还小的时候，父母用完美主义的高标准、严要求来对待孩子，那么等到了青少年时期，孩子可能就已经把这套评判体系内化了，他会用它来继续鞭笞自己，当达不到永远完美的标准时，他就开始有严重的自我攻击、自我否定，或是对外部和他人进行非常苛刻的评判与挑剔。陷入这种焦虑状态的青少年，他的思维有一个特点，就是不断地活在过去或者担忧未来，很少能够全情投入当下这一刻。这就是心理学上所说的“严重地向思维认同”，活在头脑暴君的统治之下。

在我的经验中，破解青少年焦虑的最优方法就是引导他们专注当下、专注此刻、专注在一个又一个微小的目标上，全神贯注地投入，去创造心流的体验。哪怕一开始只有几分钟甚至十几分钟，也先让他体验到，然后再慢慢延长。所以，要先用一件他喜欢又擅长的事情来让他进入心流体验之中。在这个过程中，他是忘我的、开心的、愉快的，是全情投入的，是能够让自己的创造力和生命能量流淌到这一件事情上的。比方说画一幅画、做一个手工、打一场球，让他在一件事情上有全情忘我的投入体验，能够跟眼前的这个事情建立真实而深刻的联结，这时他的心就稳下来了。当孩子和现实建立了深入的真实的联结的时候，他会发现真实的 60 分胜过想象的 100 分，他开始能够回到现实之中。当他实现了手头的一件件事情、一个个小目标的时候，他会累积越来越多微小的成就感，会越来越感受到自己是有价值、有能力的，是能够创造出好东西的。咨询时，我经常会用这样一个方法：邀请咨询者静下心来体验一个实体。他专注在这个实体上，他去看它，去摸它，去感受它、闻它，把它放在嘴里，去感觉它和口腔之间的摩擦，然后轻轻地咀嚼它，一口咀嚼 30 下，在咽的时候，去感受这个下咽的过程。我发现，对于焦虑比较严重的青少年，带着他做一两次这种全情专注在当下的训练，他很快就能够领悟。然后他把这种体验、这种跟事物建立深度联结的方法，用在学业和其他事情上，他焦虑躁动的心、烦躁的状态就会慢慢减缓。

在和有焦虑症或者严重焦虑问题的青少年说话的时候，一定要注意自己的语气、语速、声音。不要尖着嗓子和他们说话，语速不要太快，把声音放低沉一些，把语速放慢一些，语调坚定平缓地去跟他们说话。急躁和烦躁会传染给别人，我们要努力让自己成为孩子情绪的定海神针。不管孩子情况怎么样，是抑郁还是焦虑，我们自己的情绪是平稳和正向的。

和孩子沟通的时候，尽量少用“应该”或者“必须”这样强制性的、压迫性的说话方式，多给他提供一些选项。比方说他在学业上遇到困难的时候，不要直接告诉他应该怎么做、必须怎么做。引导孩子，让他看到更多的可能性，帮他撑起一个更大的心理空间，让他自己去发现他内心真正想要达到的目标是什么，以及通向这个目标的最优路径。

青少年出现自伤行为该怎么办

来访者当中，最让我心痛的就是看到有的孩子已经开始有自残自伤的行为，甚至尝试过自杀。如果孩子出现自残、自杀倾向，首先要及时寻求专业帮助，因为这个危机程度已经非常严重了，超过了家长们正常的处理能力。也希望家长能去看一看孩子自残、自杀行为背后的原因是什么。有一些家长，发现孩子有自残、自杀行为之后，非常震惊、非常痛苦，完全不理解以前好好的孩子怎么突然就变成这样了。孩子为什么要伤害自己的身体呢？其实这是一种无声的反击，他内心承受的痛苦和折磨已经远远大于身体上的痛苦。他通过这种伤害自己身体的方式，一方面获得一定程度的镇定和缓解，另一方面去争取一点点的自主性。我看到很多有自残、自杀行为的青少年，背后往往都有高操控的父母，家庭氛围往往是压抑的，父母的婚姻关系经常有矛盾或者时有冷战和暴力的发生。他的负面情绪在内心里一直是被压抑着的，没有什么健康的释放途径。家庭成员之间真实关系的纽带往往是很薄弱的，他没有一个安全的氛围去直接表达自己的这些情绪。父母双方或者一方往往非常强势，孩子的一个又一个心愿一再被否定、被打压、被嘲笑，孩子不得不去杀死自己一个又一个精神生命。所谓精神生命，就是我有一个心愿、我有一个想法、我想要去做成一件事、我想要实现一个目标、我想拥有一个东西或者一种感情。如果这些在还没有成形、还没有真正实现之前，就受到比他更强大的权威关系的压制、打压、否定，那么孩子就被迫要在自己内心去杀死它们。这样的话，他的自主性就越来越少了。每一个精神生命的死亡都会释放出一股死能量，这种死能量会让孩子感到我不好、我不配、我不值得、我是应该被惩罚的。他会用一种很残酷的方式去伤害和攻击自己，来自我惩罚。可能在潜意识里面，他也在变相地惩罚自己的父母。

假如孩子已经出现了自残、自杀行为，那么家长要清楚地意识到，这说明孩子内在的生命力量在严重衰减，他试图通过这种自我惩罚的方式缓解内心巨大的痛苦。这个时候，首先要尽快让孩子接受专业心理咨询，让他的情绪、让他压抑的痛苦能够在心理咨询的过程中自然地流淌出来。同时，家长需要给予孩子更多的精神生命，给他更多的授权和自主性，让他一颗颗微小的心愿种子能够在现实世界中生根发芽。孩子再小的心愿，比如这个假期去一趟环球影城、周末吃一顿大餐，我们都尽量去实现，让孩子感觉到我是重要的，我的想法、我的梦想、我的期望是被看见的、被听见的，是可以合情合理地去实现的。帮助他完成一个个微小的心愿，来不断累积他的成就感和价值感。通过这样的方式，我们再把那一份生能量还给孩子，让他一个又一个的精神生命能够重新诞生在这个世界上。

案例示范：帮助躁狂发作的青少年

来访者基本信息：Z，男，17 岁，就读于北京某重点高中，三年前确诊双相情感障碍，现处于躁狂发作阶段。本次为与我进行的第 16 次心理咨询。

咨询师 S：这周和上周状态相比，有什么改善的地方吗？

来访者 Z：没有，还是很焦虑，整个身体非常躁，心烦。

咨询师 S：那么睡眠状态如何？上周是一周里有六天都有失眠的现象。

来访者 Z：这周我用了上次我们学的正念呼吸的办法，有几天是睡着了。

咨询师 S：具体是几天？大概是几点入睡的？

来访者 Z：我想想，应该有四天，11 点前入睡的。

咨询师 S：太棒了！我听到你说通过我们上周学习的正念呼吸的方法，你的睡眠状况从一周里有六天失眠改善到了一周有四天能正常入睡，只有三天失眠，这真是好大一个进步啊！为你学了就用的执行力点赞！不过我有点不理解，我刚才问你这周状态和上周相比有什么改善的地方，你立刻说“没有”，你是没有想起来睡眠这方面巨大的改善吗？

来访者 Z：你这么一说还真是！我发现我还是习惯性地否定，你一问我有没有进步，我想都不想就先否定，即使是你刚才认可我的时候，我心里都不接受，我会感觉你在故意夸我。但我仔细想一想，这个进步是真实发生的呀，也的确是我努力得来的呀，为啥我就这么不愿意认可自己呢？

咨询师 S：谢谢你这么坦诚地告诉我你刚才的内心活动，尤其是你感觉我在故意夸你那个部分。你自己也看见了你的习惯性负面思维和自我否定的模式，这是对我们的治疗很重要的一个里程碑，因为看见是疗愈的一半。过去咨询中你多次呈现出这种模式，但我都没指出来，今天是你自己意识到并且很准确地说出来了，祝贺！你现在回忆一下，这样习惯性自我否定而且不能接受别人的认可的情况有多久了？

来访者 Z：我都记不清了，好像从小学就这样，初中更严重，到现在特别严重了。

咨询师 S：如果把这种自我否定比作一个声音，它都会跟你的头脑说什么呢？

来访者 Z：如果我做得好，这个声音会说："这有啥了不起的！比你做得好的人多着呢！这不是应该的吗？可别翘尾巴。"如果我做得不好，或者犯了错，这个声音会说："你干的这些都是浪费时间浪费钱，都是无用功。你看，就知道你不行！谁都比不上，真差劲！之前还敢骄傲，这回露馅儿了吧，你就这水平！这么简单的事都能做错，虎头蛇尾，将来肯定一事无成！"

咨询师 S：你描述得很准确，谢谢你，这样的话重复一遍都很让人沮丧，辛苦了。那么，这样的话有谁对你说过吗？

来访者 Z：我爸经常说，我妈是用挖苦讽刺的方式，表达的是同样的意思，然后还有一个初中的老师，总是这样说我。不过，我生病之后他们都不敢这么说了，现在主要就是我自己天天这么说自己。

咨询师 S：你是说现在外界已经没有人这样否定和攻击你了，只有你自己在延续着这个模式继续自我否定和攻击，是这样吗？

来访者 Z：还真是，我以前没这么想过。对，现在就剩我自己了。

咨询师 S：我不太理解，因为这些话听起来是非常让人难受和气馁的，我听一遍都感觉胸口很闷，你的感受呢？当这个声音不断这样说你的时候，你的身体会有什么反应吗？

来访者 Z：每次这个声音这样说我，我就会焦虑和烦躁，会特别讨厌自己，甚至想把自己杀了，做事情都会着急，恨不得马上做到完美。然后血会往头上涌，对自己或者他人很生气，胸口疼，有时胃也会疼，老想上厕所。

咨询师 S：辛苦了。那每当这个声音这样和你说话时，你会回答它吗？会反驳吗？它在给你施加心理痛苦啊！

来访者 Z：你说之前我都没有意识到这是一个外在的声音在对我说话，我一直觉得这就是我自己啊，难道不是吗？我一直都在顺着它，它怎么说我都全盘接受，然后更加鞭策自己，做不到之后就更沮丧、更恨自己了。

咨询师 S：问题来了，这里出现了两个你自己：一个是像暴君一样不断发号施令、批评、否定、挑剔，总是不满意的头脑自己，另一个是像奴仆一样总是被否定、被羞辱、被鞭策、被奴役，不得不去做事的身体自己。你认为是这样的吗？那这两个自己，哪个才是更真实的你？

来访者 Z：是这样的，我都感觉自己快分裂了。应该是头脑自己才是更真实的我吧？我思故我在嘛！

咨询师 S：是吗？如果头脑自己是真实的你，那么你一定是能控制住它的，你让它想什么它就想什么，这才能证明它是你的一部分，是不是？不然我们来测试一下，到底是你在控制它还是它在操控你？

来访者 Z：好的，试一下吧。

咨询师 S：现在请用最舒服的姿势平躺下来，命令你的大脑停止一切胡思乱想，把所有注意力集中在你的小腹上，做腹式呼吸，随着每一次呼吸从 1 数到 9 再从 9 数到 1。这个练习的重点是试着让思维停摆，不要想别的事，所有思维专注在观察小腹随着呼吸的起伏上，理解了吗？

来访者 Z：理解了，这个 1 到 9、9 到 1 是我来数吗？

咨询师 S：是的，你自己在心里默数。你准备好了我们就开始。

（大约5分钟后，练习结束）

来访者Z：我发现我竟然数到12了，那时才意识到数过了。

咨询师S：是怎么数过的？你数过的时候头脑里在想什么？有什么画面吗？

来访者Z：我不知不觉又想了好多，想到学校里一个同学踹我椅子的事，特生气。还想到我去爬山的画面。我刚才还想，你为啥说话这么慢，要是语速快点，我每次咨询不就能学到更多东西，效率不就更高吗？我还想到我数学作业还没做完，着急赶紧回家写作业，还想到将来找个什么样的女朋友。这几分钟的时间过得好慢，思维跑了好几十次吧，脑子里各种画面不受控制地出现。

咨询师S：很好，这个练习的目的是客观地有意识地观察自己思维的轨迹，你第一次能观察到这么多很了不起。现在你评估一下，你是在控制你的思维让它去到你让它专注的地方，还是它在带着你满世界地跑？

来访者Z：我完全控制不了它，是它在控制我。我怎么刚刚才发现这一点呢？我以前还觉得它是听我的。难怪我学习的时候注意力很难集中。

咨询师S：是的，未经训练的思维会像脱缰的野马一样乱跑，但我们是有方法训练它的。刚才的数息练习，我们再来一次好吗？这一次你不要紧张和对抗，尽量把呼吸放深放长，发现思维又跑了就把它拉回到你的小腹上，我们看看这一组练习你能拉回它多少次。

（大约 7 分钟后）

来访者 Z：这次好多了，它一跑我能意识到它又跑了，赶紧拉回来，让它多停留在小腹的感受上，一会儿又跑了我马上就能意识到，再拉回来。它还是不停地想跑，我就不停地把它拉回来。感觉这次比上次可控一些了。

咨询师 S：身体的感受呢？

来访者 Z：感觉轻松一点了，心里安静了一些，没刚才那么烦躁焦虑了，心情也好一点了，真神奇。

咨询师 S：这个练习你可以在日常中做，每天做 15 分钟，一周做 5 天，你可以吗？

来访者 Z：可以的，我感觉找到了训练思维而不是被它控制的方法了，好高兴。

咨询师 S：好的，加油！下周我们复盘一下练习成果，我再教你另外一个思维和专注力训练的方法。

本章练习

1. 下面这张图是一个情绪杯。有三条水位线，对应着不同的情绪状态。最高的那条水位线代表着每天的情绪状态很饱满，是愉悦的、放松的、开心的，做事情是有动力的、能全情投入的。水位线在中间位置的话说明状态已经出现损耗，处在一个亚健康的状态，做事情的热情不是很饱满，会拖拉、抱怨、烦躁。最低的那条水位线表示情绪状态已经枯竭，这时就可能出现比较严重的抑郁、焦虑甚至自伤问题。根据情绪杯图，完成两项作业：

（1）评估一下自己的情绪状态以及孩子的情绪状态处在情绪杯的哪个位置。

（2）情绪杯不是一成不变的，它会随着我们的状态波动。左边是注水口，右边是出水口。在左边注水口处，写下至少10个能够让你感到身心愉悦的事或者人。在右边出水口处，写下你能想到的现阶段让你消耗自己的事或者人，没有数量要求，有几个就写几个。

（　　）的情绪杯

100% 由（　　）负责

注水口　　　　　　　　　　　　　　　　出水口

我的决定：

第十四章

遭遇霸凌

如何帮孩子走出心理阴影？

孩子遭遇霸凌，家长第一时间该怎么做

我之前接触过这样一个案例：一个初中的男孩子，在学校里面被几个高中部的男孩打了，还逼着他要钱。他一开始想和父母说，但是因为父母平时对他非常严厉，出现任何问题，他们都会先指责他，“怎么他们不找别人专找你？你身上有什么问题？”。他小的时候跟别人发生冲突，父母回到家之后都是先揍他一顿，让他去道歉，所以这次被欺负他没敢和父母说，这几个高中男生就变本加厉地逼着他要钱。他后来没办法，就偷妈妈的珠宝首饰去卖钱。妈妈发现自己丢了东西后，这件事

才暴露出来。这个孩子非常害怕，就跪在地上磕头，哭喊着让父母杀了自己。他的父母此时才意识到孩子已经被这些高中男生控制了半年多的时间，他甚至想轻生。

发生这样的事情非常令人心痛。家长本应该是孩子在遭遇霸凌事件之后最强有力的后盾和支持，但由于家长和孩子之间安全感和信任纽带的长期缺失，孩子在遭遇这种事情之后，第一时间不是想着向父母求助，而是想着怎么去掩盖、欺骗，甚至用偷东西的方式去解决。在这件事情上父母该去反思自己。霸凌发生的第一时间孩子愿意主动和家长讲，需要长期的亲子信任关系作为基础。

面对校园霸凌，作为家长，我们首先要去做一个正确的界定。如果是正常的人际关系中出现的冲突，那么我们就可以支持孩子自己来解决。我们不要轻易把冲突的性质定义为霸凌，不管三七二十一就强势介入。我也见过这样的个案，其实孩子在学校里面只是遇到很普通的一次口角，但是孩子回来一说，家长先激动了，去学校里面闹，逼着另一方孩子和家长道歉。这样的处理方式实在没有必要。如果是孩子成长过程中的正常冲突，那么我们没有必要上升到霸凌的层面。保持和孩子的良好沟通，让他什么都愿意跟你说，同时作为朋友和支持者，帮助他去自己解决遇到的问题，这也是孩子成长的一个过程。

那如果真的是霸凌，该怎么办呢？首先，我们需要先定义一下什么是霸凌。

霸凌是一种恶意的伤害，伤害孩子的身体或者是他的名誉，又或者是对孩子进行人身攻击。霸凌者是有预谋、有组织的，他通常使用恐吓和羞辱的方式去控制被霸凌者。如果孩子遭遇类似的对待，家长要和孩子之间保持安全畅通的沟通，才能更好地帮助孩子。如果孩子把遭遇告诉了家长，家长第一时间要稳住自己的情绪，先不去指责、归罪，而是告诉孩子谢谢他把这件事情告诉了父母，在这个事情上，父母永远和他站在一起。家长的稳定、镇静，会让孩子很有安全感，也会让孩子看到家长在这个过程中是公平的，是理性的，也是能够给他支持的。

面对孩子的遭遇，家长首先要确认这是不是一起恶性事件。一旦确认，家长需要第一时间安抚孩子的情绪，同时也安抚自己的情绪，因为遭遇霸凌，会引起非常强烈的情绪反应。对家长而言，第一时间要关注孩子的情绪，而不是关注事件的具体情况。

我为什么要强调这一点？因为这是我们比较容易缺失的一个环节。事情发生之后，我们总是想第一时间搞清来龙去脉，找出罪魁祸首，但往往忽略了受害者的情绪和感受。如果没有及时去安抚孩子的情绪，很可能对孩子的心灵造成巨大的创伤，甚至可能导致创伤性应激障碍（PTSD）。

孩子遭遇恶性的霸凌事件后，家长第一时间先安抚他的情绪。当孩子跟你说的时候，你不管心里有多大的波澜，也要保持冷静，然后鼓励孩子把事实经过尽量清晰地说出来。这是非常重要的一个步骤。因为有的孩子刚说几句，看到家长情绪激动了，就不敢再往下说了。我也接触过经历校园性侵的孩子，她在试图把这件事告诉妈妈的时候，妈妈先崩溃了，她后面就闭口不谈了。平复自己的情绪非常重要，让孩子尽可能详细地把事情经过说清楚。

说完之后，家长首先要去除孩子的羞耻感，第一时间告诉他："谢谢你信任爸爸妈妈，我们知道你经历了什么，但是爸爸妈妈想告诉你，这不是你的错，你不要为这件事情责怪自己，爸爸妈妈不会责怪你，你没有任何过错。这件事情发生在你的身上，我们感到非常难过，但是你要知道这不是你的错，你不要指责自己，不要让任何人因为这件事指责你，你要学会和自己站在一边，好吗？"要有这样一次去除羞耻感的谈话。要表达你的感谢，感谢孩子愿意说出来，感谢孩子的信任和勇敢，肯定他在这件事当中表现出来的勇气。父母的感谢、接纳和肯定会给孩子非常大的力量，让他知道自己找父母是对的，父母可以给他支持和保护，这会在很大程度上帮助孩子获得战胜邪恶和面对这个遭遇的信心与勇气。

那么，接下来怎么处理这件事情？家长需要告诉孩子：

“你可以信任爸爸妈妈，你已经把事情都告诉了我们，你已经做了你该做的部分，剩下的交给我们。”这个时候家长一定要勇敢地站出来，像一个战士一样来保护你的孩子、捍卫你的孩子。我们要勇敢地去对抗这种邪恶，坚决不妥协。我们一定要让对方公开道歉，并且让这个霸凌者受到他该有的惩罚，让孩子看见邪不压正，正义最终战胜了邪恶！他的人生需要看见这一幕。必要的时候，我们可以申请法律援助。

我之前处理过一个类似的个案，被霸凌者的父母因为对方有钱有势，最后就接受了私了，获得一大笔钱的赔偿。但是这样的处理会让自己的孩子——霸凌事件的受害者有什么感受呢？他会感觉自己不值得、不配：自己的身体或者人格就值那么点钱，自己不值得爸爸妈妈去坚持那一份公平和正义，爸爸妈妈可以为了一些实际的利益去牺牲掉我的公平。所以，这个孩子后面很多年都没有办法原谅父母，他的自我认知也非常低：我必须要妥协，这就是我的命运，因为我们家没钱没势。在这件事之后，他的自我价值一落千丈。

面对恶性事件，我们一定要坚持到底，要给孩子一个公平的交代。我想这是我们做父母的应该做的。如果我们在这种事情上妥协，会影响孩子一辈子的价值感，影响他追求公平、正义的决心，他对抗霸凌的勇气、正直会被否定，他的三观会混乱。

遭遇霸凌的后续心理重建

霸凌事件后续的心理重建也非常重要。经历过恶性霸凌事件的孩子，可能会出现刚才说的 PTSD 现象，比方说他会做噩梦，会重现他被欺辱、被打的场景，等等。有的孩子可能体重会暴增或者暴减，食欲、睡眠都会发生变化，或者莫名其妙地想哭。出现这种现象之后，我们要及时寻求专业的心理援助。心理学上有一个 48 小时的黄金期，也就是在孩子经历霸凌事件之后，48 小时之内找到专业的心理咨询师介入，进行心理援助。后续恢复的过程中，也要有一个规律的心理咨询的疗程，陪伴他彻底地走出霸凌的阴影。家长跟孩子的沟通中，也不要刻意去回避这个话题。在孩子愿意的情况下，可以和他讨论，允许他真实地说出自己的想法和感受。如果这时候孩子说我非常恨那个人、我想弄死他之类的话，我们不要去说教，要允许他说出来。说出来就好了一半，请家长记住这一点，不要去否定孩子的真实想法和感受。

最后，家长可以通过和孩子一次次的沟通，去帮助孩子看到自己在经历这个事件的过程中，有什么力量、有什么闪光点、有什么值得肯定的品质。比方说，他勇敢地表达出来了。这些美好的品质、这些力量，我们充分地看见它们、认可它们，去重建孩子的自信和价值感，也帮助和引导孩子建立更健康的边界感。

案例示范：帮助因校园霸凌而抑郁休学的青少年走出阴影

来访者基本信息：M先生的女儿小M，15岁，因抑郁症休学在家。本次为与我进行的第二次心理咨询。

咨询师S：上次你爸爸来咨询的时候，我鼓励他向你道歉，因为在你遭遇校园霸凌的时候，他没有正确地回应，也没有第一时间保护你。不知道他向你好好道歉了没有？

来访者小M：有的，我爸跟我道歉了，而且是很真诚的，我也哭，他也哭，我俩和好了。谢谢您，要不是您和他说清楚，我咋说他都不理解我为啥这么痛苦。

咨询师S：也谢谢你的敞开和信任。你爸爸很棒，不是所有家长都能拉下脸来给孩子道歉，有的家长就算知道自己错了也嘴硬，强词夺理。

来访者小M：是，我爸以前就那样，我都没想到他能真心道歉，我也原谅他了。他道歉之前，我都下定决心了，一辈子不理他、不原谅他。

咨询师S：是啊，你不原谅他我也能理解，可是你还是选择了原谅。我知道这是出于你的善良和对爸爸的爱。谢谢你。另外我想问一下，这件事现在对你的影响还有哪些？你希望通过咨询我怎样帮到你？

来访者小 M：对我影响还是挺大的，有的时候晚上会做噩梦，梦见那几个女生把我堵在厕所欺负我，还有人录像，我总是被惊醒，醒来之后发现自己心跳得特别快，出一头汗。还有就是我想学习的时候发现自己总是走神，很难集中注意力。

咨询师 S：（表现得非常愤怒）这几个欺负你的女生真是太可恶了！她们给你造成这么大的伤害，我太难过了！太生气了！她们将来会被社会吊打！

来访者小 M：啊？您是这么想的吗？我以为您要劝我原谅她们……

咨询师 S：不需要原谅。你有权利永远不原谅她们，因为她们这样对你是不公平的、不正义的，而且是非常邪恶和卑劣的。她们的这些行径给你的身心造成了巨大的伤害，而你是无辜的，完全不是你的错。

来访者小 M：啊，听您这样说我心里好受多了。可是真的完全没有我的错吗？那为什么她们欺负我不欺负别人呢？

咨询师 S：你自己认为呢？

来访者小 M：可能就是因为她们觉得我太善良了，性格太温和了。而且她们知道我家有钱，我人缘又好，可能有嫉妒的成分吧！

咨询师 S：是的，而且她们内心其实是很卑劣懦弱的，敢做不敢当。她们的卑劣正好衬托出你的正直和勇敢。你当时大声呵斥她们，告诉她们你不怕她们，还偷偷开了手机录音，在那种危急情况下还能有这么勇敢智慧的反应，真的特别棒。还有你第一时间告诉了家长和老师，没有纵容她们的罪恶，也是很赞的！

来访者小 M：谢谢您的鼓励，可我还是越想越气！我觉得我应该更厉害一点，有一些话我没说到位，而且我真想把她们都打一顿！

咨询师 S：可以的，我们在咨询室里复原一下当时的情景，你按你后来想好的那些台词和行动来重演一下当时的情景吧，把你想对她们说的狠话大声喊出来！

（我们用咨询室里的几个玩偶来做角色扮演，帮助她用表演的方式疗愈创伤。她在这个过程中大喊大哭，拼命摔打那几个扮演施暴者的玩偶，情绪得到了很好的释放和疗愈。之后她做噩梦的现象越来越少了，抑郁也逐渐改善，最终恢复了学业）

本章练习

1. 如果你经历过霸凌或者你的孩子经历过霸凌，请写下一段鼓励的话给自己或者孩子。你也可以想一下，如何帮助孩子建立人际交往的界限，并且让孩子知道父母永远是他的支持者和保护者，遇到任何困难都可以随时来到父母面前寻求帮助。可以安排一次和孩子的深度对话。

第十五章

厌学、躺平、厌世、没动力

帮孩子重燃内驱力

孩子丧失活力的根本原因

在我大量的咨询个案中，有很多青少年来访者，家境非常不错，父母提供的外部条件非常好，自己各方面条件也都非常优越，但就是没有动力，就想躺平，问他未来有什么打算、有什么目标，得到的回答基本是："能生活就行了，没什么理想，更没什么目标。"面对这样的来访者，当你跟他深入地聊下去的时候，会发现他并不是真的什么目标、动力和热爱都没有。只要你能够跟他建立深度的联结，他足够信任你、对你敞开内心的话，你会发现其实他的内在世界是很丰富的。只是他喜欢的东西、想要实现的目标，可能跟我们主流的社会价值观、父母的期待、学校老师教的内容是格格不入的。所以，他就表现出一副我在摆烂、我什么都无所谓、我什么都不在乎的样子。但其实，在他这样一个外表之下，他内心封存着自己喜欢的、热爱的东西。

所以，一个优秀的咨询师要透过来访者的摆烂、透过他什么都不在乎的面具看到他的内核，看到他内心中那个真正让他燃烧起来的东西是什么。很可惜的是，很多孩子摆烂久了之后，内在真正的那一团火也慢慢地熄灭了。很多孩子跟我说过，其实他以前是有梦想的、他以前是想要实现一个什么目标的、以前他做什么的时候特别有劲，但是因为后边遭遇了一些事情，比方说父母不支持，或者是被老师和同学否定过、嘲笑过，就放弃了。

这样的故事听了很多之后，我特别想对家长朋友们说：每一个孩子内心都是有驱动力的，我们的生命里面自然就有旺盛的生命力和活力。这不是我们强加给孩子的，也不是咨询技术能强加给来访者的。希望大家在这个方面形成一定的共识。

三步让孩子重获自主性

孩子为什么会失去活力，为什么会躺平厌世？就是因为他活得不自主，人生的方向盘不在他自己手里面。他的人生是被动的人生，是被安排的人生。这样的孩子经常说的是什么呢？没劲，没意思，活着没意思，生活没意思。为什么会这样？因为在被养育的过程之中，由于各种各样的原因，他的生命力被剥夺了，他的自我、自主性、自我认知、自尊心、自我荣誉感被摧毁掉了。在这个过程中，他经常是被打击、被否定的。他的一个又一个精神生命——也就是他的心愿，他想做的事，一颗又一颗梦想的种子——在不断地被杀死，不断地破裂，然后释放出死能量。慢慢地死能量占了上风，战胜了生能量，这个时候很多问题就会呈现出来：焦虑、抑郁、双相情感障碍……很多家长直到孩子走到这一步了才发现，好好的孩子怎么出了问题？这时候才想，我该怎么给孩子鼓劲，怎么让他重燃斗志，怎么让他更有上进心呢？说得重一点，其实已经有点晚了。因为孩子不是一下子变成这样的，孩子的自主性、活力，没有我们想象的那么百折不挠，怎么摧残都不会少。自主性是一个很宝贵也很脆弱的东西，是很容易被打击掉的。比方说孩子有一个心愿，第一次提时你否定他，第二次他可能还会再提，然后你再嘲笑他、羞辱他一下，第三次他可能还会鼓起勇气再提一次，这时候你又嘲笑、批评他，那么，这个心愿从此就被杀死了。如果再给他贴上一些很负面的标签，孩子很可能就会把这些标签内化。在他未来的人生之中，当他再想要跃跃欲试，想尝试去做一些自己喜欢的事情时，这些标签可能就会反过来对他说：“你算老几，你个窝囊废，你个没用的东西。”父母无意间说的一些话，是会被孩子内化的。对于已经躺平、已经自我放弃的孩子，想要重燃他的斗志，想让他重新有自主性和内驱力，首先要做的就是把他内心这些标签揭掉。

我曾经带领一些青少年做一个“去标签”的游戏。我准备了一张很大的纸，让一个孩子躺在那张纸上，然后其他孩子给他画出一个人形。我会让这个孩子回忆所有他能记起来的负面的评价和论断，不管是家长、老师、同学还是其他人对他说的，也包括他自己内化到心里不断对自己说的。在游戏中，每一个孩子都认真地写，用小便签纸，一句一句、一个词一个词地写，然后贴到刚才画的自己的人形上。参加活动的都是十几岁的孩子，我发现他们每个人都写了厚厚的一摞纸。我很痛心，他们才这么十几年的生命，就已经承受了这么大这么多的恶意。这些标签如果不处理，会一直留在孩子的心里，即使当时这样说他的那个人已经去世了，他也仍然会捡起那一根曾经抽过他的鞭子，继续抽在自己的身上。这是多么遗憾也多么让人心痛的一点。

如果我们发现孩子有厌学、躺平和厌世的问题，那我们可以认真回想一下：他是从什么时候开始的？他什么时候开始变成了一个缩手缩脚、自我批评、自我否定的人？从什么时候开始他觉得活着不那么好玩了，不再每天充满希望、充满快乐地活着？如果你能追溯到某个时刻的话，可以进一步想一想那个时候到底发生了什么、孩子都承受了什么，以至于让他有了这么巨大的变化。我们可以去和孩子进行更深的交流和讨论。如果孩子足够信任你的话，他会愿意打开自己的心灵，然后把这个过程中别人对他说了什么、做了什么，甚至父母对他说了什么、做了什么，让他对自己形成了一些错误的认知，贴上了一些不好的标签等真实情况和你分享。高考或者中考前都会有很多孩子来寻求辅导。他们都很上进，也很想学好。但是，每当快要考试或是面对压力的时候，他们会不断地自我攻击，脑子里会有各种声音出来，“你就是不行”“你虽然平时学得还挺好，但一考试就发挥失常”“你就是心理素质差”，等等。每当想要去行动、想要去挑战一个目标的时候，他们的脑海中都会浮现这些扰乱他们的声音。而这些话就像一个个毒瘤一样，会妨碍孩子生命的成长。

有智慧的家长会帮助孩子做一个全身扫描，帮助他看到他小小的生命里面承载了哪些标签化的评论，承载了多少自我攻击。一个孩子最终有没有内驱力、能不能有长远发展的动力，就在于他做事情是为自己而做、愿意做，还是他不想做但不得不做。这一点在生命最初的阶段，在孩子小的时候，看不出太大的差别，但是到青春期后，这个差别会越来越明显。

有内驱力的孩子，他知道他做的这些事是为自己而做，是他喜欢的、想要做的，是他想实现的目标。他自己会把时间、学业甚至人生都规划得比较好，因为他感觉到自己是有这个主动权的，因为他被允许做选择，被允许犯错，被允许不完美，也被赋予更多的机会试错。他内心很笃定：虽然我不够完美，但我仍然是被爱、被接纳的。这样的孩子，他未来的人生一定会越走越敞亮。

也有一些孩子，从小没有太多的内驱力和自主性，或者说他们的自主性被剥夺得太厉害。传统养育方式习惯于剥夺孩子的自主想法、创意和心愿，让他们屈从于养育者或者教育者的意志，按照大人的心愿去做：如果你顺着养育者的心愿做了，你听从了父母的话，那你就是听话的好孩子。这真的是一种特别差劲的养育方式。孩子非常聪明，他会不断调整自己来回应大人的期待，用自己的顺从得到大人的夸奖，从而获得更多的爱。但他自己呢？在这个过程中不断被压抑，为父母活、为老师活、为了达到期待而活。孩子究竟是从什么时候开始慢慢丧失掉自主性的？请家长们帮孩子一条一条地捋出来。那些压着他的负面评价，那些剥夺掉他的自主性和内驱力的过程，我们可以帮他一个一个地否定掉，一条一条地告诉他不是这样的。里面有一些内容是我们家长自己传递给孩子的，常见的有“你看你，就是不如别人好”。如果有这种情况的话，我们要去承认和面对，并且要和孩子道歉：“对不起，妈妈那个时候对你说过这样的话，让你觉得自己不如别的孩子，让你觉得自己很差劲。我很后悔这样说，但我知道现在已经没有办法收回了，这样的话已经对你造成很大的影响和伤害了。妈妈此刻郑重地告诉你，你不是这样的，你有很多自己的优势，你是有力量的。妈妈错了，希望你不再受这一句话的影响，希望你释放自己，好好地往前走……”

你会发现，每一个孩子可能都会有几十条甚至上百条关于自己的负面评价。如果我们能够跟孩子有一个深入的联结，就可以帮助孩子一条一条地梳理清楚，然后让他看见，这些评价和标签都在限制着他，但这些都是偏见和谎言，不是事实。那事实是什么？我们一起来面对。如果和孩子之间的关系没有那么密切，而且孩子受这些东西影响的时间太久了，那么可以寻求专业人士的帮助，帮孩子一条一条地把这些偏见和谎言揭开，把孩子释放出来。所以第一步，我们需要先来处理负面标签。

第二步，让光照进来。一个缺乏生命动力的躺平厌世的孩子就像躺在一片黑暗之中，当我们把压着他的大石头一块一块地挪去之后，我们需要让光照进来。什么是光？就是无条件的爱，就是人和人之间真实的爱和接纳。在前面的章节讲到自我决定论时也谈到，一个孩子愿意去探索这个世界，愿意去完成一个一个的小目标，去完成做事情的闭环，让他的精神生命一个一个地诞生在这个世界上，最重要的是需要什么呢？就是安全感。那什么是安全感？就是他感受到了无条件的爱。他是被爱的，他是安全的，所以他不怕犯错。不怕犯错是做事情的前提，因为只要怕犯错，怕做不好，就一定不敢去冒险，不敢去尝试，一定会故步自封、缩手缩脚。那么他为什么不怕犯错呢？因为他心里有底气。这份底气是从哪里来的？就是爱。如果我们帮助孩子完成了第一步，挪掉了那些压在他身上的大石头，那么第二步就是要学会充分地给予孩子无条件的爱。其实爱本身就是无条件的，任何附加条件的爱都不是真正的爱。我们要让无条件的爱像光一样，照透孩子一直藏身的那片黑暗，让他看到光，让这个光成为他的勇气和力量，让他的心理营养更快恢复。这也是我们一直在强调的，和孩子建立起真实的、深厚的，无条件的爱在其间流淌的关系，会给孩子接下来重燃斗志、重获内驱力打下一个很坚实的基础。

第三步才是规划他的学业目标。如果没有前两步的基础，规划出再好的目标，孩子也只是迫于压力去做，做的过程就会非常艰难、非常痛苦。但如果在前两步的基础上，再去引导他，让他的学业服务于一个更大的人生目标，他就不会觉得学习只是为了完成考试，是为了满足父母的期待，他才能真正调动内心的力量去好好对待学业。传统的教育常常是比较短视的。老师和家长会告诉我们要好好学习，因为学习好了才能考一个好大学，考了好大学才能有一个好工作，有了好工作才能赚到更多的钱，才能拥有更高的社会地位。我们自己都是过来可能人，可以想一想，我们把这些目标都实现了又怎样呢？到头来可能仍然不幸福，仍然精神焦虑紧张，各种关系处理得一塌糊涂。我们很多时候把自己的人生活小了，其实可以活得更大、更宽广、更美、更精彩，更能够去造福别人。这样的人生才活得更有价值吧！

我们可以看看自己想要活成的人生的样子，然后带着孩子一起去看他想要实现的人生是什么样的。当看到那个远景的时候，我们再引导孩子去思考：如果想要实现这样的远景，当下可以做些什么。学业是必不可少的一个环节，而且是当下你自己最能使上劲的部分。这个阶段不长，你要抓住现在可以无忧无虑地学习的机会，因为有一天你会发现，你所学的点点滴滴都在为未来那个更大的蓝图服务。我们一定要引导孩子明白这个道理：考个好成绩其实并不重要，重要的是爸爸妈妈希望你不要浪费掉大脑最活跃、最旺盛，记忆力最好的这个阶段，希望你在这个阶段为着你未来要做的那件事去积累。如果我们把这些告诉孩子，那么在引导他去规划人生蓝图的时候，他会自动把学业这个部分放在这个大的蓝图里面。然后，你也可以告诉他不同学业的起点，分别离他实现他的梦想有多大的距离。

这些功课是家长需要提前去做的，用数据、用事实说话，有理有据地和孩子好好沟通。

必须强调一点，你只有建议权，你只是去启发孩子，最终一定是他自己来做出决定：我要做成什么事业，我要成为什么样的人，我很明确这个是我要去的方向，而目前学业是我通往这个目标的必经之路，所以我要全力以赴提升我的学业。这样的目标确定之后，家长能做的就是不断鼓励孩子，不断带他去他想去的那个愿景之中，看一看，感受一下，不断给他情绪、能量的支持。我们还可以用我们的智慧去帮助孩子做一些小事的规划，让他体验实现了一个小目标的喜悦。比如孩子想在期中考试中提升 40 分，我们可以帮他规划一下每一科需要提升多少才能够实现这个目标。我们可以作为朋友去和孩子一起讨论和规划，助力孩子完成一个小的目标。一个个小目标累积下来，会越来越增强孩子的自主性和自信心。成功的次数多了，他就养成了成功的习惯，然后他的畏难情绪、畏惧心理就慢慢地消除了。

本章练习

1. 请和你的配偶一起，拿出一张白纸，中间画一条线，左边列出你们曾经对孩子有过的标签化的负面评价，右边进行对应改写，把负面的标签化的评价改写成更为客观的、开放性的、引导性的词或者句子。比如，曾经评价孩子非常懒，可以改写成“孩子做事情需要更多的动力”；曾经评价孩子笨，可以改写成“孩子需要更多时间消化、吸收知识”。

我们把曾经定性的标签化的词变成描述客观事实，朝着更开放的、有更多可能性的、更正向的方向进行改写。

第三部分

进阶高手级别的养育，你也可以

第十六章

挖掘潜能，成为孩子的伯乐

科学、精准地找到孩子独特的天赋与热爱

孩子的潜能是无限的

越早了解孩子的天赋优势，家长越早受益。孩子的潜能完全超过我们的想象。一个新生的孩子，他的大脑神经元细胞有多少呢？806 亿个！这个数量级的神经元细胞是什么概念呢？就是目前全世界已知的信息输入进去，他的大脑都能够承载。这是非常惊人的一个事实。每个孩子都拥有像宇宙一般宽广的无限潜能，关键就在于你怎么去认知它。如果你总觉得自己的孩子笨，总觉得他不如别的孩子聪明、优秀，那这样的负面认知就会限制孩子的发展。

网上特别流行一些短视频，集合了家长给孩子辅导作业时气急败坏的各种场景。对此，我想说一句扎心的话，其实都是因为大人不会教，不是孩子学不会。只有不会教的大人，没有学不会的孩子。不要去耽误孩子的前途，不要去妨碍孩子的成长。我经常劝家长，如果你不知道怎么促进孩子大脑的开发，你可以什么都不做，但是别去毁坏它，孩子的大脑自己会发育得很好。

从我女儿在我肚子里有了听力开始，我就每天跟她说话。科学研究也已经证实，如果每天跟孩子说 8 000 字的话，语言会对孩子的大脑起到一个很好的刺激和开发的作用。0 ～ 3 岁这个阶段，我也同样让孩子沉浸在不同语言的歌曲之中。我知道她听不懂，但是没关系，你放了多少，她都无限地吸收进去。因为这个时候语言的作用不是让她学，而是为了开发她的大脑。所以我的女儿说话特别早，两个月会叫妈妈，四个月会叫爸爸，八个月就能说上百个词语，一岁多就可以正常交流、聊天，两岁多就开始跟我进行深度聊天，去表达她的观点。三岁多时能准确叫出几十种狗的名字，有的同龄孩子还在说“狗狗”的时候，她在公园里会指着一只只狗说：“这是拉布拉多犬，这是边境牧羊犬，这是贵宾犬……”我和她爸爸都是智商平平的普通人，我们怀着惊喜和赞叹去看这个小生命自然地成长，悉心浇灌，静待花开。你会发现她一会儿这边开出一朵花，一会儿那边开出一朵花，然后结出各种各样美好的果实。她现在 10 岁了，很多见过她的人都惊叹于她那种美好、智慧、健康、快乐的状态。不止一个人跟我说过，和我女儿聊天疗愈了他某些创伤或痛苦，她对他人的情绪和感受有敏锐的感知力和深深的理解力，而且她自己情绪稳定正向，总能去鼓舞和疗愈别人。她的学业我完全不用管，基本上各科都是全年级第一名。她已经独立阅读了上千本书，能够和各行各业的大人进行有深度有思想的交流。今年带她去欧洲，她能用流利的英文和当地人聊天，在旧货市场砍价。她热爱舞蹈、声乐、钢琴、绘画、游泳、马术、独轮车、古诗词吟诵、戏剧表演，而且每一项都做得非常好，每个老师都对她赞不绝口。我从来不会逼她学，都是她自己自主探索时找到的爱好，因为每一项都是她自己喜欢的，学习的时候都是又高兴又感激。我们的亲子关系也是非常和谐的，她会每天来抱我，和我聊天，鼓励我、夸我，我心情不好时她会安慰我，让我开心，当然也会这样对爸爸。因为我们从小就是这样对她，给她注入了充足的心理营养和内在力量。所以，养育孩子的过程不应该是一个痛苦和焦虑的过程，而是一个欣赏、陪伴，发现这个生命的独特，守护他一点点成长、成熟的过程。而这一切的前提就是你要相信你的孩子也可以。

父母的认知是孩子发展的天花板

一个孩子发展的天花板是什么呢？我认为就是家长的认知、格局和智慧的程度，还有就是家长能够给孩子提供多少心理营养。如果说人生来不平等的话，这个不平等体现在哪里呢？其实就是父母的认知、格局、信念系统，它们将会成为孩子的天花板。

优秀妈妈的共同点，是充分相信孩子是有能力、有智慧的，是潜能无限的。她们从来不用自己的认知去限制孩子。一个好的家长会经常说的一句话是："我们试试。"孩子有一个想法或创意的时候，家长不是马上去否定，说这个不行、不科学，而是说这个想法我特别喜欢，我们可以试一下，我鼓励你、支持你，你需要爸爸或者妈妈为你提供什么，我们在这里，你就尽情地尝试。

我对我的两个孩子从小只有两个限制：第一个就是保证自己活着，危及生命的事情不要去做；第二个就是不能去伤害别人。在这两个前提下，你想做什么都可以，都被允许去尝试。其实每一个孩子都带着探索世界的本能，都带着征服世界的渴望，这些小小的冒险家、征服者面对世界满怀信心。我们不要去限制、否定孩子，他自己会在探索中把他的天赋、热爱、才华、潜能一样一样地开发出来。

青少年家长可能会问，是不是用了一些错误的养育方法，错过了孩子的潜能开发期，这个孩子就定型了？其实不是的，青少年时期是大脑第二次发育的阶段，也是人格成形的时期，还是孩子的潜能、天赋再一次明确展现出来的时期。这个阶段家长千万不要再错过了。我们要抓住这个宝贵的阶段，不要再用自己固有的一套思维、想法、判断给孩子设置条条框框，限制孩子。要放下自己，谦卑地看待孩子，去看到他本来的样子。

这个时候家长的智慧就非常重要，我们可以带着觉察和觉知去感受孩子，就像从来都不曾认识他一样，重新去体验他，这是很重要的一个过程。在孩子教育这个事情上，其实很多家长是非常傲慢的。家长带孩子来找我咨询，我会从专业角度给出一些建议。有的家长会说："老师你是刚接触孩子，你还不了解，这孩子我可是从小带着长大……"言语里都是傲慢和自以为是。但是，他的那一套思维很可能是不适合自己孩子的，也是不客观的，不尊重孩子的个体独特性的。而且，如果他的方式是有效的，为什么改变没有发生在昨天，而是直到今日依然束手无策？我在面对青少年来访者的时候，我会问他想成为什么样的人，他会说出他的一个偶像。我便让他更多地说说这个偶像的优点，说说他的性格，比如他的坚持不懈和努力，还有他的平易近人。很多家长就觉得，孩子们追星，这不是耽误学业吗？不是的，你要让他成为他想成为的样子，而不是你认为的样子，因为这是他的人生。

作为家长，我们的智慧要用在哪里呢？我们要有一双慧眼，去看到孩子独一无二的天赋在哪里、热情在哪里，他的性格是什么样的，我们要像一个专业的生涯规划师一样，重新全面地去了解孩子，父母应该是孩子人生的第一位伯乐。

科学、精准地发掘孩子的天赋

每次一谈到天赋，都会有家长跟我说："我家孩子非常普通，看不出来有什么天赋。"真的是这样的吗？著名的教育学家、心理学家霍华德·加德纳在 20 世纪 80 年代提出了多元智能理论。他指出每个人与生俱来就拥有八项天赋智能，跟学习相关的是语言智能和逻辑数学智能；跟兴趣爱好和生活品位相关的是视觉空间智能、自然观察智能、音乐智能和肢体动觉智能；跟情商相关的是人际沟通智能和个人内省智能。这八项智能，每一个孩子都有，每项智能的强弱以及高低排序不同，会让每个人呈现出个性、性格特点、思维模式、行为模式的不同，就形成了每个人独一无二的自己。八大智能的每一项下面又包含五个细分项，共 40 项智能，是人人都有的。因此，说每个孩子都有天赋，是有事实依据的。

如何能够发现和发掘出孩子的天赋呢？有三个常用的方法，我逐一介绍给大家。

第一，利用生物基因检测技术检测孩子的天赋基因。这个工具可以在一定程度上帮助家长。它是通过取样口腔黏膜细胞来检测基因序列。近年来，大量的科学研究对基因检测天赋给予了证明。八大智能相关的基因和位点，也先后在相关学术研究中得到证实。

基因检测的最大优势就是客观且数据准确，完全排除了人的认知局限和主观影响。我给自己和两个孩子都做了检测。当我拿到检测报告的时候，我真正重新了解和看见了自己。我一直以为自己语言智能很高，但是做完之后发现我的语言智能排在倒数第二；我一直以为自己数学很差，但是我的逻辑数学测出来竟然是排第一的。怪不得在做咨询的时候，我能那么高效地帮一个个来访者快速精准地发现问题、解决问题，能很快看到这些问题背后的本质，原来这一切都离不开我逻辑思维的优势的支持。只不过在成长过程中，我不知道我有这个天赋。

我有的时候会想，要是我从小就能够看到这份天赋基因的检测报告就好了，像看我自己的人生说明书一样，打开这个报告去看一遍，我就知道我的人生该怎么规划了，就不用试错试得头破血流，不用走那么多的弯路了。知道有这个检测之后，我很快给我的孩子也做了。我结合检测报告帮他们做下一步的规划，也更加知道每个孩子擅长什么。比如说我儿子，他特别好动，我之前还在想这孩子是不是有多动症之类的，要不要带他去医院检查一下。结果这个报告显示，肢体动觉是他排序第一的天赋，而且得分比最高档分数线还要高出一些。我差点把孩子的天赋当作了问题。

很多家长养孩子的时候特别焦虑，总是觉得自家孩子怎么跟别的孩子不一样，他怎么这么好动、他怎么这么内向，又或者，他怎么这么敏感。这些也许是我们错把天赋当问题，没有看到孩子本来的样子，也没有理解原来这是上天给他的一个巨大的礼物。如果我们看到他在某个领域的天赋，然后顺着他的天赋方向、他热爱的方向去培养，他可能会成为这个领域里的佼佼者，而且他会很省力，因为他喜欢又擅长。我们在充分了解孩子的先天优势之后，再结合后天的成长环境、条件因素，可以更全面地帮助孩子去规划和发展。当然天赋基因报告不是给孩子贴标签，好像孩子只能做某个特定领域的事情，而是作为孩子未来人生选择时的重要参考指标。

第二，和孩子充分、深入地交流。你可以走进他的真实世界，像一个朋友一样带着尊重和好奇去了解：你喜欢的这个明星，他有什么故事？可以告诉我你喜欢他什么吗？然后从谈话和沟通之中去发现孩子内心真正渴望的是什么。

此外，就是尽力创造各种条件，去开发孩子的五感。所谓五感，就是视觉、听觉、触觉、嗅觉、味觉五种感知觉。带孩子多体验这个世界，尤其是很多初高中的孩子，我特别建议家长带他们出去走一走，让孩子看到人生不同的可能性。让孩子充分体验，让他用他的眼睛去看、用他的耳朵去听这个真实的世界，用鼻子去闻空气香甜的气息，用他的身体去感受天气变幻。这些体验会成为孩子生命中真正宝贵的财富。在条件允许的情况下，尽可能多带孩子去体验，去看外面更大的世界，不断扩大他的格局。

第三，观察。观察非常容易主观化，如果家长没有摆正自己的心态，很容易被自己的主观想法限制。如何才能更加有效地观察？不要凡事干预，要懂得保护孩子天然的热爱和感受力。这里尤其重要的一点就是孩子的专注力。孩子天生都是带着热爱和专注的，他是很乐意去探索这个世界的。很多家长自己很焦虑，看到孩子在做这个做那个的时候，老是控制不住地想去打断他：你做得怎么样了？有没有需要我帮助的？你要不要吃个水果？总是不经意间就打断了孩子的心流体验。

我们要有意去保护孩子和他感兴趣的事物、和他探索的世界、和他的学习、和他正在做的事情（不管是手工还是画画）之间的深度关系。这种专注和心流状态，都是非常宝贵的财富。

当孩子进入心流状态，专注地去和一件事情建立深度、美好的关系的时候，我们千万不要当差评师，千万不要头脑暴君般在旁边指指点点：这个没画好，那个没做好，你这字写得出格了，你比别人做得差远了……千万不要把自己的焦虑和完美主义转嫁给孩子。当孩子在自主地探索、在努力专注地做一件事时，我们要拼命保护他的这一份热爱、这一份专注。在这个过程中，我们可以静静地陪在孩子身边观察他在做这件事情时的状态，把他可以专注投入去做的事情记下来。带着单纯的喜悦和欣赏，不要去管孩子完成得好不好，而是观察他是否投入、是否有心流的状态。一段时间后，回顾自己的观察笔记，你会比较清楚地发现孩子对某些领域有天然的兴趣和热爱。

最成功的教育就是让孩子在他喜欢、擅长、热爱的领域，没有挂碍、全力以赴地去追求。有人问陈丹青老师怎么能把画画好，他说："你就热爱就行了，你喜欢画画，那是拦不住的，不让你画，你偷偷摸摸想尽办法都会去画。"热爱是最好的老师。我们一旦发现孩子的天赋和热爱所在，就给他提供一定的条件和充分的支持，那么孩子自主地为着他的热爱、他自己想要的目标去努力的时候，他的发展是有无限可能的。

案例示范：帮助一位父亲发掘孩子的天赋

来访者基本信息：W 先生，一位 12 岁男孩的父亲，孩子就读于一线城市公办小学六年级。此次辅导为孩子天赋基因报告的专业解读。W 先生为一家投资公司董事，他表示一直希望孩子好好学习，将来可以继承自己的事业。但孩子越大，越发现他并不在意学习的事，而是更喜欢艺术创作。W 先生不解，也因此跟孩子发生了很多矛盾和冲突，故来寻求专业的帮助，看孩子的未来发展如何规划。

咨询师 Z：您看孩子的天赋基因报告，排在第一的是视觉空间智能。这表明孩子对视觉刺激非常敏感，他也很喜欢艺术方面的东西。您平时在生活中有没有发现孩子在这个方面的天赋？

来访者 W：确实是，我们家没有搞艺术的，也不知道他为什么就那么喜欢绘画。

咨询师 Z：我带您具体来看一下。视觉空间智能里有 5 个核心能力：图像能力、色彩能力、空间能力、绘图能力和组砌能力。孩子的空间能力和组砌能力是得分最高的两项，这代表着孩子对立体空间的感知和搭建都是比较优秀的。您可以回想一下，是不是这样？

来访者 W：小时候特别喜欢搭乐高，而且感觉他想象力非常丰富。他能搭出来一些挺复杂的形状和结构，而且说得头头是道，描述自己搭的是什么。

咨询师 Z：是的，这就是他空间知觉和动手能力很强的表现。又因为他色彩能力也比较优秀，有 65 分，所以积木那种色彩饱和度比较高的玩具，他就会很喜欢玩。

来访者 W：哦，原来是这样的。

咨询师 Z：嗯，我们再来看他的图像能力和绘图能力。这两项其实就分数而言并不低，但排在这五项能力的后两位。不知道您有没有发现，相对于搭积木或者模型而言，孩子并不是那么擅长动笔画画。

来访者 W：确实是，要说画画，他不是那么感兴趣，画得还不错，但也不是很突出。

咨询师 Z：嗯，确实我们从报告中可以看到孩子的一些特点。针对这个部分，您还有什么问题吗？

来访者 W：我的问题就在于，现在马上要上初中了，非常关键的三年，但我发现这个孩子对学习不上心，就喜欢打游戏、玩。

咨询师 Z：嗯，其实打游戏和视觉空间也有些关系。不知道您发现没有，孩子的逻辑数学智能也非常高，排在八大智能的第三位，所以他游戏打得挺好，他不是瞎打，还是有策略的。

来访者 W：他打游戏还可以，反正我看他和小伙伴们一起玩，他就是带队的，指挥别人该怎么弄。

咨询师 Z：是，这说明您能够发现孩子的特长和特点。他的语言智能相对弱一些，所以传统的教学模式、书本学习，他并不是很有兴趣。

来访者 W：问题就在这儿。让他看书真的难，就不想看。那打游戏怎么就没这么困难呢？真是发愁。您说怎么办？

咨询师 Z：嗯，这确实会让父母有些着急。但今天我们通过孩子的报告能从他的天赋层面找到印证。我们可以从困惑当中走出来，看看怎么帮助孩子规划更适合他的方向。

来访者 W：我是搞财务的，有自己的公司，我就特希望他能走这块，我能帮上忙。您说他要是走艺术啥的，我就想能不能养活自己呢？而且我们家里都没有人干这个，那真是一点不懂，帮不上他啥忙。

咨询师 Z：特别理解您的感受，而且您本身事业有成，对孩子有更具体的期待。就您刚才说的问题，搞艺术能不能养活自己，我们来透过报告再分析一下。首先，这里有专业职业推荐，您会发现报告中给出的推荐没有绘画、雕塑等纯艺术类目。您了解的搞艺术可能就是画家，但实际上更适配孩子的发展方向其实是设计类的，比如视觉艺术设计，包括工程类的设计，这个和您所了解的纯艺术还是有很大区别的。孩子的逻辑数学智能很高，这些类目的推荐其实是可以发挥孩子视觉和逻辑两大智能优势的。

来访者 W：哦，是这样。那这个领域我还真是不那么了解，但听上去路也挺宽的，是吧？

咨询师 Z：是的，在我看来，未来比如人工智能的发展，里面有很多视觉设计，理工科和艺术领域的结合可以说是一个趋势。

来访者 W：哦，那这个听上去还可以。我回头也再咨询咨询这个方面的朋友。

咨询师 Z：是的，这个方向您可以多去了解一下，也更能理解或者支持孩子。天赋发掘这个部分我们一直倡导以强带弱、顺强补弱。您刚才说到孩子不喜欢看书，我们也分析了是由于孩子先天语言智能的得分、排序都比较靠后。怎么帮助他？您可以借助他喜欢的优势项目来带动这个弱项的进步和发展。

来访者 W：这怎么理解？

咨询师 Z：首先，我们要想想孩子为什么抵触学习。您有没有发现，您只想让他学习，认为他喜欢的东西都和学习无关，所以都不支持他？他本身情绪上会有抵触，再加上他本身在文字语言方面就弱一些，那么他在语文或者看书这件事情上就更没了兴趣，也没有成就感。所以，我们不妨换个思路，先支持孩子喜欢的东西，承认孩子的天赋，在他的天赋方向上给他更多的支持和帮助，让他感觉到父母是理解他的、认可他的。同时，也提醒他：走这条路真的会那么容易吗？不会的，一定需要你各个方面的提升。通过对他强项的支持，引导他为了实现自己的目标在其他弱一些的方面予以加强，孩子也会更有动力。

来访者 W：这么一说我觉得还是有道理的。我之前就不想他干和学习无关的事，有时候孩子和我的对抗情绪特别强。

咨询师 Z：是的。孩子虽然是我们亲生的，但他和我们不一样，他也会有自己独特的天赋所在。他执着的喜欢的东西很可能就是他的天赋。今天您透过天赋基因报告了解了孩子，我相信您迈出了非常重要的一步。我们只有懂我们的孩子，了解我们的孩子，才能放下自己的期待和执念，真正看到属于孩子的人生。

来访者 W：确实，我也发现了，我想扭也扭不过来。

咨询师 Z：通常这么有特点、有想法、有明显喜好的孩子，其实是非常聪明、有天赋的孩子。如果方向对了，再加上努力，很有可能成就一番事业。

来访者 W：希望如此吧。谢谢您，今天确实引发了我的一些思考。回头也和孩子妈妈商量商量下一步怎么走。

咨询师 Z：嗯，好的。孩子到这个年纪了，您也可以和他妈妈一起想想，安排和孩子的一些深度对话。多听孩子说，听听他的想法，相信会更好。

来访者 W：好的，谢谢。

本章练习

1. 这一章我们讲了加德纳教授的多元智能理论。请你结合他提出的八大智能，用一周的时间留心观察孩子并记录，按照你的观察给孩子的八大智能做一次高低排序。你观察到孩子最强的点排在第一位，以此类推。

第十七章

在爱与智慧中给足孩子心力

如何培养孩子爱与被爱的能力、幸福的能力和智慧的心灵？

高手级别的养育一定是爱的养育

爱是人类永恒的主题，高手级别的养育一定是爱的养育。而真正有效的爱一定是需要智慧的。懂得养育的家长一定会不遗余力地给孩子注入无条件的爱和接纳，因为这会转化为孩子未来的内心力量，让他有能力、有底气、有勇气面对未来人生的危机和挑战。

我做心理咨询这么多年，接待过的来访者非常多。每做完一次辅导，我都会问自己：这个来访者真正需要的是什么？我怎么样能够给到他真正需要的东西？他内心最深的渴望到底是什么？我会习惯性地复盘每一次咨询的来访者的故事，因为我想透过他的故事去看他内心真正的需要是什么，通过心理咨询，最能够给到他的力量是什么。结果，基本上都指向同一件事情：人最核心的心理需求其实特别简单，就是爱与被爱。几乎每个人都有想要被看见、被接纳、被认可的需要。这其实是一个个脆弱、敏感、渴望被爱的内在小孩在人的心里哭喊：有人看见我吗？有人能听见我吗？我重要吗？我宝贵吗？有人爱我吗？

所以，无论是对我自己、对我养育的孩子还是对我的来访者，我一直有一个更大的目标：不只是解决当下的具体问题，更重要的是成为有爱与被爱的能力的人。

只有在深度关系中的爱和滋养，才会成为一个人幸福的原动力和前行的力量。而这个深度的爱与被爱的关系，最早应该是我们的原生家庭提供给孩子的。孩子来到这个世界上，最欢迎他的两个人就是爸爸和妈妈。爱是我们家长能够给予孩子这一生最美的礼物、最大的财富。一个被爱得很充足，而且在健康、正确的爱的方式中长大的孩子，他会非常不一样。这份爱、这份心理营养会成为孩子一生的养分，他的树根会深深地扎在这一片充满心理营养的土壤上。在他的一生中，不管遇到什么样的风浪，遇到多大的困难，他都会从这片土壤之中汲取营养，最终枝繁叶茂，开花结果。

什么才是真正的爱

我们都说好的童年会治愈一生。孩子到了青少年阶段，也还不算晚，是最后一个可以弥补的时期。如果孩子在青少年阶段能够被给予充足的养分的话，他也能够快速地吸收和转化。

有效的爱一定是深度关系，是如其所是的尊重和爱，按照孩子本来的样子去爱他、接纳他。有效的爱中很大一部分是接纳，因为真爱是如你所是，而假爱是如我所愿。真爱一定是给予的爱，是成全的爱，是成就对方、让他成为更好的自己。真爱不是需求的爱。我们有的时候会把需求当成爱。比如两个热恋中的人，男孩非常喜欢女孩，但如果他真实面对自己的内心，可能会发现他的喜欢只是由于荷尔蒙的作用，是他的一种欲望，他需要这个女孩。家长溺爱孩子，满足孩子的各种欲望，然后误以为这就是爱。这种需求的爱本质是一种自私，家长溺爱孩子的时候是在剥夺孩子的能量，让自己有“我是多么爱孩子、为孩子付出的好家长”的感受。这种需求的爱是要求回报的，而真正的爱是不要求回报的。如果有任何让人回报、让人感激的企图，有任何附加条件，这个爱都会变成一种小爱。小爱是控制的、是占有的，自以为是和自我感觉良好的爱，要如我所愿，带着需求和索取的目的。

那么真正的爱到底是什么？它一定是指向成长的，一定是滋养人的，让人内心越来越有力量、越来越自信和勇敢。小爱是跟各种情绪绑在一起的。因为小爱是索取，是控制，所以当对方没有达成你的期待时，你很可能会感到愤怒。当我们有这种强烈的负面情绪的时候，我们就知道这个情绪所绑定的爱一定是一种小爱。人性是很难改变的，但是我们至少能做到一点，就是觉察。孩子现在躺平不学习了，你很愤怒、焦虑，这时你就要知道你的愤怒和焦虑的背后其实是一种控制。当然并不是要任由孩子躺平，而是要学习用一些智慧的方法去激活孩子的内驱力，让他重新找到自己想要实现的目标。为了调动他的兴趣和热爱，我们要给他注入充足的心理营养。这是一种辅助型的让孩子成为更好的自己的养育方式。能给予这种爱的家长是具有大爱能力的人。我们要先让自己成为有这种大爱能力的人。人拿不出自己没有的东西，如果我们一辈子都沉溺在小爱的模式里面，就没有办法给予孩子成长性的指引，让他成为更好的自己。

我的来访者中，有这样一些孩子，爸爸妈妈给予的爱非常充足，只是学习或者情感暂时遇到一些挑战和困难。你会看到，这些问题对他来说不是什么大事，只要稍微指导一下，马上就能领会，然后内在的力量就会重新燃起来，他就知道该如何去解决这些问题了。相反，也有很多来访者，原生家庭给的心理营养不充足，在一个心理营养匮乏、缺爱的环境中成长起来，生活中的一点风浪、别人的一点恶意，他都承受不了，因为他自己的内在太弱了、太虚了，外部的一点不顺，他都会无限放大，然后自己又没有力量去应对。这样的来访者往往需要很长时间的陪伴。

幸福是什么

幸福是一个人能够过好这一生的一个核心力量。我相信，每一个父母抱着自己新生的孩子的时候，都会由衷地想：我要让这个孩子幸福，要让他快乐健康，过一个幸福的人生。这是我们的初心。可随着孩子慢慢长大，我们怎么就越看他越不顺眼了呢？孩子还是那个孩子，究竟是什么变了？是我们的心变了，我们被所谓的现实打败，忘了养育孩子的初心。

幸福说起来简单，但实现起来真的很难。大多数人都生活在某种或某些不幸之中，都活在内在的冲突、矛盾、消耗之中。在现代社会里，幸福是一种稀缺资源。

接下来，我们好好梳理一下幸福这件事，让大家对幸福有更深的认识。

马丁·塞利格曼教授是“积极心理学之父”，他用 40 多年的时间探索该如何让普通人增强幸福感，提出了有关幸福的PERMA 理论。要想理解什么是幸福，就要明白构成幸福的五个要素：

（1）P（Positive Emotion）：积极情绪。简单理解，就是我们的感受，如愉悦、温暖、舒适等。当一件事情激发出我们的积极情绪时，我们往往会觉知到幸福。当你很饿、很冷的时候，有人端来了一碗热汤面；假期的时候，你打开电视窝在沙发里看最近追的节目；当孩子跑到你身边对你说“妈妈我爱你”，这些时刻你的心情会非常好，随之而来你体验到的就是幸福感。不过细心的你会发现，这种幸福体验是当下的，可能是一个瞬间发生的事件，让你瞬间产生幸福感。这种感受通常也比较主观。

（2）E（Engagement）：投入。这里有一个非常重要的概念，叫作“心流”。心理学家米哈里·契克森米哈赖提出，心流是一种状态，就是人们在全神贯注做一件事的时候，沉浸在其中的忘我状态。不一定有极强的情感体验，但是在心流状态中，人物合一，时间仿佛停止，你的注意力全部集中在你手中的事情上。艺术家、运动员、作家经常会有这种体验，我们普通人也会有。比如下棋、画画、工作或者打游戏时忘记时间、忘记吃饭、忘记上洗手间，你就处在心流状态中了。心流为什么重要？米哈里认为只有能够真正掌握意识的人，才能决定自己的生活体验，达到幸福的境界。对于心流，我有过非常强烈的体验。考研的时候，我扎在图书馆两个月，用一些方法让自己经常达到心流的状态。进入心流状态之后，你会拥有一种充实感，让你越来越自信，觉得生活美好、未来可期。也正是在这种状态当中，我对于考上北大这件事越来越笃定，有一种虽无法预知未来但坚信未来已经在自己手里的感觉。掌握了实现心流的方法之后，我会经常训练自己做事时达到心流的状态，来获得充实、自信和幸福。

（3）R（Relationship）：关系。关系为什么重要？在一个多世纪以前，马克·吐温回首自己的人生，写下了这段话："时光荏苒，生命短暂，别将时间浪费在争吵、道歉、伤心和责备上。用时间去爱吧。哪怕只有一瞬间，也不要辜负。"

哈佛大学的一项研究向我们展示了幸福到底是什么。从1938年开始，科学家追踪了724个人的一生。最开始这些人被分为两组：一组是当时正在哈佛读大二的学生，另一组是来自波士顿贫民区的孩子。科学家年复一年地了解他们的工作、家庭生活、健康状况。这些孩子长大以后做什么职业的都有，有医生、律师、搬砖工人，甚至还有一位成了美国总统。也有人成了酒鬼，有人得了精神分裂。有人从社会最底层一路青云直上，也有人相反，从云端跌落。那么，这么长的追踪时间、长达几万页的数据记录，到底给我们揭示了什么呢？无关金钱、名誉、地位和努力工作。科学家得到的最明确的结论是：良好的人际关系能让人更加幸福、快乐和健康。而这里的人际关系有三个解释：和家人、朋友关系越亲密的人，越容易感到幸福和快乐，也越容易获得健康；并不是拥有关系就会幸福，决定因素是这些关系的质量到底如何；良好的亲密的婚姻关系不仅可以让人感到幸福，还会保护人的健康和大脑。

一切最终都指向两个字：关系。可以想一想，假如凌晨 4 点失眠的你找不到任何一个可以倾诉烦恼的对象，你感觉如何？假如你非常成功，却没有一个可以和你一起分享喜悦的人，你的感觉又如何？幸福很少能在孤独的时候感受到。

（4）M（Meaning）：意义。在生活的每个细节里，我们都在考虑意义这个话题。抚养孩子的过程中，总是要给孩子买各种东西的，但你不免会问自己一个问题：我买这个有没有意义，有没有用？遇到一个人，你可能会想这个人值不值得交朋友。有人给你推荐一本书，你也会考虑读这本书有什么意义。大到人生，小到生活细节，我们每一天都在思考意义的话题，也做着基于自己价值判断的选择。

（5）A（Accomplishment）：成就。一个人缺少幸福的能力，即便他是一个成功的人，也很难感受到幸福。但这是不是意味着我们不要以成就为目标呢？我们是否可以放自己一马，不需要再为好的学校、好的工作或是财富去努力了呢？我想答案是否定的。我曾经在最低谷的时候想：是不是放过自己，不去想我还能做些什么，而是享受当下、珍惜当下，我就可以更加幸福？于是我尝试着每天调整自己的情绪、心态，不再想目标、意义、成就这些事情。我发现，我可以通过调节情绪、关注当下让自己获得幸福感，但当夜深人静，我想到一些大的问题，比如我的未来在哪儿、我到底要干点什么、我人生的意义到底是什么，无尽的恐惧感和迷茫感瞬间就会袭来。我意识到，我们既需要学会珍惜眼下的幸福，在当下享受生活，还需要对未来、对意义、对成就有目标、有追求，并能付诸行动，这才是完整的幸福。从那时开始，我不再逃避，而是为自己设定目标，为自己找寻意义。你会发现，能够做到享受自己当下所做的一切，又能朝着自己的目标努力的人，往往也会取得更大的成就。

知道了构成幸福的五个要素，我们就可以在自己的生活中包括实施养育目标的时候有更具体的行动改变计划。仔细分析构成幸福的五个要素，会发现幸福其实是有三个层级的：第一层叫 Pleasure，第二层叫 Flow，第三层叫 Meaning。并不是说层级不同的幸福有高级或低级的区别，而是层级不同的幸福带给人的体验和感受的持久性会有所不同。三个层级的幸福组合在一起，才是幸福最完整的样子。

Pleasure是什么？就是享受感官的快乐。看到美丽的风景，我们会感受到幸福；吃到好吃的食物，我们会感受到幸福；听到美妙的音乐，我们会感受到幸福。这一切美丽的丰盛的东西环绕着我们，我们用身体去体验这份美好，这叫 Pleasure。它虽然排在第一个层级，但并不意味着它是低级的。这其实是我们来体验人间的一个重要过程。我们人生有很大一部分意义是去充分体验生命中的各种美好。但需要小心的是，如果过度沉溺在 Pleasure 里面，会很容易成瘾，产生瘾症问题。

Flow 也就是刚才谈到的心流。心流体验对很多成年人来说是陌生的，因为心流体验对心智水平的要求非常高。但孩子更容易体验到心流，因为孩子为人更简单、更单纯，也更专注。一般心流都会有身体的参与，你会感觉到一种创造力在你的体内流淌，然后你浑然忘我，感受到一种狂喜。有的人描述像电流一样，有的人描述就是时空静止，就在那一刻，忘记时间、忘记空间、忘记自己。人和人之间有很多差异，一个巨大的差异就是你有没有体验过心流。

Meaning 代表价值和意义。有价值、有意义的事不一定都是那么快乐的，但是它会给人带来最深层的幸福感。快乐从激素的角度来说就是多巴胺的分泌。比方说 Pleasure（愉悦）这个层次，吃了好吃的东西，这时候我们分泌的是多巴胺。但是更深层次的幸福是什么呢？是五羟色胺。当你专注地通过心流进入意义层面的时候，当你正在做的这个事情是充满意义和价值的，那一瞬间你产生的五羟色胺是长期持续的，十年、二十年甚至一辈子都会跟着你。

作为家长，我们要引导孩子来充分体验愉悦（Pleasure），尽量地去引导孩子创造出心流（Flow）的体验，最终要引导他们进入价值和意义（Meaning）这个层次，这是达到幸福的一条完整的路径。

人怎样才能幸福

一个人是否幸福取决于什么呢？很大一部分就在于他拥有的关系的优质程度：他的亲密关系是不是健康的，他是否有发展和经营深度健康关系的能力，他是否有爱的能力，是否有接受爱的能力。这些其实都是我们可以在原生家庭中赋予孩子的。

幸福是很难靠自己实现的。真正的幸福一定是分享的快乐，一定是共同沐浴生命之恩。孩子跟你的关系、跟现在原生家庭的关系，会镌刻在他的内心深处，对他有很大的影响。我们要有意识地带着觉知和目标去培养孩子跟他人联结的能力，让孩子成为内心富足的人，而不是在人际关系中老是索取，需要别人看见我、需要别人认可我、需要别人爱我，自己却没有爱的能力。我们要预防孩子将来成为人际关系中的乞讨者，成为被动的索取和不满足的一方。

索取的人生无非就是两种结果。一种是要到了，别人给了，但是欲壑难填，早晚被索取的对象会承受不起，导致关系破裂。另一种是没要到，想让别人爱自己，但没得到自己想要的，于是产生愤怒、憎恶等负面情绪。也可能会对自己产生负面的评价：别人不喜欢我是因为我不好，我不可爱。这就变成自我攻击、自我怀疑和自我否定。

我们要养育孩子的内心，让他的内心丰盈富足。要培养孩子从小心里有别人，能看到别人的需要，看到别人的优点，而且能够自然地表达出对他人的赞美。他在跟别人相处的过程中能成为给予者。如果能做到的话，孩子将来的运气不会差，他走到哪里都能遇到贵人。

怎么能让孩子心里有别人呢？很重要的一点就是孩子不自私，不以自我为中心。对于家长来说，孩子不能惯，不能溺爱，不能太宠。家长每天围着孩子转，想要什么给什么，这是不行的。孩子该承担什么责任就让他承担，该接受什么管教就让他接受，不要因为他是孩子就区别对待。

这是第一点，就是不要让孩子以自我为中心，不要差别化对待他。训练他的眼睛能看到别人的需要，学会尊重人。

第二点就是训练孩子在跟他人交往的过程中，要有界限感。要捍卫孩子的主权，要让他知道自己的正当权利是什么。

比方说孩子到 3 岁的时候，开始有主权意识：哪些东西是我的，哪些是别人的。他开始护自己的玩具，这其实是一个特别健康的主权意识。家长要加以维护。训练孩子不自私，不是说家里来小孩了，你就招呼着让孩子把所有玩具拿出来玩，孩子不想拿出来你还指责他不爱分享。分享一定是自愿的，一定是发自内心的，而不是被要求去分享，被大人道德绑架去分享。要帮助孩子树立清晰、健康的边界意识。他不想分享，家长要表示理解和维护。孩子自己的东西，他有权力决定是否分享。任何时候都不要道德绑架或者情绪绑架。孩子的主权意识、尊严要从小培养起来，这是他未来受益终身的一个自我保护机制。

第三点就是培养孩子正直和善良的品格。要让孩子有正直感、是非心，三观要正。为人正直的同时，又要保持一颗怜悯之心，也就是大爱之心。可以带孩子去做一些志愿服务、慈善的工作，让他去看到这个社会上受苦的人，让他知道人生百态，而他的生活很幸福，他有责任去帮助、去照料这些受苦的人。

第四点就是不断提升孩子的认知。科学家做过研究，幸福如果按 100 分来算的话，拥有什么只占 7 分左右。也就是说，你拥有的所有财富、地位、金钱、名誉，能够给你的幸福感只占 7% 左右。占 20% 左右的是你的身体基础。人是身心一体的，如果你的身体状态很好，能量水平很高，那么你也会精力充沛，心情也会更好；相反，如果身体能量很低，长期亚健康，病恹恹的，人的幸福指数一定会受到严重影响。剩下的73%左右决定一个人幸不幸福的是什么呢？是一个人的认知方式。有一句话说："人是由什么构成的呢？10%发生在你身上的事和90%你如何去回应它。"我们的格局、我们的心胸、我们怎么去理解发生在生命中的这些事情、我们如何用我们的主观世界去回应客观世界发生的一切，这些心智模式在很大程度上决定了我们是否幸福。我们可以去努力调整我们的认知，看到我们旧有认知模式、情绪模式里边的这些漏洞，一个一个去清理，然后重建更健康、更完整的认知模式、心智模式。

按照以上几点去养育孩子，孩子就会拥有一颗善良的、阳光的、有爱的心，他在成长过程中可能会遇到挫折和挑战，但是没关系，这些挫折和挑战只会让他变得更强大。他未来不一定有一鸣惊人的成就，但他至少会有一个健康的幸福的生活。他能组建一个健康的稳定的家庭，并能从人际关系中获得乐趣。

智慧的心灵

智慧的心灵能够为孩子终生保驾护航。因为智慧会在我们的一生中一直保护我们，会像光一样引导我们穿过黑暗、穿过迷雾、穿过风雨。

父母想给予孩子智慧，首先自己得拥有。我们要努力地在人生中寻找智慧，活明白、活通透，始终怀着一颗谦卑的心去向身边那些智慧层级高的人请教，寻找各种各样高能量的老师和课程，阅读各种各样饱含智慧的书籍，让自己保持终身成长的力量。当你这样做的时候，一方面是在给孩子一个榜样，另一方面要让孩子看到你是多么看重智慧这件事，这样他也会珍惜智慧。

那么，怎么把智慧传递给孩子呢？我们和孩子之间除了有一条情感的纽带之外，还要有一条智慧的纽带。也就是说，我们和孩子要有处于深度关系中的深层次的探讨和对话。

我自己就经常和两个孩子讨论一些深层次的话题，比如人生的意义和价值，他们对自己的规划，他们如何评估自己，他们对什么有热情，他们对现在的时政怎么看……这些都是在启发他们的善恶观、价值观、人生观、世界观。

这些话题，我们要系统地、启发式地和孩子探讨。不要说教，说教是最无效的教养方式。我们用智慧去启发孩子，让他独立思考，让他能够表达自己真实的想法、感受、观点，引导孩子建立他的三观，给他传递我们的人生智慧。当你这样做的时候，你可能会惊讶于孩子的洞察力和智慧。

案例示范：我与女儿进行有深度的对话

我：女儿，上学期总是和你作对的那个女同学，现在怎么样了？

女儿：妈妈，我已经和她化敌为友了，我现在成了她最好的朋友。

我：哇，太好了，妈妈太为你们高兴了。我就知道我女儿能做到的。快跟妈妈讲讲，你都做了什么？

女儿：她去年不是总和我作对吗？我是班长，我说东她说西，我表演节目唱歌她就在下面说“真难听真难听”，还背后说我的坏话，各种造谣，还想让我们班同学都孤立我。她经常说：“我真恨 ×××！为什么同学都喜欢她不喜欢我？为什么她摔倒了大家都去关心，我摔倒了没人管还说活该？”我一开始特别生气，就想用她对待我的方式加倍还给她，让她尝尝我的厉害，还想让大家都孤立她。

我：你后来怎么没有这么做呢？

女儿：因为我能想到，我真这么做的话肯定能成功，大家一定会听我的不和她玩，会让她很难受。可是，如果我这样做，我不就变成了和她一样的人吗？我不想和她一样，我更喜欢现在的自己。而且她和我作对，我也和她作对，我俩不就成敌人了吗？我读过的一本书上说：“多一个敌人不如多一个朋友。”我就想试试能不能了解她，和她成为朋友。如果我跟一个这么恨我的人都能成为朋友，那我以后不就没有相处不来的人了吗？所以我就想拿她试验一下，看我能不能和这样的人做朋友。

我：看来你这么多书真是没白读啊！那你是怎么找到突破口的呢？

女儿：就是有一天上课，她没带圆规和三角板，我就主动借给她。她跟我说了一句谢谢。后来我带的零食都主动和她分享。我还会想，她的心里到底需要什么？我就观察她，我发现她特别需要别人的关心和认可，我就主动关心她，鼓励她，发现她身上的闪光点并且告诉她。她后来有一天和我哭着聊了半天，说她小时候怎么被别人合伙欺负，还有男同学骂她丑，骂她是怪物，她那时候就很想死，觉得自己没有价值。我就告诉她：“你是很宝贵的很独特的自己，你身上有我喜欢和欣赏的地方，你不要听他们胡说，要相信自己。”然后她就抱着我哭，说我是她第一个真正的朋友。之后她就特别维护我，对我好，我也挺高兴的，也更理解她了。

我：女儿，你用智慧和善良把一个处处和你作对的人变成了好朋友，还医治了她心里的创伤。妈妈太高兴了，太为你骄傲了！妈妈从你身上也学到了很多智慧，你是妈妈的老师。

女儿：妈妈，你也是我的老师，我看了你的心理咨询的书，这次跟她和好也用了你书里的一些技巧。谢谢妈妈！

本章练习

1. 这一章总共有三大主题：爱与被爱的能力、幸福的能力、智慧的心灵。请家长结合自身的养育经历，在这三个方面对自己的养育写一段评语，包含自己在培养孩子这三个方面做得好的和需要改进的部分。

第十八章

权力交接与授权

如何逐步将人生的方向盘交还给孩子？

父母一定要具备授权的智慧

我在咨询的案例中经常会遇到这样的情况，这也是很多家长非常头疼的问题：我的孩子怎么长不大呢？为什么这么没目标、没动力呢？如果你也有这样的困惑，那么接下来这个问题你需要好好思考一下：作为家长，你有没有逐步把孩子人生的方向盘交还给他呢？一辆车要往哪里开是由司机决定的。如果孩子一直坐在副驾或者后座上，这辆车的方向盘一直握在家长手里，那家长就不应该责怪孩子为什么没有目标、没有内驱力，是不是这样？

如何去给孩子有效的授权，这其实是一个放手的智慧。一个智慧的妈妈要学会在什么时间段、什么情况下放开对孩子的管理，然后用什么方法去把这个管理权转移给孩子。

大家现在想一个问题：你现在对孩子授权的比例有多少？孩子每天的日常生活中，有多少是你在掌控，有多少是孩子在掌控？正常情况下，孩子越大，我们掌控的部分越少；孩子越小，我们越要去管理。但是，是不是对一个刚出生的婴儿，父母就是100%的管理权呢？或者孩子成年之后，是不是就没有了，归零了？这个问题其实是没有唯一的正确答案的。或许每个人对此都有自己的一些看法，大原则就是：我们对孩子的掌控和管理权，是逐渐放松、逐步放手、逐步移交的。

成功的父母就是在该移交权力给孩子的时候、该给孩子授权的时候，充分给他授权。授权之后权力就真的属于孩子了。不要假装授权，然后孩子做不好你又收回来。这样会让孩子丧失自信心，他会敏锐地觉察到家长其实并不真的信任他。

建立孩子的主导性、自主意识有一个窗口期，如果你在这个窗口期没有给他充足的授权，或者权力没有顺利地移交给他，还在你手里，那么孩子到了青春期的时候一定会叛逆，亲子关系也会一落千丈，这个时候再想挽回就非常难了。一定要敢于放手，敢于交接。父母的爱是走向分离的爱，要学会成全，培养孩子能够慢慢地脱离自己，培养他有相应的生存和适应社会的能力，帮助他拥有健康的心智，可以勇敢地去拥抱这个世界，拥抱自己的人生。这就是成功的养育。育儿的最高目标一定是让孩子成为他自己，成为一个独立的、健康的、自信的、快乐的、正直勇敢的人。

跟随孩子的成长来授权

具体怎么做呢？就是按照孩子的年龄、承受能力、心智成熟度，逐渐把你对他的管理权转移给他，同时对孩子有充分的信任。

刚才我也问大家，婴儿是不是 100% 需要被管理，他有没有要对自己负责的部分？即使是刚出生的婴儿，你对他都不是 100% 的管理权，都要允许他对自己负责。那么，婴儿要对自己的什么方面负责任呢？

吃和睡这两件事是婴儿要对自己负责任的。婴儿是可以自主进食和自主入睡的。我们先来说说自主进食。刚出生的孩子就要为吃而努力。大家还记得母乳喂养的场景吗？喂孩子的时候，不可以把乳头塞到孩子的嘴里，这是不恰当的。吃奶是孩子自己的任务，是他自己的责任，妈妈不可以帮助他把这件事变得容易。我女儿刚出生的时候，我终于明白什么叫使出吃奶的劲儿。孩子为了喝到那一口奶，满脸通红，满头大汗，她把全身的力气都集中在了小小的嘴巴上。让孩子付出努力去完成他的责任，能锻炼孩子的自主性。如果孩子是吃奶粉的，我们在选奶瓶的时候要尽量选最细口径的奶嘴，就是要让他使劲地吸，因为这是他自己的事情。不要让喝奶这件事变得很容易，把奶嘴口剪大，让他喝得不费劲，这其实是对孩子自主性的破坏和剥夺。孩子能做的事情，一定要让他自己做，这个理念特别重要，它会贯穿孩子成长的整个过程。

再来说自主入睡。婴儿都是可以自主入睡的，没有不会睡觉的孩子，只有乱搞破坏的大人，奶睡、拍睡、抱睡、摇睡，这些都是大人在过度干预。自主入睡是孩子自己可以做到的事情，我们要相信这一点。自主入睡这件事也是孩子自己的责任。婴儿入睡前会哭、会闹，这其实就是他要付出的代价。他入睡前要面对身体里的各种不舒服，这是要让他自己来承受的，我们不要剥夺他自己来承受这件事的权利。

当时，我在美国医院生完孩子后，第一件事就是学习不要晃孩子。可以轻轻抚摸，可以通过皮肤接触来安抚孩子，但是不要去破坏自然规律。有好多父母在孩子睡觉这件事上无所不用其极。有孩子每次睡觉都要放在婴儿车里摇着的，有喂着奶让孩子睡的，还有每次睡觉都开车出去满城转悠直到孩子睡熟的。这些做法都不提倡，自己累得不行，还破坏了孩子本该承担责任的自主性。其实孩子闹觉，你只要确保尿布是干净的、他是吃饱的，你的责任就完成了。细想一下，其实真的不是孩子不会睡，而是孩子一哭你就放弃，就要开始干预。你能做的就是让孩子规律地作息。比如新生儿，一天要睡几次、每次几个小时，你就要按照基本的喂养规律来安排孩子的作息，帮他建立规律。

所以，即便是对婴儿，你也不是 100% 的掌控权，也要把他该做的部分还给他，让他自己来做，充分给他自主权。如果一个孩子出生以后吃奶是自主的、睡觉是自主的，那他和那些吃奶被伺候到嘴、不用费力就可以吃到，每次睡觉都需要别人辅助的孩子相比，人生会截然不同，因为他从小就奠定了我要为我自己的生存负责任的意识。

一般六个月左右就要给孩子加辅食了。这个时候他可以自己用手抓东西吃了，家长要做的是允许和鼓励他用手抓着吃，在他用手抓东西吃之前，把他的手擦干净就可以了。孩子用手抓东西吃是学会自主进食的重要环节。有多少孩子，四五岁了还要大人喂饭，因为大人怕孩子自己吃东西不卫生或者弄脏衣服，这其实是在严重剥夺孩子的独立生存能力。到这个阶段，孩子的手部精细动作发育到可以捡起东西放到嘴里吃了，家长要让他充分发展这个能力，千万不要干预。

差不多一岁开始，孩子会走了，一岁半左右能走稳了。这是大动作发展的一个里程碑式的进步。孩子能走的时候就不要总抱着他走。抱只用作爱和情感的表达，而不应该成为孩子的代步工具。孩子发展了走路的能力，从此以后走路就是他自己的事了。一岁半的孩子已经可以交流了，你就充分授权给他，告诉他："你会走了，你好棒！你以后可以自己走路了，你长大了！"他可能还会哭，还会走不动，还会张开双手哭着让大人抱，但这时候家长千万不要心软。你可以蹲下来拥抱他，给他鼓励，告诉他：我蹲下来陪你歇一会儿，但是歇好了，还得你自己继续走。这就是一个授权的过程。授权完了就真的不要管他了，不要再干预了。不然，孩子大脑会出现混乱：昨天才说以后不抱了，怎么今天又抱？一定要言行一致，言出必行，把这件事情授权给他了，就让他自己来做。

因此，所谓授权就是把孩子能做的事情交给他自己。我们需要分清哪些是他自己的事、哪些是家长要负责的事。比如孩子会爬了，爬是他自己的事，家长要负责的是确保周边爬行环境是安全的；孩子会走了，走是他自己的事，家长要做的就是陪伴他，把步伐放慢，按照他的速度来走，他累的时候可以停下来，给他准备食物，准备水。

赋予孩子自主表达的权利

刚才说的是婴儿，其实大孩子也是一样的。当孩子会说话了，父母要鼓励他什么呢？鼓励他表达自己，表达他真实的想法和感受。大家记住这一点，从孩子会说话一直到他 18 岁，都要不断鼓励孩子一件事，就是要授权给他，让他用语言表达自己真实的想法和感受。

在孩子很小的时候，你就要引导他，给他授权：“宝宝会说话了，妈妈好高兴。从此以后，你要什么、有什么开心或者不开心的事、你的想法是什么，你要说出来告诉妈妈。”你可以通过提出开放性问题引导孩子多表达。我们要从小培养孩子的这种自主性，也就是我的真实想法、感受、需要，我要用语言把它表达出来。这是一个特别了不起的授权。我在做成人心理咨询时，发现很多成年人都没有被授权过，不会或不敢真实地表达自己。他们会压抑、混乱，把自己真实的想法、期待、感受活生生地压下去，不敢说出来，不敢表达，想表达的时候也不能有效组织语言，找不到准确的词语。这其实是因为他们在儿童和青少年阶段经历了巨大的剥夺，父母没有给他们一个安全、放松和愉快的环境，没有让他们真实地表达自己。

家长要赋予孩子充分表达的权利，不管孩子说了什么大逆不道的话，说了什么特别过分让你接受不了的话，只要他还能在你面前真实地表达自己，还愿意跟你说真话，他就不会出什么大的问题。但如果他在你面前是一套，背后又是一套，开始对你不真诚了，你们之间的关系开始出现隔阂，他就不再信任你，也没有安全感了。这很可能是因为他对你说了真话，表达了他真实的想法、情绪和感受之后，你劈头盖脸把他骂了一顿，然后否定、嘲笑甚至挖苦了他；也可能是因为，你对他的表达视而不见，冷漠回应，或者强行输出你的想法，让他必须服从你、认同你，给他讲一大堆道理。这些做法都会剥夺孩子自主表达的权利。亲子关系中特别重要的一环就是允许和鼓励孩子真实地表达自我，然后授权给他。

培养孩子学习的自主性

孩子继续长大，到了学龄期，该上学了。孩子学习没有主动性、积极性怎么办？这是很考验家长水平的一关。因为学习总的来说是个苦差事，有很多困难的、不愉快的、不轻松的部分，是需要实实在在付出努力的。

家长要在孩子面对学习这个难关之前，就让他养成自主的习惯，充分授权给孩子，当他做得好时给予及时的正向反馈，建立他的自信心、自主性、胜任感，并协助孩子在他自主的领域发掘兴趣和热爱。到了学龄期，便郑重地把学习这件事交付给他自己。

我经常跟我的两个孩子讨论学习这件事。我会承认学习过程中会有苦和累的时候。当孩子抱怨的时候，我们不要说："这点儿累算什么，将来进入社会才残忍呢！"可以问问他学习为的是什么、是为了谁，让孩子自己讲，也可以和他讨论具体的困难点在哪儿，协助他去面对和解决。

在孩子正式入学前，可以跟他好好进行一次谈话，不妨从这几个方面入手：

（1）恭喜孩子要进入小学了，这是他人生的一个新阶段，值得庆贺。你也可以描绘一下学习生涯的蓝图。描绘要积极美好，千万不要用困难吓唬孩子。

（2）授权和鼓励。明确告诉孩子，上学后，学习这件事就是他自己要去面对的了，是他自己要负责的事情。他需要每天完成应该完成的学习任务。如果他选择了某个兴趣班，也需要为自己的选择负责，坚持下去。这些都是需要明确跟孩子说清楚的，让他知道自己的责任范围。

（3）告诉孩子父母会做的事情。让孩子不用担心，在这个过程中父母会尽自己最大的能力来陪伴和辅助他。首先会提供经济支持。只要是他选择去做的，父母都会尽力提供经济支持。其次会陪伴他。在这个过程中会遇到困难，会有失败，但是父母会无条件地站在他这一边，和他共同面对困难。孩子寻求帮助时，定会尽自己最大努力提供帮助和资源。这其实是在告诉孩子：放心，爸爸妈妈是你的后盾，会为你兜底。

这就像玩游戏之前讲解游戏规则一样，你入局了，我需要告诉你游戏规则。在学习的过程中，发现孩子主动学习的时候，要充分给他认可和鼓励。跟孩子谈话时要创造轻松、愉快的氛围，不是灌输，不是教导，不要给他讲道理，就像朋友一样轻松、愉快地讨论学习这件事。要相信孩子是听得懂的，他是能理解的，不用逼他，不用强迫他，只需把游戏规则跟他讲清楚，然后给他提供足够的心理营养，给他足够的支持，他是可以自主学习的。

青春期的任务交接

青春期是一个特别重要的任务交接时期，因为青春期是一个孩子变成一个成年人之前最重要的时期。我们说一个人成年了，不仅仅是说他满 18 岁了，他在身体上变成了一个成年人，更重要的是他心理上独立了、成熟了，也就是说有自己独立、成熟的人格，成为一个大写的人。精神分析学派有一个观点，即“万病源于未分化”，未分化就是指人格和人格之间没有分化。人其实是需要经历两次分化才能成熟的。第一次分化是和母亲之间的分化。孩子开始知道：我是我，妈妈是妈妈，我的问题我自己处理、自己面对，妈妈的问题、妈妈的情绪应该由她自己来处理和面对。多少人一辈子都没有完成这个分化。第二次分化是和原生家庭之间的分化：我成为一个成熟独立的人，我开始有我的人格、我的事业和家庭，这些是属于我自己的，而不是承载着原生家庭的模式、期待、压力等。这两次分化是形成独立完整的人格非常重要的方面。

有青春期这个年龄阶段孩子的父母，要做好心理准备，因为青春期的一个任务就是父母要主动去完成这一场分离，在青春期结束之前做完交接。

那么，交接这个任务包含哪些方面呢？

第一是孩子人格的独立。所谓独立就是不依附，就是分化，就是你和他之间开始有界限。孩子具有独立的人格，你要充分理解和尊重他。

第二是孩子要对他的人生有选择权，而不是什么都被安排。

第三是有清晰的责任界限。一定要在青春期这个阶段和孩子说清楚：他马上要成为一个成年人了，他所面临的责任和界限是什么？他和父母之间的界限是什么？他和别人之间的界限是什么？父母要培养孩子的界限感。

第四是要准备培养孩子的社会能力。社会能力首先是生存的能力，孩子要为独立生存、赚钱养活自己做准备。成人后能否在这个社会独立生存，能否靠自己的本事、靠自己的努力赚钱养活自己，这是我们是否成功养育了一个孩子非常重要的标准。引导和帮助孩子去获取这种独立生存的能力，也是我们父母一个重要的任务。

社会能力还包括社交能力和处理问题的能力。孩子的社交能力包括处理亲密关系、权威关系以及人际关系中问题和冲突的能力。面对人际关系问题，家长切忌大包大揽。谁欺负孩子了，谁跟孩子有矛盾了，家长不分青红皂白地站出来帮孩子去摆平，这样做完全剥夺了孩子自主处理问题的机会。我们要做的是和孩子充分讨论，给予他心理营养和智慧支持，而不是亲力亲为地去帮他摆平各种问题。

作为家长，我们一定要有一个清晰的认知：养育孩子最终的目标是要让孩子离开我们以后仍然能够活得很好，甚至更好、更幸福。我们在实现这一目标的过程中能够给予孩子的，其实就是丰富的心理营养、人生的智慧、无条件的支持、工作和学习的好习惯、时间管理的能力、跟人交往的基本原则和技巧。当他离开家独立走向社会的时候，他带着父母给予的丰厚的大礼包，就能够进入一个更广阔的世界。

激发孩子的自主性

通过刚才对孩子成长历程的梳理，家长应该感受到了，如果我们不放手的话，孩子是不可能自主的。但放手不等于突然撒手。我在咨询中也遇到过这种情况，有些父母会突然意识到自己管得太多了，于是立马 180 度大转弯，突然放手，凡事都让孩子自己做主。但这样做容易出问题。孩子从来没有被训练过对自己的事情负责，一直在依附父母，突然放手会让孩子无所适从，压力更大，焦虑更多，还容易酿下大祸。一定要根据孩子的年龄、能力、所处的人生阶段，有智慧地逐步放手。有一个总的原则，那就是孩子能做的就不再替他做，能不管的尽量不管，能不帮的也尽量不帮，能不限制的就尽量不限制。家长一定要把关的是什么呢？是品格。孩子的人品不能出问题，身心健康不能出问题。

家长要早早给孩子确立这样一个意识：这个部分的责任是你的，属于你的权力范围，那就要对它负责。一旦交给了孩子，就真的别管了。很多孩子养成了想怎么样就怎么样的习惯，正是由于不懂得为自己的选择和行为的后果负责任，因为总有爸爸妈妈在给他兜底。一方面，我们要给孩子清晰地划定边界和权责范围；另一方面，要让孩子自己承受他的选择和行为的后果。

之前有一个来访者，16 岁，男孩。他有严重的游戏瘾，到什么程度呢？就是一天只吃一顿饭，打游戏打到昏过去，然后睡 4 个小时起来继续打。他的妈妈非常焦虑、痛苦。通过咨询，我发现这个孩子之所以这么严重地沉迷在虚拟世界，是因为他在现实世界中一直没有自主心态。他的妈妈是很强势、很焦虑的那种家长。在咨询的过程中，我给他做了一个赋能和授权。我看着他的眼睛对他说："你是家里唯一的男人，你妈妈老了，也生病了，所以你要开始照顾她了，你要让自己变强大，你要开始挣钱了，我相信你可以做到。"通过授权和信任的表达，他的内驱力重新燃起来，调整了自己的人生目标，主动表示要把游戏瘾给戒了。当然，这个过程不容易，也很痛苦，但是他最终彻底戒掉了游戏瘾，主动回学校上学。其实有的时候孩子不独立，就是因为我们没有给他充足的信任和授权。

父母一定要认识到这一点：你的信任和授权会成为孩子一生的底气。我观察了很多青少年来访者，什么样的孩子的自信度是比较强的呢？就是父母充分相信他、充分给他授权的孩子。那些不喜欢自己、自信度很低的孩子，往往父母对他也是不信任的。如果我们想要激发孩子的自主性，首先要做到充分地信任孩子。当然，信任也要有智慧，不是什么都不管，而是相信孩子是有能力的，是能处理好的。用我们的信任和授权去保护孩子那份不断成长的力量。

最后一点，家长要帮助孩子建立起一个广阔的心理空间，也就是所谓的大心脏。大心脏意味着它是有容错空间的。在实现目标的过程中，不可能一蹴而就，一定会遇到困难和挑战。如果心理空间小的话，当挫败发生的时候，孩子很快会进行自我攻击。家长这时候再添油加醋去否定孩子，这个挫败感很快就会让他想要放弃。而心理空间大的人，会有一个较大的容错空间，当挫败发生的时候，他是可以自我安抚的。比如考试没考好，他的第一反应是自我安抚：这次没考好没关系，其实是给我一个查缺补漏的机会，让我看到我的知识盲点，我把这个盲点补上就好了。这样一个容错的空间，这样的心理弹性、抗挫折能力，会帮助孩子走得更远。

本章练习

1. 父母可以一起讨论，评估一下目前在哪些事情上已经授权给了孩子，还有哪些没有充分授权给孩子。

2. 继续讨论，现阶段你们打算把哪个领域授权给孩子，比如他的学业、他的宠物，或者是他的书桌、房间。授权之后，父母要做两件事：第一，发起一次和孩子的关键对话，把这个领域授权给孩子，并且写清楚孩子的责任、权利和义务各是什么；第二，父母要提前想好如何在授权过程中充分表达对孩子的信任。

第十九章

父亲与母亲的最大使命

找到孩子的 SHAPE 模型

父亲和母亲是最早塑造孩子世界观的人。父亲代表着和一个孩子的权威关系，母亲代表着和一个孩子的亲密关系。当然，父亲跟孩子也有亲密的部分，母亲跟孩子也有权威的部分。但一般而言，父亲会更多地影响到孩子未来的权威关系，母亲会更多地影响到孩子未来的亲密关系。而这两个关系，直接影响一个孩子未来的成就和幸福。

父亲作为健康权威的重要性

不管男孩还是女孩，如果在成长的过程中缺失了父亲这个权威，或者说跟父亲的关系不理想、不健康，未来很可能会有严重的权威关系问题，进而影响他一生的成就。

孩子和父亲的关系其实从孩子一出生就需要建立。最好的家庭环境是什么？是妈妈尊重爸爸，爸爸爱妈妈。育儿最好的基础就是父母两个人一起参与，充分扮演好各自的角色，不缺位，不越界。孩子最大的心理需求、最大的安全感来源就是看到父母相爱，爸爸努力尽到善意权威的责任。

如果一个孩子从小跟父亲的关系没有处理好，或者说他的父亲没有扮演好一个健康权威的角色，那么这个孩子长大后跟权威的相处就会遇到阻碍。他的权威关系是不健康的、扭曲的、压抑的。一般来说会有三种表现：

（1）恐惧权威。比方说见到老师就绕道走；见到老板就赶紧躲或是假装没见到；老板说要来办公室，就紧张得不得了，总觉得又要挨批评了。这其实都是对权威的恐惧。

（2）过度讨好权威。其实是把自己的人格矮化了，可能会有讨好型的人格。这也是一种扭曲。

（3）反权威。对专家、领导等特别反感，一身反骨，反正我就跟你过不去，你说得再对我也不听，你要是不按我的来，我就跟你干到底。

这三种不健康的权威关系，其实都是孩子在童年和青少年时期跟父亲的权威关系存在问题造成的。

那么，健康的权威会在孩子成长的过程中起到什么样的作用？

首先，特别重要的榜样作用，尤其是对男孩子来说。一个男孩变成一个男人首先就是通过模仿他的爸爸。所以，爸爸要给孩子树立一个负责任的、有担当的、有勇气的、正直的好男人的榜样，包括如何对待自己的妻子。如果是女孩子的话，她会从爸爸对待妈妈的方式中去学习一个真正爱她的男人要怎样对待自己。这其实就是我们一直在说的原生家庭的模式。

其次，好教练的作用。好的教练会做什么呢？陪伴、鼓励和纠正。

“教练”的英文是 coach，coach 也有马车的意思。马车把人从某个地点带到目的地，而这也是这个词最早的含义。把一个人从他现有的起点，通过过程中的陪伴、指导，带到他想要到达的目的地，这可以很形象地形容父亲的作用。父亲应该陪伴孩子的成长过程，陪伴孩子不断从起点到达一个又一个目标。

教练还有一个重要作用，就是赋能。来自父亲权威的鼓励和认可，会成为孩子生命里一股源源不断的动力。父亲的能量对一个孩子来说是特别重要的。所以父亲要善用自己的权威，用自己的语言去肯定和认可孩子。这些认可会在孩子的心里面珍藏一生。

除此之外，教练还需要纠正错误动作。管教孩子时，如果爸爸在家，应该尽量由爸爸来执行。为什么呢？树立孩子心目中父亲的权威。妈妈在管教孩子这件事情上一定要托举爸爸，千万不要去拆他的台。如果爸爸要管教孩子，妈妈却护着孩子，孩子就会在权柄秩序上发生混乱。

如果父亲有健康的权威，孩子从小得到父亲的支持、保护，父亲像教练一样对待他，及时给予正向管教和鼓励，那么，这个孩子可以说赢在了人生的起跑线上，长大后一般能做出一番成就。

孩子和母亲的亲密关系

那么母亲给孩子提供的是什么呢？是亲密关系。孩子来到世上，最早迎接他的就是母亲的怀抱。这种亲密关系是非常重要的、宝贵的。遗憾的是，随着孩子长大，很多母亲和孩子的亲密关系出现了很大的问题。主要有三个方面的表现：

（1）以爱的名义控制。母亲以爱的名义、以自我牺牲的名义，对孩子实施各种限制、控制和情感绑架，想让孩子什么都按自己想的去做，满足自己的期待，满足自己的情感需求。一个控制型的母亲是在抢夺孩子的个体生命力和独特性，把他养成一个巨婴，让他变得离不开自己，这样他就一辈子跟自己绑定在一起。

（2）麻木、冷漠。孩子抱她一下，她嫌脏嫌烦；孩子想跟她聊天，她推开拒绝。这种排斥，让孩子感觉到他是不受欢迎的。妈妈温暖的充满爱的抚摸对孩子的感统发展和情绪稳定及安全感至关重要，如果妈妈总是推开孩子，没有给孩子及时的反馈，会让孩子无所适从。这种冷漠型的妈妈会让孩子觉得：我不宝贵，我不可爱，我不值得被爱，我的存在是一个累赘，是一个麻烦。要是妈妈还总是否定孩子，这样的亲密关系是不能给孩子任何赋能的。

（3）过度付出。它和控制不一样的是，在过度付出的模式里，妈妈很卑微，像保姆一样供养、伺候着孩子。这会严重毁掉孩子的自主性。当他长大了，你想让他独立，他却早已丧失了独立的能力。

那么，和妈妈健康的亲密关系应该是什么样的呢？妈妈应该是一个无条件的爱和接纳的提供者。健康的亲密关系是走向分离的，就是让孩子越来越不需要你，越来越独立，越来越能离开你而生存。如果你的养育一直走在这条路上，那就对了。

一个人跟母亲的亲密关系没有处理好的话，会影响他未来的幸福。我们在爱与被爱之中感受到幸福，如果孩子爱与被爱的能力受损了，他既不能健康地接受爱，也不能健康地给别人提供爱，那么他未来的人生在幸福这个方面是有所缺失的。

允许孩子活成他自己

当父母分别清楚地了解到自己在孩子成长过程中所扮演的重要角色后，还需要有智慧。要看到孩子来到这个世界，就是来活他自己的人生的，他有他的独特性，可能跟我们想的不一样，可能超过了我们的理解范围，但是我们尊重他。他是那样一个独特的美好的生命，他有他的潜能，有他的天赋和才华，有他独特的性格，那么，作为父母，我们怎么样去扶他一把，祝福他、保护他？

我们一直反复在谈，作为父母，我们对孩子没有所有权。孩子不是属于你的，他是来活他自己的人生的。我们要有对这个独一无二的生命的敬畏——不是敬畏某一个孩子，而是敬畏这一份独特的生命奇迹。当我看着每一个坐在我面前的来访者时，我都觉得他像宇宙一样无穷无尽，是一个非常了不起的生命体。他有无限的潜能，只是目前某个问题、某种状况让他暂时卡住了，那么，我们帮他把这个卡点解开之后，他依然拥有无限潜能。

我常常有一个梦想，如果我们这一代父母都允许自己的孩子去活出他自己，那这个世界将会多么精彩。全世界最宝贵的财富就是人，每一个人都有他的独特性和创造力。如果每一个人都被允许去他热爱的、喜欢的领域发挥他最大的潜能，他愿意拼尽全力成为他想要成为的最好的自己，如果十几亿中国人都在自己擅长又喜欢的领域提升自己，实现自己的一个个梦想，那么这个力量该会多么巨大。一个社会能真正强大起来的根源，就是调动每一个人的创造力和自主性。

这一代孩子，他们的人生使命和我们是不一样的。我经常说，我们这一代人的使命是活下来。活下来，是一个生存课题；活得更好，是一个竞争课题。这一代孩子，活下来对他们而言基本不再是什么问题，他们对竞争也没有那么强的兴趣，不会觉得一定要比谁优秀。他们更追求内在，更希望专注在自己喜欢的事情上。如果我们逼着孩子再回到我们那个生存和竞争的坐标轴，就像逼着鱼上树，孩子会很痛苦，我们的养育过程也会很痛苦。我们要允许孩子活在自己的自我实现里，让他和他的梦想建立起深度的关系，我们要允许他活出那个独一无二的自己。

每一个人来到这个世界上，都有属于自己的独特使命。怎么让孩子成为独一无二的自己，成为最好的自己，这是我们家长要深入思考的问题。

确认和助力孩子的独特使命

那么，怎么去确认和助力每个孩子的独特使命呢？有一个工具很好用，就是 SHAPE 模型。SHAPE 是五个英文单词的首字母，你可以从五个方面去帮助孩子定位他的独特性。

（1）S：Spiritual gifts（天赋）。每个孩子来到这个世界，都是带着天赋的，都带着上天给的礼物。在咨询的时候，很多人说自己没有天赋，其实不是的，一定有。科学证明，每个人至少有两个天赋，就是他天生很擅长的部分。很多天赋只是没有被看见而浪费掉了，就像把金子埋在土里面。天赋是每个人都拥有的，这一点需要父母用智慧的眼光和意识来陪伴孩子一起发现。

（2）H：Heart（热情）。也就是孩子的激情所在。孩子对什么特别有激情，特别想把它做好？人能做好一件事情，一定是他自己愿意做、想做。当孩子做着他喜欢又擅长的事情，父母再给他提供心理营养和有效的指导，他肯定会变得越来越优秀。

（3）A：Ability（能力）。能力和天赋不太一样。天赋是上天赐予的，能力则可以通过后天的学习和训练培养出来。最好是顺着孩子的天赋和热情，有意识地培养他相应的能力。

（4）P：Personality（性格）。孩子是偏内向的还是偏外向的，是偏谨慎的还是偏勇敢的？这就是性格。性格分好坏吗？其实不分。我们要引导孩子接纳他性格本来的样子，更好地去配合他的天赋、热情和能力，这样的话，他的这些人格特质就可以成为容纳他的目标的一个大容器，能够让他走得更远。

（5）E：Experience（经历）。这个方面家长确实比孩子更有经验。孩子到了青春期的时候，家长可以用自己的智慧和洞察力以及对孩子的了解，帮助孩子大致预测他未来发展的方向和领域。需要的话，也可以听取专业人士的一些建议，借助专业的力量帮孩子规划出一条最适合他的路。

规划时，父母要通过智慧去预见一下孩子在这五个方面可能会面对的困难和挑战是什么。哪一个方面可能会影响到孩子，可能会让他未来面对挑战时非常痛苦，我们就提前在这个薄弱环节上使把劲儿。青春期是非常宝贵的阶段，在孩子离开家庭走向社会之前，帮他把他人格系统里面的漏洞再检查一遍，帮他修补好，这是我们父母该做的，也是我们的本分。

很多家长有这样一种错误的认知：社会那么丑恶，将来孩子要面对多少人性的黑暗，我得提前让他体验。不是这样的。家要成为一个安全的地方，父母是孩子人生中最大的资源和最可靠的贵人。在孩子接受社会的真实吊打之前，我们要给他充足的爱、充足的力量，让他发展出足够健康、足够美好、足够强大的人格。在孩子还是小树苗的时候，还在家里的时候，我们尽量让他根深叶茂，让他健康茁壮地成长。在这样的前提下，相信孩子可以迈过一道道坎，禁受住一切风吹雨打。

本章练习

1. 父母一起讨论，写出孩子的 SHAPE 模型：尽可能详细地写出孩子的天赋是什么、对什么有热情、能力在哪里、性格是什么样的、有哪些经历对他有重大影响。可以通过关键词或是句子把这五个方面都写出来。

2. 根据写出的 SHAPE 模型，父母可以进行头脑风暴，把孩子有可能发展的领域列出来。并且找出哪一个具体方面有可能成为孩子发展的弱点，把那个弱点也写出来。

第四部分

边养孩子，边重新养育自己

第二十章

与过去的自己和解

自我疗愈与赋能

伤害不是永远的

不知道你有没有发现，这本书一直都有一条暗线。我们虽然一直在讲怎么养育孩子、怎么给予孩子心理营养，但如果沉下心来读这本书并且完成“本章练习”的话，你会发现这其实也是一本自我养育的书，带着你回到自己的成长历程中，借着目前养育孩子时面对的问题，真实地面对自己的内心。在这个过程中，你自己也在被疗愈，也在重新被梳理。

原生家庭是我们每个人的出厂设置，作为成年人，我们几乎可以把所有的成就、失败、幸福、不幸，都回溯到原生家庭中去，在其中找到原因。原生家庭之间最大的差别，不是父母的财富、学历、地位，而是什么呢？是智慧和爱。原生家庭能够给孩子的最大的支持就是智慧和爱。

还记得曾火遍全国的电视剧《都挺好》吗？因这部剧，原生家庭的话题一次又一次上了热搜，被人们广泛讨论。为什么这个话题每个人都想参与其中？归根到底，很多人都受过像剧中一样的来自原生家庭的伤害。我们在看剧的时候不自觉地代入了自己的生活，从剧中人物的身上或多或少找到了自己成长的影子。剧中的女儿苏明玉，因母亲重男轻女，在家庭中遭受众多不公正的对待，被迫和家庭决裂。而她的哥哥苏明成，典型的妈宝男，在母亲的娇生惯养中长大，占用家中最多的资源，却没有规划未来的能力，在人生道路上付出了巨大的代价。再来看母亲赵美兰，强势、不讲理，但她也是一个可悲的形象。赵美兰年轻的时候，她的爸爸为了帮助她的哥哥解决城市户口，勉强她嫁给了“窝囊废”苏大强。换言之，她的人生都是在为哥哥的前途铺路。而她最终从被害者变成了加害者，又把这种模式带给了自己的女儿。

还记得我们之前讲到原生家庭的时候，让大家做的原生家庭 AB 系统的自测表吧。怎么才能够让这些不好的模式不再去影响和伤害我们的孩子呢？只有我们自己从这个模式的监牢里面成功地出来了，我们的孩子才能不继续待在监狱里。如果我们自己一直出不去，那必然无法带孩子出去。这就是我们反复说的一句话：人拿不出自己没有的东西。

我有一次做配偶出轨的辅导咨询。一位先生小的时候，爸爸出轨，妈妈带着他天天在家痛哭流涕。那时候他下定决心：将来无论如何，我一定要忠诚，一定要对得起我的老婆，我不要做我爸爸这样的人。后来他长大了，结婚了，却发现好像有一种力量在控制着他，他也朝着出轨这条路走。这让他非常痛苦，他完全不想这样，他很想安安分分地和妻子过日子，但是总感觉有一种奇怪的力量在身体里面，逼着他去这样做。然后他真的就做了，而且不止一次出现这种情况。曾经无比痛恨的行为，自己却在不断重复，他就像个溺水的人，没有力量从这个模式中挣脱出来。原生家庭就像一个魔咒，似乎真的会在代际之间传递下去，除非有人能够彻彻底底地觉醒，并且怀着巨大的决心和信念去破除这代代相传的旧模式。

觉察与突破自己的愤怒模式

那我们该怎么办？真的只能屈服于原生家庭的模式之下吗？当然不！我们要做的第一步，说来非常简单，就是下定决心，主动做出这个决定：我决定要从原生家庭的模式中走出来，我决定不要把这个模式和伤害继续传给我的孩子，我决定给自己一个机会活出不被辖制的人生。接下来怎么做，将会是一个漫长的探索过程，而且也非常艰难，但是值得我们去做。

我们首先需要去觉知这些模式。在养育孩子的过程中留心观察，最容易让你生气、让你暴怒、让你焦虑的是什么。可以记录一下今天孩子的哪些行为、说的哪句话让你产生了什么反应；你的身体产生了什么反应，是胸口闷、心跳加快、手脚发抖，还是别的什么；你的情绪是怎样的，你是感到愤怒、羞耻还是无奈。每一次的情绪波动，都是我们觉知自己的时候：最让你接受不了的孩子身上的问题和毛病，是不是都是你接受不了自己的地方？也都是你的父母曾经接受不了你的地方？我们可以思考一下，是不是有这样一个脉络：任何能够引起你情绪较大波动的事件，它背后一定有一个你还没有痊愈的旧伤疤。它会以不同的形式，在不同的时间、不同的地点出现。它可能会通过你的孩子、你的配偶的一句话刺激到你。问题其实并不是你孩子的或是你配偶的，而是你自己的，是你自己内心里未被清理、未被处理的情绪。我们每一次发怒，可能第一时间想到的是怪罪当时让你发怒的这个人或这件事。比如，都怪孩子没有按时完成作业，所以我才发怒；都怪我老公不做家务，所以我才发怒。但是你发怒，最根本的其实是因为有怒气长期积累、储存在你的体内。这个怒气肯定不是这一瞬间产生的，它只是这一瞬间被引爆了。

情绪发出来了是不是就能好一些？不是的。一通发泄之后，人的整个身体会极其疲惫和难受。很多父母打骂完孩子之后无比自责，也深知迁怒于孩子是多么不对，然后可能状态会更不好，内心生出很多愧疚感。那如果不发火、强压怒火呢？我们时常努力控制自己，深呼吸调整，但是总有压不住的时候。那我们怎么做才能更合理地面对自己愤怒的情绪呢？有四点建议：

（1）允许自己愤怒，不要压抑自己的感受。很多人受各种因素的影响，会排斥和不允许自己拥有愤怒的情绪。愤怒和喜悦、悲伤、高兴一样，都是人的基本情绪。首先要允许它们的正常存在。同时，愤怒具有积极意义，它提醒我们现在的状况不对，我们需要做出调整和改变。

（2）表达你的愤怒。这里的表达是指用更健康的方式来表达。可以离开让你愤怒的环境，深呼吸，让自己冷静下来；在家给自己设置一个情绪释放角，放上枕头或者沙袋，对着它挥几拳；和一个朋友聊聊天，聊聊自己有多愤怒；对着让你愤怒的人的照片，好好跟他理论一番……你需要找到对你而言有效的方式。对我而言，最有效的一个方式就是运动。运动这件事很神奇，它会让人体分泌更多的内啡肽，能促进愉悦情绪的产生。

（3）不要让愤怒加深你心中消极的自我形象。你没有因为愤怒而变成一个差劲的人，你要对自己说："这件事情让我很生气，我有权利生气，我不需要为我的生气而感到羞愧。"

（4）把愤怒转化为自我定义的动力源泉。你的愤怒可以让你认清你在和父母的亲子关系中愿意接受什么、不能接受什么，帮助你定义自己的边界和极限。让你的愤怒帮助你把注意力放在自己身上，不再去为改变父母而徒劳斗争。这也会为你在面对自己的孩子时让他不再受同样的伤害提供基础。

每一次在育儿过程之中的情绪波动之后，要有意识地进行复盘。怎么做？可以按照这几个步骤来进行：

第一步，描述事实部分，也就是发生了什么。这个部分不要有任何的评判和情绪，不要带着偏见，只是描写什么时间、地点发生了什么事，谁说了什么话，我说了什么话，在什么样的情况下我突然感觉到情绪失控，情绪失控后我又说了什么、做了什么，把事实部分先捋一遍。

第二步，描述自己的想法，也就是在情绪失控前后自己的想法是什么。比方说，孩子今天跟我顶嘴了，我很生气，没控制住情绪，我就打了他。这是事实部分。想法就是当孩子跟你顶嘴的那一瞬间，你头脑中有哪些意念飘过。比方说，你想到的是"这孩子现在就管不住了，那将来可怎么办"，或者是"这孩子敢跟我顶嘴了，被惯得一点样子都没有了"。准确地描述一下，当这个事件发生的时候你的思绪是什么。这个部分非常关键，因为这些想法其实就是我们的原生家庭带给我们的模式。一般情况下它是沉睡的，只有在你情绪波动很大的时候，这套模式才会明显地暴露出来。不要让它就这样逃掉了，我们把它揪出来，把它一句一句地写出来。做完这个步骤，你就成功了一大半。

第三步，描述自己的情绪。让自己回到当时那个场景，然后再把自己放在那个状态之中去体验一下当时经历了什么样的情绪。这个部分也非常重要，但一定要注意区分情绪和想法。比方说，“这个孩子怎么跟他爸一样”，这是一个想法，当你有这样的想法的时候，你可能愤怒、委屈、恐惧、担忧、焦虑，这些是情绪。把每一个想法给你带来的情绪体验一一列出来。

第四步，也是非常关键的一步，就是去觉察自己的身体。当你描述了事实、知道了想法、列出了情绪感受，再去觉察一下自己的身体：当你有这些情绪的时候，你的身体会有什么样的反应。比方说，我觉察到当我很生气的时候，我的手是抖的，心是慌的，腿是软的。可以把自己身体的这些变化详细地列出来，记录得越细致越好。

这四个步骤做完一遍，你就有了一份生气报告。这个生气就变得有意义起来，我们可以从中发现自己的思维模式：我是不是有受害者思维模式？我是不是有自我否定思维模式？看到思维模式之后，我们还可以继续看到自己的情绪模式：我是不是特别易怒？通过每一次发怒和生气，去观察自己的思维模式、情绪模式、身体反应模式。

看到这些模式之后，不要评判自己，也不要评判父母，甚至责怪父母。但是可以问问自己：这是我想要的吗？这是我想留给孩子的财产吗？这是我希望孩子将来也过的人生吗？如果不是，那想一想什么是你想要的。

举个例子，如果你的情绪模式是易激惹、容易生气，只要一听到别人说否定的话，立马就生气，那下一次当你再感受到别人否定你的时候，先给自己做五组深呼吸的时间，好启动一下理性思考。其实思维模式跟情绪是连在一起的。要想打破禁锢，需要首先提升自己的认知。我们给自己五组深呼吸的时间，也是用来调整认知和理清思路。当你反复琢磨对方说的否定你的话时，你要立马意识到，并且第一时间在自己的心里喊“停”，然后迅速调整自己的思维方式，站在对方的角度体会一下，他说这句话的目的到底是什么、他当时的情绪是怎么样的。

比如孩子顶嘴这件事，我们可以换位思考一下，孩子这样顶嘴，他想实现的目标是什么？给自己五组深呼吸的时间，下一次就不会那么快地产生冲动反应。在情绪和行动、说话之间调出一个空隙来，去看一下自己的模式，看看自己的内心有什么未被满足的需求或者没有被疗愈的创伤。看到自己内心真实的需求、真实的恐惧，花一点时间陪一陪自己内在的那个小孩——那个又虚弱又痛苦又害怕的小孩，去抱抱他，告诉他：你已经长大了，你可以好起来，你不用每一次都重复这个模式，你有更多的选择，你可以做得更好。还可以鼓励自己：这一次我管住了，没有发火，我没有跟孩子大吼大叫，而是坐下来倾听他的想法，倾听他的心声，我们有了一次很愉快的交流。当你慢慢累积这样的成功经验的时候，你会发现你是可以做到的，你是可以战胜看上去强大的敌人的。在这个过程中，你也会慢慢修复你自己，你在成长的过程中缺失的爱，这时候你可以重新给自己。你也可以去安抚那时候的自己，你有能力告诉自己：你已经很棒了，是大人做错了，不是你的错。

我们养育孩子的过程，也是让生命的奇迹慢慢展开的过程，我们会变得越来越柔软，越来越鲜活，越来越正直。我们会成为更美好的自己。所以，先接纳这个真实的自己吧！当我们不再去扮演受害者，当我们不再去指责原生家庭，当我们去真实地面对我们生命中的这些痛苦、挣扎和困难的时候，我们才开始真正地成长，而这个过程我们可以和孩子一起完成。当我们选择站在生命这一边，看到孩子真实的生命的美好和力量的时候，当我们选择成为保护生命、支持生命和欣赏生命的一方，让孩子的生命活力更加绽放的时候，我们自己的创伤也会在这个过程中被疗愈。

本章练习

1. 请回忆你印象最深刻的引起你强烈情绪波动的发生在你的原生家庭或者现在家庭中的一次矛盾冲突。按照“发生了什么（事实）—你的想法是什么（想法）—你的情绪感受是什么（情感）”的顺序一一记录下来。

第二十一章

突破心智模式，经历二度成长

心脑合一，修复系统漏洞

心智模式的运行逻辑

我的一位来访者是一位非常成功的事业型女性。有一次我们约好了咨询时间，她迟到了大概十分钟。其实这是一件很小的事情，但她坐下之后就不停地谴责自己，不停地说自己不靠谱、不守时、给我造成麻烦了等，以至于咨询都没有办法正常进行下去。我叫停了一下，给她看我的笔记。在咨询开始的5分钟里，她批评了自己17次之多，而且用的词都比较严重、比较狠。我纳闷地问她："你这样说自己，你心里舒服吗？"她听到这个问题后，几乎要哭了。然后我就跟她探讨她为什么会这样不停地批评自己。原来她小的时候，爸爸妈妈就这样对她，只要事情没有做好，没有满足父母的期待，他们就会用这种语言暴力不停地否定和指责她。

如今，虽然她的事业非常有成就，但是她很不快乐。她的孩子也不快乐，她青春期的女儿有严重的抑郁症。这样的模式已经害得她这么痛苦了，她为什么还要继续传递给女儿？聊到这儿，她真的哭了起来。她在这种模式中长大，太清楚自己有多么痛苦了。虽然父母早已不再批评她，但她发现有了女儿之后，她又把这根鞭子不断地抽在女儿的身上。

这个让她无比痛苦但又无法摆脱的东西是什么呢？是心智模式。如果你不去刻意地觉察自己的心智模式，它就会成为你的一个底层运转的系统，你就会无意识地被它控制。这套模式往往是我们的父母传递给我们的、是原生家庭传递给我们的，包括我们说话的方式、对待亲密的人的方式，还有我们的情绪模式。这套模式是怎么形成的呢？其实就是在我们的头脑和思维中形成的。我们要破除这些负面的限制型的模式，就需要从我们的头脑和思维中走出来，走进我们的内心，进入我们的体验和行动。

养育孩子的四个层级

参考武志红老师的理论，对孩子的养育其实可以分成四个层级：

第一个层级是困苦层级。困苦层级的养育是什么样的呢？就是家长像暴君，把自己头脑里的那些有害的限制型的模式，不断地用否定式的暴力的或者强迫的方式，逼迫孩子达到自己头脑里面的所谓标准。困苦层级的养育，孩子和家长都非常痛苦，亲子关系也非常糟糕。孩子的生命力、创造性、活力、自主性、内驱力都在不断地被家长压制和剥夺。以这样的方式养育的孩子，学业也好，未来的事业也好，是很难有什么成就的。因为他大量的能量都在这种无谓的要求和强迫之中消耗掉了，他的精力和能量不能集中在他真正热爱、感兴趣、想做的事情上。

第二个层级是普通层级。家长基本完成了对孩子身体的养育，但没有给予孩子足够的心理营养，总是去挑剔他、批判他、指责他。这样的孩子可能能够完成学业，甚至完成得还不错，也能够找到一份工作，但是他不快乐，很难肯定自己，也很难有自信，很容易成为一个庸庸碌碌的普通人。但是，能够从困苦层级走出来进入普通层级，已经是一个很大的进步了。

第三个层级是高手层级。什么样的父母是高手父母呢？就是充分尊重孩子的独特性和体验感的父母。他们看重的养育是孩子内在的养育，而不只是盯着他外在的学习成绩和行为表现。他们能够看到孩子的内在体验是什么样的，也能够帮助孩子充分地调动起自己丰富的体验感。我以前接触过一位心理咨询的客户，是一位父亲。他就讲到他怎么去帮助孩子记古诗词。这位父亲发现孩子对艺术和图画非常喜欢，所以每一次就带着孩子把要背的古诗词画成一幅水彩画，然后引导孩子打开自己的感官，进入古诗词里面。孩子很享受和父亲一起解读古诗词的这个时刻。这位父亲就是在充分了解孩子的基础上，用最适合孩子的体验方式而不是头脑命令的方式来激发孩子的兴趣。这就是一种高手层级的养育。

第四个层级是天才层级。天才层级就是心脑合一，养育者自己是心脑合一、知行合一的，他和孩子之间也是合一的状态。他已经不再用自己头脑中好坏对错的那一套东西来限制孩子了，而是用一种非常丰富的家长与孩子之间充分合一的体验来养育孩子。他是高认知、高能量的人，和孩子之间的情感纽带也是畅通无阻的，这样高频能量就能源源不断地在家长和孩子之间流动，彼此滋养和提升。

我在美国上学的时候认识一个家庭，是音乐世家。他们有好几个兄弟姐妹，每一个人都会好几种乐器，父母也都是音乐家，所以他们一家人就经常在一起组成乐队，各自演奏不同的乐器，一起合奏。当你进入这个家庭，会感受到一种很强的冲击力。你会看到，虽然他们每一个人都在演奏不同的乐器，但是他们之间是一种完全合一的心流状态，每一个人都沉浸在创作美好的体验感之中。甚至，如果你去到他们家，你自己也会动容，也会进入这种神圣的体验感之中。这一家人非常幸福和快乐，每一个人脸上都洋溢着由衷的愉悦和满足。而且，每个人在各自的学校或各自的工作领域当中，都是那个不断去散发能量、去祝福别人的人。这是我见过的天才层级的养育。

我们可以客观地评估一下，我们对孩子的养育是在哪一个层级，我们的父母对我们的养育又是在哪一个层级。通过自己养育孩子的过程，我们可不可以用更高的一种层级来重新养育自己呢？

养育就是修复系统漏洞的过程

每一次在养育中发生困难或矛盾，都是一次以孩子为镜子来照见自己人性漏洞的机会，也是去帮助孩子破解和修复他人性漏洞的过程。养育绝对不是一味地纵容，没有界限、没有原则。养育有一个重要的目标，就是看到孩子人性中的问题。当看到孩子自私的时候，看到孩子愤怒不讲理、胡搅蛮缠的时候，看到孩子无意识放纵、懒惰而不负责任的时候，我们一定要看看自己是否也有这些问题，先修补一下自己人性的漏洞，再及时去修正孩子的人性漏洞，真实、坦诚地面对我们的人性。

这些人性漏洞每一个人都有，就看你能不能看到它们，愿不愿意放下面子承认它们，能不能主动脱离它们的控制，能不能有意识地带着觉察的心和谦卑的心把它们一个一个修补好。当我们做到这一步的时候，我们才有资格或者说才有可能帮助我们的孩子去补上这些系统漏洞。

我的咨询客户里面有不少人家庭条件非常好，我时常会提醒父母，如果孩子从小在一个物质非常优渥的环境下长大，很可能会养成不劳而获的习惯。他会慢慢放弃掉自我管理，放弃掉对自己想要的一切去负责任的动力。那么，给孩子物质方面的东西一定要有节制，要有原则地给，不能想要什么就买什么，要训练孩子为自己的人生负责任。我们要查缺补漏，去看一下孩子有没有贪婪、不劳而获、不负责任、懒惰这些系统漏洞。这有时很难察觉，需要家长有智慧。一个比较容易判断的信号就是孩子总说特别无聊，这其实就是他对自我无意识，所以容易陷入无聊里面。

家长也要去察觉孩子的情绪模式，他是不是易怒、容易出口伤人。这些方面家长一定要把控好，品格问题是不能妥协的。在这个过程之中，家长检查一下自己的人性当中还有哪些系统漏洞需要去修补，并且陪伴孩子一起成长，一起成为更加有智慧、更加全面的人。

设立边界和规则

青春期孩子的家长千万不要想着可以大撒手了，仍然要保留对孩子最终的管教权。也就是说，一些基本的原则、底线、规矩都是要由家长来设立并执行的。孩子自由地成长，我们可以助力他好的一面、向善的一面，我们可以去保护他自由生长的状态，但是，如果孩子出现严重的品格或者行为方面的问题，最终的管教权一定要牢牢掌握在家长手里。这是家长的责任，放纵是最可怕的一种养育。

到了青春期，设立原则、底线、规矩，就不能再用童年时期那种单向、强制的方式。家长设定一些规则，孩子必须遵守。但有一个基本原则是相通的，就是尊重和爱。青春期就是一个孩子逐渐变成一个成年人，像成年人一样承担责任、义务，享受自主性的一个过程。所以，为青春期的孩子设定规则的时候，我们一定要用协商的方式。以往那种单向、强制的方式已经没用了。而且，越是这样，亲子关系就会越来越破裂，越来越缺乏信任，越来越对抗。

有一种很好的方式，就是组织召开家庭会议。我们家一直有召开家庭会议的传统，一般是一周一次。每一个家庭成员有需要的时候，都可以来召集家庭会议。在家庭会议上，我们可以开诚布公地把家庭成员一起要遵守的原则和底线列出来。并且，像一个正规会议一样有记录，也会把决议落实到纸上，每个人都要在决议上签字。商议的过程每个人都可以参加，也都可以提出自己的意见。一旦在决议上签署了名字，每个人都要按照规则来执行。

当然，规则不能定得太死板，要有一些根据具体情况可以调整的部分。规则也不用定得太多，但是每一条都必须是整个家庭一起商讨出来的，每个人都心悦诚服，愿意遵守。做不到这一步，就不要贸然地去制定一个规则。每一个规则后面一定要有明确的惩罚，触犯就要受到惩罚。家长也要把自己置于需要监督、需要提醒的位置。在这个过程中，我们其实是在重新修复自己，孩子也在陪伴我们一起去完成我们青春期没有完成的功课和成长。

本章练习

1. 梳理一下自己对孩子的养育处在哪一个层级。

2. 觉察自己心智模式里的一个系统漏洞。针对这个系统漏洞，给自己制订升级计划。比如说，我的系统里面有一个漏洞就是懒惰，那么我可以给自己制订一个 21 天计划，针对懒惰这件事，从一个切入点开始进行调整。我的计划是每天拿出 30 分钟，在小区里慢跑或快走，让自己的身体先动起来。你也可以针对自己系统当中的一个漏洞，从一个小目标开始一点点修补。

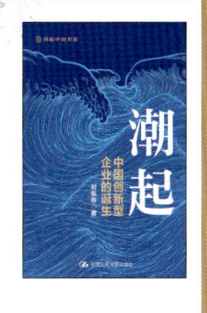

硬科技：大国竞争的前沿

国务院发展研究中心国际技术经济研究所　西安市中科硬科技创新研究院　著
2021年10月出版

讲透了硬科技的内涵、全球格局及其与大国博弈的关系

- 从历史视角探索科技创新与经济和社会发展的螺旋促进关系
- 系统讲述硬科技八大领域的前沿成果、全球格局，厘清了我国的“卡点”“赌点”
- 回答硬科技时代需要怎样的金融
- 对比分析美国、日本、以色列在科技创新方面的行动举措，总结其可借鉴的经验

中国新经济：创新与规则

吴小亮 王静 等 著
2023年5月出版

我国新经济领域创新与监管历程的经典案例集

- 源于作者在国家行政学院讲授的新经济案例课，该课程深受各级领导干部喜爱
- 分析新经济与规则的冲突和融合，帮助读者把正在经历的社会现象看个清楚，理解热点事件背后深层次的原因
- 以案例形式展开，详细讲述了十个新经济领域的发展历程

企业生命周期

伊查克 · 爱迪思(Ichak Adizes) 著　王玥 译
2017年10月出版

豆瓣评分8.6分，京东7800条评论，一本畅销30年的商业经典

- 被翻译为20多种语言，畅销全球30年，影响了无数人
- 周期规律，是创业、投资、管理及任何工作的底层逻辑
- 了解周期并采取恰当的干预，能帮助我们避免很多不必要的问题

数字经济与数字货币：人民币的新角色

程实　高欣弘　著
2022年10月出版

数字货币与数字经济融合，正改变经济的运行方式、重构全球货币体系

- 货币是经济运行的血液，数字货币正带来新一轮货币革命，并重构全球货币体系和大国格局
- 将深奥难懂的经济问题与活生生的现实相融合，好读易读
- 以人人皆可读懂的方式讲清楚了那些频繁出现却又艰涩难懂的前沿概念，帮助读者穿越迷雾洞悉真相

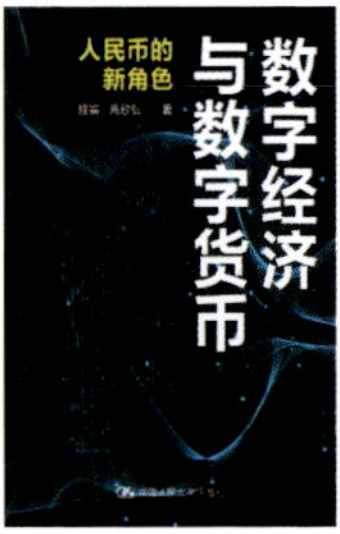

第二十二章

成为会沟通的人

怎样说话才能说到孩子的心里去？

口有大能，不要小看你说的话

跟大家分享一个咨询的个案。来访者是一个 17 岁的女孩，她和爸爸妈妈的关系非常紧张，尤其是爸爸。有一次咨询的时候，她跟我说："老师，我现在听不得我爸爸的声音。"我问为什么，她说因为她爸爸经常说教，一生气就怒吼，长此以往，她对这个声音已经条件反射般地形成了恐惧。现在已经发展到，她只要一听到爸爸的声音，就想跳楼。

我很感谢这个孩子这么诚实地把她的真实体验和感受说出来。这件事也让我一直在反思：说话这件事看起来人人都会，但是有多少人会带着觉察去说话呢？有多少人能够意识到说话这件事会给自己和别人的生命状态带来很大的影响呢？有一句话叫“口有大能”，我们说出来的每一句话都是带着能量的。但遗憾的是，很少有人去约束或者有意识地使用这一份能量。当我们不去约束这份能量，不去有意识地让它朝着建设性的方向发展的时候，它就很可能会成为对别人生命的一个巨大的破坏力量。

我们可以回想一下自己小的时候，第一个烦恼是怎么产生的。我问过很多人这个问题，我发现大多数都是因为别人说的一句话。从我们开始能听懂话了，别人的一句话、一个评价、一个论断，可能就引起了我们的焦虑，引发了我们的痛苦，让我们感到害怕，人生的烦恼从这时才真正开始。我们的孩子也在经历这个过程。我们对他说出的每一句话都是带着能量的。父母是孩子天然的权柄、天然的秩序。孩子在本初的状态中，对父母是完全爱、完全相信、完全接受的。你说什么，他就会接受、相信并且成为你说的样子，这就是语言的力量。

因着这份责任、这份信任、这份托付，我们更要有意识地去控制、约束、管理自己对孩子说出的每一句话。很多父母说话经常是张嘴就来，嘴比脑子快，然后自己的情绪自己不处理，而用说的方式把它发泄出来。我们首先要停止这种无意识的、不受控的说话状态。想做到这一点，第一步就是觉察。每一句话说之前先停一下，思考一下：这句话说出来是破坏性的还是建设性的？这句话说出来带来的是生能量还是死能量？

三问而后说

那如何知道你说出来的这句话带着的是什么样的能量呢？这个能量往往由什么决定呢？就是你的情绪状态。如果你此刻是愤怒的、是满肚子委屈的，在这样的能量状态之下，你说出的每一句话，一定也带着愤怒和抱怨的能量。这样的话一出口就会变成利剑，变成指责、批判，给别人造成伤害。所以，你要先去调整和解决你的状态、你的心境、你的情绪，这是你应该负责的部分。每一个成年人都需要意识到自己有 100% 的责任来管理好自己的身体健康和情绪，调整好自己的状态。所以，一句话说出来之前，可以问自己三个问题：

第一个：我说这句话，我的目的是什么？

第二个：我这句话说出来，对方会有什么感受？会引起对方什么样的情绪？

你可以先觉察一下自己的情绪：如果我是有情绪的，我这么说孩子会有什么反应？他的情绪会受到什么影响？可以换位思考一下。请父母们记住：哪里有指责，哪里就有反抗。没有一个人愿意被指责、被批评、被控制，这是我们人类的共性。这样换位一想，你会意识到也许这句话说出来会适得其反。

第三个，我怎么说对方更容易接受？有没有更优方案？

如果我的目标是让孩子早点放下手机，我刚才也意识到了，我不能用带着情绪的方式去跟他沟通，这样只会适得其反，那我有什么更优的方式吗？我可以坐在他旁边看着他，然后陪他聊天：“今天都玩什么了？”“你现在正在玩的这个，能不能给妈妈介绍一下？”当你跟孩子建立了一个自然放松的聊天状态，他会感觉到你不是来管他的，不是来控制他的，他是安全的。在他有安全感的前提下，你去跟他拉近亲密感，他可能自然就放下手机了。他可能会温和、礼貌地回应你：“妈妈，我再玩十分钟就放下。”之后你就安静地坐在孩子身边等待十分钟。这样你的目的就达到了，而且避免了你们的亲子关系因为不合适的说话方式而遭到破坏。

但这一点容易做到吗？不，很难。但我们可以有意识、有觉知地学习、改变。这些都是有技巧、有方法的，说话之前先问自己上面这三个问题，慢慢形成习惯后你会发现，因为你的语言改变，整个家庭氛围、亲子关系以及你的身心状态都会得到大幅提升。

和孩子沟通的七个禁忌

那我们和孩子说话的时候有哪些禁忌呢？随着孩子年龄的增长，尤其是到了青少年阶段，我们跟他说话就再不能把他当孩子了。命令式的驯化式的沟通、交流方式，要彻底地收回去。

孩子在人格上和我们是平等的，因此第一个禁忌是讲大道理、说教。我的青少年来访者有一个非常明显的共同特点，就是异常厌恶别人对他们说教。如果你总是在说教，总是在讲道理，那么你需要让自己的说话方式升级。不然，你和孩子之间因为说话产生的矛盾冲突会越来越多，孩子对你也会越来越反感。

第二个禁忌是教条主义，就是什么都要按你说的、按你想的去做。我见过不少这样的家长，自己永远是对的、永远是好的，这让孩子非常反感。还有的家长喜欢摆架子，总是一副高高在上的姿态，“我是你爸，我说什么都对”“我吃的盐比你吃的饭都多”，这也是让孩子非常反感的。

第三个禁忌是说话时去挑剔、指责、讽刺、挖苦、否定孩子。我们可以观察一下我们说话的内容，会不会经常说“你为什么就不能……”？“为什么”这三个字，我建议家长朋友不要再对孩子说了。我在学心理咨询的时候，第一学期导师就跟我们说："咨询师永远不要问为什么。"你为什么要这样做、你为什么要这样想、你为什么要这么说……每一个"为什么"其实都会让人非常反感，让人有一种被审讯、被逼问的感受。而且，往往我们并不是真的想知道为什么，只是用这种话去刺激对方。

第四个禁忌是用设问句。设问句是什么意思呢？我举个例子："假设你考前少玩手机，好好学习，你是不是就能考好一点？"这种设问句也是我们咨询师的一个禁忌。我发现在日常生活中，很多家长都会用设问句去跟孩子说话。设问句就像一个圈套，你挖好一个坑，等着孩子掉进去。

第五个禁忌是矮化孩子。其实儿童和青少年一点都不比成人笨，跟他们说话的时候不要用那种小孩腔。我看到很多十六七岁的孩子，父母还管他叫宝宝，就好像对待六七岁的孩子一样。这样其实会让孩子很反感，家长自己不成长，就拿着养育六七岁孩子的水平，一直对付着养到青春期。有一天终于对付不下去了，到青春期，孩子开始出问题了，亲子关系也变得紧张了。我常跟家长说，我们涨一分，孩子就能涨三分。我们改变一点点，意识到自己的系统漏洞，去修补一下，孩子那边可能就会容易很多。

第六个禁忌是唠叨、抱怨、批评、指责。这些负面情绪背后的根源其实只有一个：家长自己没管理好自己的情绪，然后把这种自己都管理不好、消化不了的负面情绪转变成唠叨、抱怨、批评、指责，还有情绪勒索、情感绑架等。

这些其实都是家长失职，家长没有负起一个成年人管理好自己情绪的基本责任，然后把情绪发泄或者转移到孩子的身上。

第七个禁忌是表情暴力。这是很多孩子都在遭受的苦。我见过一些家长，什么时候都是不高兴的，眉头紧锁，脸上像蒙了一层灰，说什么都否定、批判，然后贴标签、挑毛病，并且还配合着表情暴力——嫌弃的、讨厌的、烦躁的表情。我作为咨询师和他相处一小时都感觉要窒息了，更不用说他的孩子究竟经历了什么。我们可以对着镜头录一段自己说话的样子，看看自己的表情，真实地面对一下自己平时说话的状态。

怎样说话才能说到孩子的心里去

第一点，我们跟孩子说话，要引导，而不是教导，用商量、探讨的方式和孩子沟通。这么做需要把自己摆在和孩子平等的，可沟通、可交流的状态之中。有些人特别容易陷入二元思维之中：分敌我，分对错，分好坏，分高下。其实我们可以进入一个脱离二元对立的多维的世界里，多引导孩子分析问题并给出方案，多引导孩子思考如何更好地解决实际生活中的问题。这不仅可以发展孩子的思维能力，也给了孩子主动掌管自己生活的机会。孩子有能力面对问题、解决问题，就会越来越自信，越来越主动。这就是一个正向的循环。我们也可以引导孩子从事物的多个侧面来思考，打开视野，打开格局。家长多用引导和启发的方式，不要直接给答案，不要直接去表达你的建议，多去问孩子，允许孩子有真实的表达。

第二点，鼓励孩子表达自己的真实想法。这一点在青少年阶段尤为重要。很多孩子因为各方面的压力，跟父母说自己好痛苦，家长就开始跟孩子辩论：你不能这么感觉，妈妈这么爱你，你怎么能这么想呢？直接否定他的真实感受，带来的后果就是，把一个真实的孩子推得离你越来越远，你再也听不到孩子内心的声音了。所以，我们一定要允许孩子真实表达，哪怕他表达的东西特别可怕，或者特别不靠谱，或者你特别接受不了，都不要第一时间去否定孩子。他形成这样的表达、有这样的感受，一定有他的原因，我们要去看背后的原因，然后再去想怎么一点点调整。在孩子真实表达的时候，也不要去评判、贴标签，不要急于下结论。允许孩子表达出来，然后看一看怎么在情绪层面帮助孩子疏导。

第三点，和孩子说话的时候，善用我们的身体语言。当你和孩子坐下来想要聊点什么的时候，请你放下手机，设成静音模式，放在你俩的视线之外。这么做的目的是表示这个时间你是要专用的，这很重要，用这种方式让孩子感觉到他对你很重要，你愿意为了他把这段时间抽出来，全神贯注地陪伴他。说话开始之后，你的身体可以微微打开，稍稍前倾，跟他保持目光的对视。那对视的原则是什么呢？就是比他看你的目光稍微多一点。这其实是向孩子表示你对他说的话很感兴趣。

不管孩子说什么，都不要急于去评价。我们把评价放下，让自己和孩子共情，进入他讲述的那个场景之中去体验他那时候的情绪。这时可以进行平行表述，就是孩子说完一段话之后把他说的话大致复述一遍。复述完之后，你可以询问他："我理解得对吗？我有没有遗漏什么重要的信息？"这样的反馈会让孩子觉得原来父母在这么认真地听我说话。再配合眼神、动作、表情，随着他讲述的内容，你可以用点头、微笑、语言鼓励他说下去。在这个过程中，除非孩子主动问你有没有什么建议，邀请你给他出主意，否则不要提建议，不要说你的方案，更不要指责、批评，认真地听他说完就可以。

第四点，鼓励孩子多和你随意交谈，天马行空的，天南地北的，各种无厘头、好玩搞笑的话题都可以谈。不要一和孩子说话就谈正事、谈学习。我们不妨进入孩子的世界，从孩子的视角来想一下学习这个问题。孩子从出生开始就在用他自己的方式探索世界，他和我们大人所处的人生阶段不一样，有自己学习的特点和方式。每一个孩子都是天生的学习者、是主动探索者。为什么那么多孩子没有了学习的热情？就是因为他们的主动性在压力之下被破坏掉了。

而压力的一个重要来源就是我们和孩子的沟通方式。孩子小的时候，你可能还时常夸奖他做得好、做得棒，但上了学以后你满眼看到的都是孩子的问题，语言中也没有了以前的温和和鼓励，取而代之的是纠错和挑剔。这种变化会让孩子无所适从。另外，我们关心的话题绝大部分都集中在孩子的学习上。我们让孩子看的书、玩的玩具、参加的活动都具有了更强的目的性——学知识、提高学习成绩。而孩子自身的一些兴趣或许会被我们认为是不务正业，影响学习。孩子对于学习的好感、对于学业的兴趣就这样一点一点被消耗殆尽。

谈点有意思的话题，看看你一次能和孩子说多久。如果孩子和你说话没压力，反倒觉得轻松有趣，那你们的亲子关系就成功了一大半。

案例示范：孩子写作业拖拉，有厌学情绪，用五句话来改变

来访者基本信息：P女士，39岁，家庭主妇。儿子小学六年级，经常因为被盯着写作业而跟P女士发生矛盾，现在跟她基本不说话，一说话就吵，作业也不能按时完成。

咨询师S：您可以描述一下孩子放学回到家，你们之间的对话是什么样的吗？我需要一个真实的样本。

来访者P：他回来之后，我就说："儿子回来啦！今天在学校过得怎么样啊？"

咨询师S：那孩子怎么回答呢？

来访者P：一开始我这么问还跟我说几句，现在完全不理我，要不就应付地说一句："就那样。"

咨询师S：他之前还跟您说几句的时候，会说什么呢？您是怎么回应的？

来访者P：他之前就说些他们同学之间的事儿，跟同学闹矛盾了什么的，我也没好好听，我就说："别因为这些事儿影响学习啊，咱不跟那些坏孩子玩，咱们好好学习。"他后面也就不说了，我再问也不愿意说了。

咨询师S：您现在能理解孩子为什么不想跟您说话了吗？

来访者P：能理解了。我后来也反思了，孩子感兴趣的话

题我不知道怎么接，我也不感兴趣，他说啥我都往好好学习上引，他又讨厌学习，那肯定我说啥他都不愿意听了。

咨询师 S：您说孩子讨厌学习，有什么依据吗?

来访者 P：我每次让他写作业，他都以各种理由拖拉，还跟我闹情绪，这不就是讨厌学习吗?

咨询师 S：您都怎么让他写作业呢？他写作业的时候您在干什么?

来访者 P：唉，我每天盯他写作业简直就跟打仗一样，斗智斗勇，特别累。他回家我就开始说："儿子，今天作业留的什么呀？妈妈看看，妈妈陪你写啊，吃完饭就准备开始写作业了啊！早点写完早点玩早点睡觉，我儿子最乖了。"

咨询师 S：您这样说完，他会怎么回应呢?

来访者 P：他就嗯一声，然后就自己拿着平板电脑玩。我就一直催一直催，最后自己情绪崩溃发场大火，连吼带骂，他才不情愿地写，磨洋工，还不专注。写完我还得帮他改错，有的时候弄到夜里 1 点多，人仰马翻的。

咨询师 S：谢谢您的描述，情况我大概了解了。我还想再问一下，孩子有什么兴趣爱好吗？哪一科相对学得好一点?

来访者 P：他小时候还挺喜欢打架子鼓的，后来怕影响他学习就给停了。他数学还不错，以前对数学挺感兴趣，爱问一些奇奇怪怪的问题，我也回答不上来，就老说跟着老师好好学，别整天自己胡思乱想些没用的。

咨询师 S：您的补充信息很有用，至少说明孩子不是天生不爱学习，他是有学习能力的，也会主动学自己喜欢的东西，是吧？其实所有孩子天性里都有探索世界的好奇心，学习可以是一件很有趣的事，只是他现在比较抗拒这种被逼着学习的状态，是不是？

来访者 P：您这么一说还真是。孩子小时候好奇心很强，是我没引导好，老是去否定、限制孩子，让他不要调皮，老是挑他的毛病，他慢慢就讨厌学习了。可能孩子并不是讨厌学习这件事，而是讨厌我老是拿学习逼他，指责他，骂他又笨又懒。

咨询师 S：您意识到自己过去这些不妥当的地方，很为您高兴。过去的都过去了，谁也不是天生就会当家长，都需要学习。我教您五句话改变这个局面，让孩子自己主动、自发地喜欢学习，您愿意学吗？

来访者 P：那可太好了！我愿意学，我一定按您说的做！

咨询师 S：好的，也谢谢您愿意成长改变的心。第一句话，孩子回家后，先别逼他开始学习，先和他聊点有意思的事，逗他哈哈大笑。比方说："儿子，你可回来了，妈妈今天看了个特别搞笑的视频，你陪我再看一遍。"这样开头后，再和他多唠点闲嗑儿，让他把紧张的神经放松下来，一句也别提学习。

来访者 P：好的，我记住了，我以前就是，他一回家我就跟他说学习，他的精神就老是紧张。

咨询师 S：第二句话："你准备怎么安排今天睡觉之前的时间呢？"不要小看这句话，当你这样说的时候，你是在把主动权和选择权交还给孩子，而不是直接替他安排好，催他赶紧做。这样孩子会感到他是有自由的、有选择的、被尊重的。

来访者 P：好的。我之前都是说赶紧写，先写完作业再干别的。但是，万一他安排的是先玩游戏，玩到十一二点再写作业呢？

咨询师 S：这就需要说第三句话了，和孩子规定好睡觉时间："儿子，睡觉前的时间你都可以自由安排，但是咱们 10 点准时睡觉，作业写不完就不写了，身体比作业重要。"

来访者 P：啊？那他真的写不完作业怎么办？

咨询师 S：那就让他写不完，让他自己承担后果，第二天上学，老师批评、同学笑话，就是他自己该承担的后果，不要替他操心。给他选择的自由，就要给他体验不同选择会带来不同后果的自由。您只需要坚持 10 点睡觉这条底线。

来访者 P：好的，我明白了，我过去就是啥都替他操心替他急。

咨询师 S：第四句话："这道题真的挺有难度，难怪你不会做 / 会做错，咱们一起看看！"在辅导作业的过程中，遇到孩子不会做或做错的题，先别着急给他讲或怪他怎么这么简单都不会，是不是没专心听讲，而是先说这句话给孩子缓解心理压力。

来访者 P：我以前就总说孩子："这不是刚给你讲过吗？你就是猪脑子！妈妈这么辛苦，天天给你做饭，教你学习，你就一点不用心吗？就这么报答你妈吗？我怎么摊上这么个又懒又笨的孩子？"我现在特别羞愧。

咨询师 S：以后不要再说任何一句指责和否定孩子的话了，一定要保护孩子的自尊心和自信心。这比他现在考多少分重要多了。最后一句话，摆事实（数据），认真认可孩子的进步。比方说："儿子，你今天规划 7 点开始写作业，写到 8：46 就全部写完了，比昨天提前了 13 分钟，而且你的专注时间增加了。妈妈看到你开始对自己的学业认真了，努力、负责任地完成作业，真为你的进步感到骄傲。"记住，千万不要虚假夸大地夸奖，不要说"儿子真棒，真聪明"，而是有根据地描述，这样孩子才会相信，才能对自己的进步有成就感。

来访者 P：好的，我学会了，我今晚就试一试。

本章练习

1. 预备好自己的心态，预备好时间，邀请孩子坐下来聊一聊。这次谈话需要至少 15 分钟，你需要做到三点：（1）按照本章所讲的内容至少做一次平行表述；（2）全程不要评价，不要提建议；（3）专注地倾听。这次谈话结束之后，请你记录下来你的感受以及你对此次沟通的看法。

第二十三章

成为孩子可靠的朋友

如何和孩子发展持久的、有深度的、能彼此信任的友谊？

友谊：亲子关系的一个重要维度

我们在孩子童年的时候，可能不太会去有意识地发展和他的友谊，但孩子进入青春期了，我们就需要尝试着和他去做朋友。我跟很多青春期的孩子，也就是我的来访者中的大多数都发展出了友谊。我的一些青少年来访者会坦诚地说："老师，我不把你当老师，我觉得你是我特别好的朋友，甚至是我最知心的朋友。"我特别期待，我们的家长也能够成为这样的朋友。父母、孩子这样的角色不是我们能够选择的，但做朋友是我们可以自主选择的。我问过很多青少年："你们喜欢的朋友是什么样的？"得到的答案基本一致：大家都喜欢有趣的人，都喜欢懂他们的人，都喜欢仗义的人、讲义气的人。所以有趣、懂他们、讲义气，就成为我们和青少年成为朋友的一个行动指南。

我们可以先来检视一下自己，是不是一个有意思的人。我们可以问自己：我有趣吗？我刻板吗？我严肃吗？我自己日常的情绪状态是高高兴兴的、充满好奇的、喜欢冒险的、喜欢尝试的，还是闷闷不乐的、故步自封的？从人的心理来说，人都喜欢真实的人，喜欢有趣的人。作为父母，你可以不那么完美，可以在孩子面前展示出你的缺点、问题和脆弱，但需要你是真实的、有意思的。当孩子感觉到你是有意思的人，而且你能够对他始终保持一份兴趣、一份好奇，不加评价地去关注他、欣赏他，你们就有了友谊的开始。其实这就是爱。做父母的要养成一个习惯，就是在日常生活中表达对孩子的欣赏、对孩子的好奇、对孩子的感谢。爱是一定要说出口的，这么重要的事情不要埋在心里，要及时地告诉孩子。你也可以去问孩子你不懂他的地方，这些都能够帮助你们建立友情。还有很重要的一点，就是父母要多花一点时间去有质量地陪伴孩子。陪伴的时候，要与孩子一起做他感兴趣的事情。比如，现在很多青少年喜欢打游戏，家长甚至可以花一点时间，让他教你打游戏。不要把游戏当作洪水猛兽，很多沉溺于网络游戏的孩子，在现实中都是缺爱的，所以我们可以用陪他做他喜欢的事来表达爱。孩子喜欢打篮球，陪他去打；孩子喜欢户外，喜欢骑行，陪他去户外骑行。陪伴就是在告诉孩子：他的喜好对你很重要，你在用心让他开心。当家长用实际行动给孩子传达出信息的时候，孩子就能够感受到家长的诚意，即家长想要和他做朋友的诚意。在具体的与孩子相处的过程中，可以多开玩笑，不要有那么多架子，不要那么严肃，不用端着家长的人设。爱开玩笑、幽默感十足的家长会让孩子比较轻松，也更愿意放下防御和家长做朋友。

和孩子发展有深度的友谊

如何与孩子发展有深度的友谊呢？很重要的一点是，家长要知道孩子的变化是日新月异的，他的头脑、认知、思维、情绪、感受都在快速地更新迭代，这个时候家长要跟得上他成长的速度。家长想跟孩子做朋友的话，要跟他保持在一样的认知水平。一般来说，家长要刻意地、主动地加速自己的成长，才能跟得上孩子成长的节奏。

为什么家长要主动成长？我们可以想想自己的人生，从小到大身边经历过好多人，那些小学和中学阶段的同学，甚至大学同学，好多再见面就说不到一起去了，其实就是认知不在一个层次了。虽然孩子学的那些知识，我们可能早就学过了，但社会是不断变化的，家长要去了解孩子的世界观、孩子所处的这个世界、孩子和他的朋友之间相处用的是什么话语、孩子关注的话题是什么。

和孩子发展出的友谊，有不同的层次和深度。

第一个层次的友谊，家长和孩子聊的都是日常中琐碎的人和事，包括在学校学了什么，中午吃了什么，有没有和谁拌嘴，谁家又出了什么状况，等等。家长跟孩子聊天的时候有很多评判：这个人脾气大，那个人心眼小，谁长得丑谁长得好看，诸如此类。其实这些评判不仅没营养，有的还会毒害孩子的心灵。有些家长给我发私信留言：“老师，我家孩子经常背地里说任课老师的坏话，或者说老师们这里不对那里不好，影响了他的学习热情，我该怎么办？”通常我会请家长先回忆一下，家里有谁在生活中是比较喜欢去评判他人的。往往过了一段时间，我收到这样的回复：“老师，我仔细想了一下，好像我就是有这种习惯。”其实有很多家长的养育水平就到这里了，甚至连这一层都没有做好，聊天的时候敷衍了事，这会让孩子感觉不到真诚。

第二个层次的友谊，家长和孩子有开阔思维层面的对话，比如家长和孩子讨论一些国内国际时事，这是比日常琐事那种聊天要再上一个台阶的。但其中讨论的很多观点，只是局限于个人的认知。

第三个层次的友谊，是情绪价值层面的，就是我和你在一起，我是舒服的、愉快的、放松的，是感觉被滋养的，能够为彼此提供情绪价值。当有一方情绪低落或者是有负面情绪的时候，另一方是能够帮助他疏导的。要注意，是疏导而不是评判，不是给人提建议，而是倾听，共情陪伴，让他把这个负面情绪流淌出来，帮助他一起面对一起化解情绪。

第四个层次的友谊，是体验层面的。什么是体验呢？就是彼此对生命有共同的体验感。体验感很多时候是跟情绪绑定在一起的，但体验这个层面是更多元的、更丰富的。如果想要和孩子发展深度友谊的话，家长可以和孩子一起去体验一些事情，去创造出一些比较独特的体验。比方说，我曾经带我女儿去学习美人鱼游泳，就是下水深潜。我们俩一起根据教练的指导，深潜入水底，彼此看到对方像一条美人鱼一样在水里游弋，自由自在。她在那时拿到了潜水证。我一路陪伴着她，一起参与，见证彼此的成长，这成为她生命中一个非常宝贵的体验。时间已经过去几年了，她还总是能回忆起当时的美好画面，也会问我什么时候再一起去玩美人鱼游泳。这件事情让她产生了一个非常美好的体验感，这个体验感是我和她共有的，我是陪伴着她的。家长可以用心设计类似的体验。这种体验感会让家长和孩子之间的友谊形成一个很强的纽带。

第五个层次的友谊，是意义和价值层面的，就是彼此知道生命的意义，家长知道孩子的意义和价值系统，孩子也知道家长认为什么是最重要的，家长愿意为之生、为之死的东西是什么。如果家长和孩子的友谊在这一层次上，就是灵魂相交了，这是非常了不起的。

这里特别要提醒的是，千万不要对孩子说教。比如我们为什么而奋斗，不是嘴上说说而已，而是要真正去做的，用行动去影响孩子。切记不要空喊口号。还有一点很重要，就是家长跟孩子发展友谊的时候，双方要平行地往前走，不要总是家长来付出，也要给孩子机会，让孩子能够对家长有所帮助，让孩子在付出的过程中获得价值感和成就感。

和孩子发展彼此信任的友谊

那如何和孩子发展出这种彼此信任、互相托底的友谊呢?

很重要的一点是，家长要是一个仗义的人，要是一个拿得起放得下、值得信任的人。家长先自己反思一下：我是不是一个诚实的、正直的、值得信任的人?如果不是的话，就先成为这样的人，然后再让孩子信任你。

家长要和孩子一起经历事情，尤其是孩子人生中一些重大的事情。我前段时间辅导过一个青少年来访者，在他高考的时候，他爸爸缺席了。他爸爸说自己有别的事干，走之前还让孩子认为是因为孩子表现不好，所以爸爸不高兴了，走了。这位爸爸这种离开的方式对孩子的心理造成非常大的创伤。孩子面对重大挑战时，家长要坚定地站在他旁边，陪伴他，哪怕什么都不说，就只是跟他在一起。

如果孩子遭受了霸凌，这时候家长千万不要说孩子。这是孩子最需要支持和保护的时候，家长有多少劲儿，就使出多少劲儿来。家长要陪孩子一起对抗不公平，保护他，让他觉得在自己软弱的时候是有依靠的。

孩子出于信任跟家长说的一些话，家长一定要保密。为朋友保密，这是友谊中建立信任非常重要的一个部分。孩子因为信任跟家长说的一些私密的话，甚至不能跟配偶说，更不能做的就是把孩子因信任而说出的秘密变成日后批评他的一个把柄。我记得有一个女性来访者，她小时候有男生喜欢她，出于对妈妈的信任，她跟妈妈说了。结果妈妈就总是拿这个事情嘲笑她。妈妈这个做法，让这个来访者一辈子都难以走出阴影，她以后再也不敢信任别人了。而且，因此对男女关系产生了深深的羞耻感和厌恶感，由此对她自己的爱情和婚姻，甚至育儿都产生了非常严重的影响。

最后，家长也要向孩子表达对他的信任。当家长看到孩子的成长，看到孩子的努力、孩子的坚持、孩子的靠谱、孩子的诚实守信时，在这些小的方面，哪怕只有一点点，家长也要随时表达对孩子的认可，用言行去塑造孩子这种值得肯定的品格。

我的一位同学，前段时间经历了很多打击，遭遇一连串的人生失意，包括失业、离婚、身体健康出了严重的状况。他说这个时候感觉就是众叛亲离，很多朋友都离他而去。但是他妈妈给他打了一个电话，说："儿子，大不了你回来，妈养你。"他那一瞬间就感觉自己经历的这些真的不算什么了，心里顿时有了底气。他当然不会真的回去让妈妈养着，但是他重新有了力量，感觉他的人生还有妈妈在为他托底，无论他受了多少委屈和不公平的对待，在妈妈那里他是安全的，是被支持的。

亲爱的家长们，人生短短几十年，能陪伴孩子长大的时间至多也不过 20 来年。父母在这一路上是和孩子渐行渐远的。但是家是不是能成为孩子的底气？父母是不是孩子无论走多远都无比幸福的牵挂？家是不是在孩子失意的时候能给他力量的港湾？孩子又是否愿意把自己内心真实的想法和感受毫无顾忌地表达给父母听？这些都是家长在和孩子的相处中要用心经营和发展的。愿我们可以成为孩子一生可靠的朋友，彼此信赖、彼此依靠。

本章练习

1. 请家长选一个可以和孩子共同做好并创造美好体验的事情，比如一起爬山。在体验完之后，家长和孩子一起分享这次做了什么事、感受如何。父母和孩子通过共同的美好体验建立友谊。

第二十四章

自己先做轻松可爱的人

为孩子提供情绪价值，成为一家人的快乐源泉

父母留给孩子最大的财富

人们常说男人是家里的头儿，是一家之主，这表明他们需要承担更多的家庭责任。而女人，准确地说是妈妈，可以说是一个家庭的灵魂，在提供情绪价值方面作用最大。孩子是不是一个轻松快乐的人？他是不是一个拥有获得幸福的能力的人？这其实是父母一手塑造出来的。

家长能够给孩子的价值最大的东西是什么？什么才是能够陪伴孩子一辈子的东西？很多父母非常努力、非常拼命地去赚钱，以为钱能够给孩子最大的安全感，但其实这些物质的东西

对他是否快乐、是否幸福、是否成功、是否能够成为一个创造价值的人，都没有太大的帮助。

孩子不管是童年阶段还是青少年阶段，在家长身边的这些岁月，是能够感受到自己是充分被爱的还是不被爱的。孩子在家长陪伴的过程中体验到人生的美好，是家长能够给予孩子的最大价值。在大量的咨询个案中，我接触到很多患有抑郁症的孩子，我判断他们能否好起来的一个很重要的指标，就是他们在过去的人生之中，有没有过愉快的、温暖的，让他们值得回忆的、值得想念的时光。如果一点也没有，父母在孩子有记忆以来给予他的都是痛苦，孩子一直是在这样的氛围和情绪中长大的，那么他彻底好起来的希望就比较小，心理辅导周期也会相对较长。如果来访的孩子是这样的情况，我就会问他在其他方面有没有支持，比方说他有没有特别好的朋友，或者他有没有很爱他的老师，给过他一些支持。如果家庭没有给予孩子情绪价值，但是朋友、老师甚至是网友给过他爱和关心，让他感觉自己有价值，有过美好的体验感，那么他恢复健康的概率会大一些。很可悲的是，很多家长自己不提供给孩子情绪价值，不给他美好的体验，孩子在外面有了朋友，朋友给他提供了爱和支持，家长却还要去阻挠，告诉孩子要专心学习，不要交“乱七八糟”的朋友，甚至会说他的朋友别有用心。总之就是想方设法地切断孩子的外在支持。这样的孩子，他的康复过程就会变得很漫长。心理咨询师可能成了第一个让他感受到被爱、被支持、被保护、被欣赏、被理解的人。从心理咨询师这里，他才开始有了美好的体验。那么，用心理辅导的每次一个小时或者两个小时的这种美好体验，去对抗他过去十几年的很负面、很痛苦的体验，可想而知是多么地不容易。

家长轻松愉快，才能给孩子情绪价值

家长可以诚实地问自己一个问题：你是不是一个轻松愉快好相处的、能够给别人带来正向体验和情绪价值的人？这个问题很重要，因为“人拿不出自己没有的东西”。我的一个小来访者，他很希望他的爸爸能够尊重他，但是他爸爸做不到，因为他爸爸没有基本的情绪管理能力，没有爱别人的能力，没有共情别人的能力。他爸爸完全活在自己主观的头脑暴君的统治之下。

讲到这里，很多家长已经知道要给孩子正向的情绪能量，给孩子爱和尊重，给孩子轻松愉快的美好的情绪体验。那具体而言，家长应该怎么做？

首先要有稳定的正向的情绪。我们经常会说到情绪管理，也总是有很多人告诉我们当遇到负面情绪的时候，该怎么样去控制它。其实情绪是不由我们来管理的，它只是人的思维在身体上的反应。我们先产生了负面的思维，才会随之产生负面的情绪，所以我们真正要管理的并不是情绪本身，而应该去看看让我们产生情绪的是什么样的思维。因为有怎样的认知，就会产生怎样的情绪，这是一枚硬币的正反两面。

管理自己负面情绪的时候，真正有效的方法是什么？作为心理咨询师，我建议，每一次有巨大的情绪波动时，停下来思考：此刻发生了什么？身体发生了哪些改变？产生了什么样的情绪？这个情绪背后的思维是什么？有哪些想法？把那一句关于“想法”的话抓出来，记录下来。这样就会明白，原来是这样的一个想法导致你产生了负面的情绪。然后再继续梳理：当你在这种情绪之中的时候，产生了什么样的冲动？说了什么样的话？有了怎样的行为？人一旦能够从情绪的无意识的状态中跳出来去思考，客观地不带评判地去一一梳理，这个情绪就失去了对人的控制力。因为它最喜欢的就是你看不见它，你处在无意识当中。一旦你察觉到了它，从一个更高的维度去看情绪中的自己时，这个情绪就失去了对人的直接的控制力。

情绪对人最大的一个困扰就是它让人深陷其中，让人不能客观地去看待事情，让人在强烈的主观情绪下做出盲目的选择和行动。如果人可以在日常生活中训练自己，不放过每一次情绪失控的机会，按照“发生了什么事情—我的想法是什么—我的身体反应是什么—我有什么感受—我的情绪是什么—在这样的情绪之下，我产生什么样的行为冲动、语言冲动”的顺序，去仔细体会，那么每一次情绪的波动都会成为一面镜子，成为一个线索，让你看到你内在那些没有直面过的、没有处理过的伤痕、恐惧、嫉妒、愤怒、悲伤与失落。

看到它们时，接纳它们，承认它们是你当下生命里的一部分。不用去对抗，不用去否认，不用去逃避，你就静静地看着它们，然后一个一个去清理。如果自己做不到的话，可以请专业的心理老师来帮助你，对过去每一次情绪波动背后的伤痕和痛苦进行清理，让它们不再成为你生命中的死能量。当你这样清理过之后，你会发现，原来人生可以这么愉快，原来可以不用经常背着那么大的情绪压力和负担。

给孩子提供情绪价值，不是喊出来的，也不是装出来的，而是活出来的。是父母先进入这样的状态之中，然后自然就会散发出馨香之气，影响到家人、配偶、孩子。活成一个温和的、可爱的、好相处的、正向的、让人有美好体验的人，这是可以通过学习和刻意练习来做到的。

案例示范：我怎样让自己保持稳定正向的情绪状态

我青少年时期就得了抑郁症，有严重的精神衰弱和自杀倾向，后来被精神科医生诊断为双相情感障碍。我 16 ～ 20 岁时每天只能睡着一个小时，情绪极其不稳定，因此情绪管理一直是我努力的方向。我后来走上学习心理学的道路，成为一名心理咨询师，也是一种自救。经过在心理学道路上十几年的学习和实践，我找到了一套对我的情绪进行管理的行之有效的方法，我把方法分享给来访者，基本上能帮助来访者解决 80% 以上的情绪问题。但一定要自律执行，持之以恒。

第一，好的情绪和心理状态的基础是健康的身体状态与规律的作息。我改掉了多年的熬夜习惯，早睡早起，吃健康的食物，每天至少运动半小时。我服用过一段时间抗抑郁和焦虑的药物，但后面不堪忍受它们的副作用，就和我的精神科医生商议后逐渐停药了，取代药物的是一些对情绪、心理和认知有帮助的营养补充剂，包括肠道益生菌和硒元素食物。另外，我每周会做一到两次中药外敷的身体理疗和情绪抚触精油按摩。这些都是我摸索出来的行之有效的方法。当我们的身体是健康的、充满活力的，情绪一般也不会太差。

第二，在心理和人际关系层面的自我调节。我把多年心理学所学先用在自己身上，学习和实践心理学知识的过程就是不断疗愈自己的过程。我先经营好自己的家庭关系，主要是和老公的关系，还有和两个孩子的亲子关系。这个过程不是一帆风顺的，但经过十多年的努力，我的家庭关系非常温暖、愉快，充满爱，一家人彼此支持，这就是一个让情绪稳定正向的良好场域。我有几位多年的老朋友，都是灵魂非常有趣的人，我会每一两周约他们出来聚聚，大家分享彼此的喜怒哀乐，这对我来说是很好的心理营养。我有自己的心理导师和朋友，当我在生活中遭遇一些艰难痛苦的时刻，我有强大的支持系统可以帮助我，让我很快恢复状态。如果在人际关系中遇到矛盾，或者引发了我较大的情绪波动，我的原则是先自己处理情绪，再解决问题，不在情绪中说话、做事和做决定。遇到问题尽快解决，尽量当天解决、建设性地解决。

第三，在心灵成长方面的探索。对我来说，一个有效的情绪管理方法是每天的感恩练习和正念呼吸练习。每天早晨醒来，先不着急起床或看手机，花五分钟在心里默默感恩生命，感恩阳光和这一天要吃的食物，感恩安全的环境，感恩健全健康的身体和家人，带着感恩与欣喜的心开始一天的生活。晚上睡觉前也是一样，在祈祷中感恩这一天的每一个遇见和发生，尤其在艰难或遭遇病痛的时候，更要练习感恩。这个感恩训练我做了很多年，也会在日常生活中自然地向身边人表达感恩之情，慢慢地生活中各种难题会迎刃而解，心中的怨气、不满、悲伤、自怜、焦虑也都会消化掉。我还坚持正念呼吸练习，我每天有十几分钟会把全部意识放在呼吸上，连接自己的身体感受，做身体扫描，以此训练专注力和对思维的控制。我一直保持主动学习成长的习惯，除了工作和照顾家庭的时间，我基本上都是在上课和读书，不断学习。我的兴趣也比较广泛，除了心理学方面的专业知识，我还在自学功能医学、社会学、组织行为学、大脑科学、教育学、哲学，甚至还有量子物理；语言方面，我自学法语、希伯来语、希腊语和拉丁语；兴趣爱好方面，我喜欢画画、跳舞、音乐、摄影、旅行和各种户外活动。每一项并没有学得多好，兴趣爱好也没有做得多出类拔萃，但这些帮助我保持不断学习成长、充实喜悦的状态，让我的自我情绪管理能力有很大提升。当我的情绪保持稳定正向的时候，我的两个孩子、我的家庭都会被我的情绪能量影响，家被一种平和喜悦的气氛笼罩。我的这份情绪能量也会传递给我的来访者，很多来访者说一见到我就好了一半，在我身边坐一会儿什么都不用说，他们内心的焦虑、烦躁或难过都会被疗愈。

本章练习

1. 家长和孩子一起回忆并分享各自在家中记忆最深刻的美好体验。家长和孩子一起回到当时的场景，详细描述一下发生了什么、这个事件让你产生了什么想法、有什么样的感受。一起分享之后把这个体验记录下来。这个分享可以不定期做。这可以让家庭成员在相处中不断积累正向的情绪能量。

第二十五章

先让自己幸福

拥抱你的真情实感

提升幸福感的方法

关于幸福这个话题，我们在前面的章节中已经谈过。这一章我们从每天生活的实际角度来讲如何在幸福的探索之路上走得越来越好。

塞利格曼博士的幸福的 PERMA 理论，首先提到的就是积极的情绪。那首先我们来看一下增加积极情绪体验的一些方法。

方法一：数算福气。我们太多时候把生活中的美好当作理所当然，把别人对我们的好视为应该做的。我们的心好像被蒙了一层纱，看不清楚自己处在什么样的美好当中。有一个下午，我坐在书桌前，想着自己的生活里到底有多少福气，拿起笔一个一个列出来，我才发现我的生活中充满了美好。一开始列了几个后有点卡壳了，但我过了几天又提起笔来写。我发现这样的练习，会大大增加积极情绪的体验。我的思维就越来越活跃，感觉自己越来越有创造力，激发我更用心地体会生活。但做这个练习需要注意，不需要每天都做，这样会消磨人对这件事的热情，隔一段时间做一次，比如每周一次或者每月一次。我自己做这个练习的时候，发现了一些很细微的事情让我感到幸福，而这种觉察的能力以前是没有的。

方法二：学会品味美好的事情。当一件好事来临的时候，很多人会这么想："这好事能轮到我头上？""这都是假的，很快就会消失，这不是常态。"他们怀疑和猜忌，觉得不可能或者觉得自己不配拥有这些好事情。越是这么想，美好就越是来得快去得也快。但如果学会品味这些美好的事情，然后延展一下这种美好的感觉，事后重温这些事情带来的美好感受，人会获得更多积极的情绪体验。但需要注意，这时不要过多地做理性分析。要学习的是把美好的事情作为一个整体来感受，享受它们带给人的感觉，而不是解剖事情，揉碎了分析，这样做会让人失去很多体验。

方法三：追随激情。带着激情生活，找到能够让自己获得心流体验的独一无二的活动。心流状态指人完全投入活动中的状态，活动所带来的挑战和你的技能匹配。心流是一种让人能够幸福的体验。每个人都应该找到令自己充满激情的事情。我之前做过 5 年全职妈妈，生活枯燥无味，忙忙碌碌的，没时间喘息，我一开始根本无法找到让自己充满激情的事情。后来我去积极寻找，训练自己学习、读书，外出找人聊天，学习架子鼓，健身。在发展兴趣的过程中，我逐渐让自己达到心流状态，体验到前所未有的幸福。

方法四：享受自然的美好。你有没有过这样的体会？当你看到波澜壮阔的蔚蓝大海时，你的心情好到无法形容；当你看到如画般的风景，你会不由得发出“哇”的惊叹。自然是一个充满能量的地方。人可以在如画的景色中获得力量。科学家反复证实，户外活动可以让人看得更远，并拓展思维，让人对更多的事物感觉良好。但这里要注意，需要让自己能够在自然之中享受。为什么会这么讲？因为我发现，周围很多人想着带孩子到处去玩，但往往他们的出行像打仗一样紧锣密鼓，或许是因为日程安排得太紧，或许是因为抱着太多的目的，想要的太多，本来去户外是为了放松，让生活慢下来，结果节奏更加紧凑。所以，合理的规划和安排才能让人真正在自然之中享受。

方法五：与他人在一起。有一句话是这么说的，“没有人是一座孤岛”，生活中也确实是这样。孤独时人是很难体会到幸福的。幸福在与他人的互动分享中变得更加有意义。我在做全职妈妈的时候，最深的一个消极体验就是没有人可以说话互动。我曾经有一天微信里收不到一条信息。那一天我觉得自己的生命是可悲的，消极想法不断涌上来，感觉今天若自己不在人世间了，都不会有人知道。当然这种想法是不对的，只不过消极的思维配上消极的情绪，人就被拉入黑洞当中了。后来我开始给自己设定了人际交往的行动计划。首先是恢复和老公的约会，每周和他有一个单独相处的时间，一起吃饭看电影或者喝咖啡。其次是恢复和家里人的互动。最后安排和朋友见面。在与人的交往当中，我体验到了人际关系带来的力量和美好。

方法六：利他的公益行为。做对社会有意义的事，人可以从帮助别人中获得快乐。很多研究表明，乐于助人的青少年的心理更加健康，他们更活跃、更积极、更敢于迎接挑战，抑郁症的患病率和自杀率都会相对低一些。善意和积极情绪相辅相成，只要我们意识到自己的善意，就会启动这种良性循环。

其实还有很多其他的方法可以帮助我们获得积极的情绪体验。当你做一个生活的有心人，你就会打开幸福的大门，让自己从不同的维度当中获得积极的情绪体验，让自己的幸福感提升。

减少消极情绪的影响

人每天不可能只沉浸在甜蜜里，有很多繁杂的事情会让人体验到很多消极情绪。

消极情绪并非我们遇到的不幸，而是我们如何看待不幸。要想让自己达到一个好的状态，减少消极情绪可能是最快、最有效的方式。下面就为大家提供三种减少消极情绪的方法。注意是减少而不是消除，因为适当的消极情绪是有用的，比如对失去亲人的悼念、对不公平产生的愤怒等。所以我们的目标应该是减少不恰当或无端的消极情绪。

方法一：反驳消极思维。不知道读者有没有过这样的经历？有一个很紧急的工作需要你处理，领导让你限时完成，你本身就很紧张地在处理，结果这时候家里来电话，孩子不小心摔了一下，哭着喊着要找你。你心疼孩子，耐着性子安慰他，答应他会早点回家，可心里还挂念着工作的事。你慌慌张张赶紧处理工作，结果出现一些失误被领导说了一通。想早点回家，可是路上堵车。回到家马不停蹄地哄孩子，孩子见到你，一天的委屈全来了。缠着你，不满意就哭哭啼啼。你心里好累，忍不住对孩子大声吼。你很懊恼，觉得自己好失败，工作做不好，孩子也哄不好，消极情绪更加严重。你开始怀疑自己，觉得自己的人生每天都要面对这些事情，不知何时是个头儿，感觉自己的人生也就这样了，沮丧，焦虑，因此更加提不起精神。消极思维和消极情绪就是这样动态作用的，当它们联手运行时，你很快就被拉入它们制造的深渊。要阻止这种恶性循环，反驳消极思维非常重要。反驳消极思维不是给自己的不良行为找借口，而是反思：有没有另外的可能性？这件事发生了会不会有积极的意义？我们如果可以改变自己对这些事情的想法，从不同角度考虑各种可能性，就能改变心境。

方法二：打破消极思维的“多米诺效应”。对于猝不及防发生的坏事情，我们的反应一般有一个“ABC”模式：当我们遇到不好的事情（Adversity）时，我们最自然的反应就是不断想起它，这些思绪很快凝结成想法（Belief），不管是有意识的还是无意识的想法，都会引发行动产生后果（Consequence），比如放弃、变得沮丧或者振作起来再尝试等。就像刚才的例子，工作没做好，娃没哄好，你觉得自己好失败，进而开始怀疑自己，觉得自己的人生也就这样了。这就是负面思维的“多米诺效应”，也就是认为不好的事情必然会接二连三地发生。面对一个消极事件的时候，我们需要第一时间在自己的心里喊“停”。然后，找一些有益身心的事情，让自己分分心。但这个分心不能是随意找事来做，因为如果事情选择得不对，会更麻烦。比如有人会用酒精来麻痹自己，或者暴饮暴食让自己忘记痛苦，这些不健康的方式反而会让情况更加糟糕。你可以建立一个帮助自己分心的活动库，在消极情绪袭来的时候，在活动库里找一个帮助你转移注意力的方式，以打破这种思维模式的禁锢。

方法三：拆除消极情绪的地雷。这需要我们明确自己到底在什么事件上或者时间点容易产生消极情绪。我们可以用普林斯顿大学心理学家、诺贝尔经济学奖获得者丹尼尔·卡尼曼开发的“昨日重现法”来帮助我们认识自己消极情绪的来源。通过回顾，按时间顺序把一天发生的事件记录下来，然后分别标注积极情绪体验和消极情绪体验，来分析自己的情绪分布情况。

当我们用“昨日重现法”分析完后，可能会发现自己不开心的点都是有迹可循的。比如通常在早晚高峰的地铁上心情会很烦躁，原因就是地铁上人很多、很挤。这种情况可以从两个方面来调整。（1）改变消极要素。如果早晚高峰的地铁拥挤让人头痛，考虑换用其他交通方式，或者搬家，或者调整上下班时间错峰出行，等等。（2）植入积极要素。如果必须要坐地铁，可以找一些自己喜欢听的音乐、喜欢听的课程或者看新闻来度过这个时间。

做一个爱自己的人

你爱自己吗？这个问题我问过很多朋友，结果让我很惊讶。因为从小到大，可以非常笃定、毫不犹豫地大声告诉我“我非常爱我自己”的人，不超过 5 个。我见过太多的人，他们总是在看自己不足的地方。面对别人的赞美，我们总是习惯性地不好意思：“没有没有，我不行，做得一般。”我们好像很难无负担地面对别人的欣赏和赞美。所以我们这个社会培养了很多优秀但不开心的人、能力很强但不爱自己的人。如果我们已经意识到了这种模式带给我们的影响，想要突破，那就来看看如何学会爱自己。

我们可以把对自己的爱落实在生活的各个细节中。比如早晨阳光明媚，一睁眼起来就可以先给自己一个爱的问候：“我是宝贵的，是值得被爱的，我是可爱的。”

大家都有爱一个人的经历。特别是当父母以后，我们倾注了自己无限的爱给孩子，恨不得把自己所有的好东西都拿出来给他，希望他开心。我们可以先想想自己是怎么爱别人的，也用同样的方式爱自己。如果你把自己看得不那么重要，把其他人的需求都排在你的前面，那么你就在传递一个信息：我不重要，我的需求不重要，我的感受也不重要。用这种方式养育孩子，等孩子稍微大一点，孩子也会把你看作一个不重要的人。

在人际关系中，我们要大声地告诉对方：允许他做什么，不允许他做什么。在交往的开始就要把底线说得清清楚楚。在对方第一次伤害你的时候，不管是配偶、孩子、朋友还是你的父母公婆，要让他们第一次伤害你时就知道你的界限在哪里，不允许他们再那么说、那么做。

在与人交往受到伤害时，要郑重地跟对方沟通。

（1）把他的话重复一遍。

（2）清楚地表达你的想法：我认为你不尊重我，这是我不允许的。

（3）表达你的感受：你这样的表达方式让我很不舒服，让我很难过。

（4）表述完事实、想法、情感之后，还需要郑重地说："我不喜欢你这样对我说话，我希望这是最后一次。如果你再有一次这样对我说话，我只能先离开你一段时间。我不允许自己和有语言暴力的人生活在一起。"要说一个让对方有些害怕的后果，这样你就很清晰地设定了一个界限。

找到支持你生命的不同角色

如果你的原生家庭很少给你安全感，或者不仅没有安全感，反而给你很多危机感，给你很多恐惧，那么你长大后，要想法给自己补安全感。首先你需要知道自己怎样才会有安全感。每个人的安全感建立的基础是不一样的。比方说有的人需要有很丰厚的物质保障，一般说就是自己手里得有钱，有固定的住房，有稳定的生活。这是很多人的想法。有的人需要在关系中的安全感，需要配偶情绪是稳定的，说话是温和的，不会暴跳如雷。如果很不幸，配偶没有如你期望的那般情绪稳定，怎么办？那就需要给自己设一个界限，把自己保护起来。

心理学家发现，我们每个人生命中应该有 7 ～ 10 位关系非常紧密的人，他们可以承担起不同的角色。

督导：那些能够成为我们人生导师的人。他应该是一个经验、智慧都高过你的老师，他愿意在生活的方方面面去帮助你变得更好，把自己的人生智慧分享给你。而且他最好是同性别的，因为他会更懂你。

门徒：你应该有徒弟，就是那些敬重你、愿意跟着你学习的人。通常他们比你年轻，你很看重他们，愿意把自己的人生智慧教给他们。

教练：那些能教给我们一些特定技能或者知识的人，可能在不同的人生阶段教练也会不一样，也有可能同一时期有几个这样的教练。

密友：可以信任、可以倾诉、可以让我们感觉到被接纳的人。

家人：在家庭中与我们的关系非常亲密的人，我们与他们的关系是非常透明的。

英雄：我们敬仰的人，我们希望自己活得像他那样。

读者可以试着列个清单，把你能想到的人列出来，看看你的支持系统当中有了哪些角色。这些人是我们在人生中遇到任何问题时都能找到、能给我们支持的人。他们非常重要。如果你的系统里缺失某种角色，那么这就提醒你，你需要去认识这样的人了。

本章练习

1. 认真想想自己在过去的生命里有没有真正地爱自己，给自己写一段爱自己的话。想一想在每天的生活中可以做哪些事情来实现爱自己的目标。

2. 根据最后讲到的生命中不同的角色，思考并列出自己生命中可以担当这样角色的人。如果发现有什么角色缺失了，开始去寻找。

图书在版编目（CIP）数据

成为孩子心理养育高手 / 萨林娜, 赵璇著. — 北京：中国人民大学出版社, 2025. 1. — ISBN 978-7-300-33424-0

Ⅰ. G780

中国国家版本馆CIP数据核字第20242L1J13号

成为孩子心理养育高手

萨林娜　赵　璇　著

Chengwei Haizi Xinli Yangyu Gaoshou

出版发行	中国人民大学出版社		
社　　址	北京中关村大街 31 号	**邮政编码**	100080
电　　话	010-62511242（总编室）		010-62511770（质管部）
	010-82501766（邮购部）		010-62514148（门市部）
	010-62515195（发行公司）		010-62515275（盗版举报）
网　　址	http://www. crup. com. cn		
经　　销	新华书店		
印　　刷	天津中印联印务有限公司		
开　　本	890 mm × 1240 mm　1/32	**版　　次**	2025 年 1 月第 1 版
印　　张	12.5　插页 2	**印　　次**	2025 年 1 月第 1 次印刷
字　　数	223 000	**定　　价**	69. 00 元